« Le mode d'être artistique d'une œuvre peinte est celui qu'elle tient de l'artiste et de l'art auxquels elle doit d'exister.
Le mode d'être esthétique d'une peinture est celui qu'elle tient de l'expérience par laquelle et dans laquelle elle est appréhendée comme œuvre d'art ».

Étienne Gilson de l'Académie française
fondateur de la collection

Paul Klee, l'œil en trop

dans la même collection

Jacques AUMONT, *Le montreur d'ombre*, 2012.

Éric ALLIEZ, avec la collaboration de Jean-Clet MARTIN, *L'œil-cerveau. Nouvelles histoires de la peinture moderne*, 2007.

Laure BLANC-BENON, *La question du réalisme en peinture. Approches contemporaines*, 2009.

Alain BONFAND, *Histoire de l'art et phénoménologie*. Recueil de textes 1984-2008, 2009.

– *Le cinéma d'Akira Kurosawa*, 2011. Prix de l'Essai de l'Académie française pour l'ensemble de son œuvre d'essayste.

– *Le cinéma saturé. Essai sur les relations de la peinture et des images en mouvement*, 2 e éd. revue et augmentée, Vrin, 2011.

– *L'ombre de la nuit. La mélancolie et l'angoisse dans les œuvres de Mario Sironi et Paul Klee*, 2 e éd. revue, Vrin, 2019.

Fabienne BRUGÈRE, *L'expérience de la beauté. Essai sur la banalisation du beau au XVIII e siècle*, 2006.

Noël CARROLL, *La philosophie des films*, avant-propos et traduction par É. Dufour, L. Jullier, J. Servois, Anna C. Zielinska, 2015.

Anne-Marie CHRISTIN, *Poétique du blanc. Vide et intervalle dans la civilisation de l'alphabet*, 2009.

Danielle COHEN-LEVINAS, *La voix au-delà du chant. Une fenêtre aux ombres*, 2006.

– *L'opéra et son double*, 2013.

Carl DAHLHAUS, *L'esthétique de la musique*, textes réunis et traduits sous la direction de J. Labia, introduction de J. Labia, postface de A. Soulez, 2015.

Giuseppe DI LIBERTI, *Le système des arts. Histoire et hypothèse*, traduit de l'italien par A. Henssien et P. Rougier, 2016.

Thomas DOMMANGE, *Instruments de résurrection. Étude philosophique de La Passion selon saint Matthieu de J.-S. Bach*, 2010.

Formalisme esthétique. Prague et Vienne au XIX e siècle, textes réunis et traduits sous la direction de C. Maigné, 2012.

Roman INGARDEN, *Esthétique et ontologie de l'œuvre d'art*. Choix de textes (1937-1969), présentation, traduction et notes de P. Limido-Heulot, 2011.

– *L'œuvre architecturale, 1945*, introduction, traduction et notes de P. Limido-Heulot, 2013.

G.E. LESSING, *Traités sur la fable*, précédés de la *Soixante-dixième lettre*,

suivis des *Fables*, édition bilingue, avant-propos de N. Rialland, postface de J.-Fr. Groulier, 2008.

K. LÜDEKING, *La philosophie analytique de l'art*, introduction et traduction par J.Fr. Groulier, 2013.

Jacques MORIZOT, *Goodman : modèles de la symbolisation. Avant la philosophie de l'art*, 2012.

Frédéric POUILLAUDE, *Le désœuvrement chorégraphique. Étude sur la notion d'œuvre en danse*, 2009.

Roger POUIVET, *L'ontologie de l'œuvre d'art*, 2010.

Patricia TOUBOUL, *Instruire par l'image. Fénelon et les arts du dessin*, 2012.

Patrick VAUDAY, *Histoire(s) de médium*, 2016.

Eugène VÉRON, *L'esthétique*, 2007.

Lambert WIESING, *La visibilité de l'image. Histoire et perspectives de l'esthétique formelle*, traduction par C. Maigné, 2014.

Clélia ZERNIK, *L'œil et l'objectif. Psychologie de la perception à l'épreuve du style cinématographique*, 2012.

essais d'art et de philosophie

Alain Bonfand

Paul Klee, l'œil en trop

préface de Jean-Luc Marion

directrice de collection :
Jacqueline Lichtenstein

6, place de la Sorbonne, Paris V^e^

ISSN 0249-7913

ISBN 978-2-7116-2874-2

www.vrin.fr

Pour Caroline Grandjean

Le roi Œdipe a un œil en trop peut-être. Les souffrances de cet homme, elles paraissent indescriptibles, indicibles, inexprimables. Quand le spectacle présente une telle chose, cela vient de là.
Hölderlin

préface

Alain Bonfand pose, depuis ses travaux sur Klee, une question aussi connue que peu résolue : pourquoi les instaurateurs de cette peinture – la nôtre – l'ont-ils pensée sur un mode résolument théorique, mieux un mode spirituel ? Il ne s'agit pas que du spirituel dans l'art de Kandinsky. Il s'agit autant de Malévitch, Mondrian, Klee, Rothko et Newman, pour s'en tenir aux plus évidents. On a obstinément tenté et on tentera encore, tant chez quelques peintres que chez quelques critiques formalistes, de trancher l'intime connexion du visible abstrait et de son concept. Mais, même pour nier ce lien, il faut d'abord l'admettre. Donc il reste à penser, encore devant nous. Pour y contribuer, Alain Bonfand a ordonné son érudition indiscutée à une méthode philosophique stricte. Il a pris le temps de se faire phénoménologue, en toute rigueur de termes. Husserl, Heidegger, Levinas et Henry l'ont conduit à reconnaître le tableau comme ce qu'il se donne, un phénomène. Phénomène d'autant plus phénomène, qu'il ne se destine, au contraire des phénomènes mondains qui pèsent encore de leur lest d'objets et d'étants, qu'à sa pure et totale apparition, sans réserve, ni retenue. Il s'agit de le recevoir comme un éclat d'insoutenable visibilité, qui surgit de son invu natif. Donc d'ouvrir en lui la croisée du visible qu'il donne avec l'invisible qui le soutient.

Écran surgi sans cause ni dessein, le tableau ajoute du visible au monde. Même, il s'ajoute au monde. C'est pourquoi nous ne pouvons pas le voir sans en subir le contre-coup. Il faut donc recenser ou du moins deviner les « tonalités fondamentales » qu'il importe en nous et pour lesquelles il nous importe. Il faudra assigner aussi à la mort, à la joie et, peut-être même à l'amour leurs visibles propres.

La réédition de *Paul Klee, l'œil en trop*, trente ans après sa première parution, permet de mesurer à quel point le travail qui allait suivre se profilait dans ce premier livre. On évalue en lisant le commentaire du *Héros à l'aile* (**1**) (*Der Held mit dem Flügel*) 1905, de quelle manière l'enquête iconologique se met soudain à peser d'un supplément phénoménologique, mais c'est surtout dans le recours à la notion de *Stimmung* que l'on peut dater comment Bonfand se démarque d'une anthropologie philosophique : en effet il va utiliser la notion de *Grundstimmung*, tonalité affective originaire si il en est, pour faire apparaître comment, après 1936, l'angoisse « donne le ton » à l'œuvre de Klee en son entier. Démonstration sans appel qui prélude (particulièrement dans l'interprétation de *Umgriff*, 1939) à l'analyse d'une phénoménalité de la saturation. Cette ontophanie que l'auteur rend visible anticipe formellement et par intuition sur cette esthétique de la comparution et de l'événement, qui deviendra le signe caractéristique de la pensée de Bonfand de *Lettres d'août*[1], jusqu'au *Cinéma saturé*[2]. On peut d'ailleurs lire *Umgriff* comme une métaphore de l'expérience esthétique se jouant dans l'horizon d'une donation dénégatrice, où ce qui est donné est donné pour être repris. Un tel tableau apparaît également comme la métaphore de cette expérience : une forme d'éclipse où ce que je vois, je ne le vois que parce qu'il interrompt une lumière aveuglante. Cette intuition trouvera son amplification dans *L'Ombre de la nuit*[3], mais surtout dans *L'expérience esthétique à l'épreuve de la phénoménologie*[4]. Dans *L'œil en trop* écrit au début des années 80 se forgeait donc déjà une esthétique singulière.

1. A. Bonfand, *Lettres d'août*, Paris, La Différence, 1989.
2. A. Bonfand, *Cinéma saturé, essai sur les relations de la peinture et des images en mouvement*, « Épiméthée », P.U.F., 2007 ; réimpression, Paris, Vrin, 2012.
3. A. Bonfand, *L'Ombre de la nuit, la mélancolie et l'angoisse dans les œuvres de Mario Sironi et de Paul Klee entre 1933 et 1940*, 1re édition, Paris, La Différence, 1993.
4. A. Bonfand, *Cinéma saturé, essai sur les relations de la peinture et des images en mouvement*, 1re édition, Paris, P.U.F., 1995.

L'esthétique – ce masque jamais arraché sur la face neutre de la philosophie – se ravalerait au rang utile mais sans honneur de la documentation ou du commentaire, si elle n'osait pas penser ce qu'elle voit. Ou plutôt, si elle croyait voir ce qu'elle ne penserait pas. Alain Bonfand compte parmi ceux qui osent ce qu'elle doit.

Jean-Luc Marion
de l'Académie Française.

première partie

ruines

Toutes ses pensées se sont arrêtées à un point autour duquel il tourne et tourne toujours. On dirait un vol de pigeons tournoyant autour de la girouette sur le toit. Ça tourne en rond tout le temps, jusqu'à ce que ça s'abatte à bout de force.
(le menuisier Zimmer)

Tu me feras un autel de terre [...].
Et si tu me fais un autel de pierre,
Tu ne le bâtiras pas en pierres de taille,
Car en brandissant ton ciseau sur elle, tu les rendrais profanes.
(*Exode 20,24-25*)

Les premières œuvres de Klee sont souvent des gravures. Nous lisons par delà la technique les figures tutélaires de ces années d'apprentissage comme minérales – allégories : présences qui semblent étrangères à la vie, conçues pour résister au temps. Le trait les enferme en granit. Les figures gravées, pensées pétrifiées, sont pensées de la ruine. Ces allégories sont des bornes. En elles sourd la présence de leur contraire : ces ruines inaugurales, en l'épuisement qu'elles consacrent, présagent d'une restauration qui ne devra rien qu'à la matière tout comme la construction de l'autel de l'alliance. Klee écrit :

> Établir un point dans le chaos, c'est le reconnaître nécessairement en raison de sa concentration principielle, et lui conférer le caractère d'un centre originel d'où l'ordre de l'univers va jaillir et rayonner dans toutes les dimensions. Affecter

> un point d'une vertu centrale, c'est en faire le lieu d'une cosmogenèse. À cet avènement correspond l'idée de tout commencement (conception, rayonnement, soleil, rotation, explosion, feu d'artifice, gerbe) ou mieux le concept d'œuf[1].

En ce sens, la ruine est l'expression culturelle pour définir la phase ultime qui précède le chaos. Le chaos est comme l'aboutissement de la ruine, le feu qui consume une structure mourante et commence un nouveau cycle. La pensée de la ruine est l'ultime regard avant que tout se brouille et se confonde en un point gris, à partir duquel tout semblera à nouveau possible. La ruine est donc le constat qu'un monde finit : les structures figuratives qui le réglaient sont devenues obsolètes. Ultime moment d'un cycle, la ruine concrétise la fin d'un espace de représentation, la fin d'une mythologie, de sa formulation plastique, de ses thèmes. Rayonnement, rotation, explosion, ces images montrent la matière qui s'anime, traduisent la genèse d'un nouveau cycle, volonté d'un nouvel espace, d'une nouvelle thématique. Cette genèse commence par le chaos, degré zéro de l'expression plastique ; le *point gris* est le point de départ de la création. Un tourbillon débarrasse Klee de la ruine, ce tourbillon se transforme en un point gris ; Klee doit alors inventer les éléments d'un langage neuf, d'un nouvel espace. La quête de la couleur que nous envisagerons plus loin sera son premier but. L'histoire déchue se fonde sur l'oubli de ses origines. Non seulement le paradis est perdu, mais la conscience même de la perte se perd à son tour. Retrouver le paradis, c'est restaurer la conscience de la chute. La crise est autant métaphysique que picturale. La genèse trouvera pour Klee son point de départ dans la conscience de la chute. La ruine procède de la chute, elle est la structure ni intacte ni totalement anéantie, laissée à l'abandon, en voie de destruction, livrée au chaos à venir. La ruine est architecture réelle, ou architecture d'une idée qui laisse apparaître son squelette. C'est à travers une ruine qu'on découvre à la fois son principe architectonique et ce qui a provoqué sa faillite. En ce sens, toute architecture, toute *Weltanschauung*, tout concept porte la ruine en soi. La ruine a quelque chose d'inéluctable, elle est l'aboutissement d'un cycle. Le XXe siècle entre les deux guerres semble avoir connu son cycle le plus court : « Peut-être parce que le hasard est devenu le destin historique de l'individu, dépourvu de sens parce que le processus historique est demeuré

1. P. Klee, *Théorie de l'art moderne*, trad. fr. P.-H. Gonthier, 1975, Paris, Gonthier, p. 65.

celui-là même qui a usurpé le sens[1]. » L'histoire devient en ce sens succession toujours accélérée de ruines qui s'accumulent. L'art de Klee est une des dernières tentatives pour rêver une genèse : il ne pourra le faire qu'en excluant l'histoire entre 1919 et 1933. Mais le processus historique, devenu amnésique et comme fou, condamnera son expérience à n'avoir été qu'une parenthèse, dernier arbre d'espoir balayé par le vent de l'histoire. Pour Klee, la ruine renvoie à la culture, c'est-à-dire à l'artefact de l'homme, la nature est le contrepoint de la ruine, elle est le lieu d'une genèse permanente. La ruine est inévitablement liée à l'histoire, et la conception d'une nature salvatrice est bien héritière du romantisme. Il y a chez Klee deux projets corrélatifs : dénoncer le caractère principiel de la ruine, dire le rêve permanent d'un état de nature. Il trace la mort d'un mythe quand il grave le *Héros à l'aile* (**1**), il indique ce qui dans tout mythe médiateur est devenu obsolète, dérisoire, dans une société où un seul niveau de réalité existe. Pour que la médiation redevienne possible, Klee doit restaurer le « paradis perdu ». La ruine n'est pas cendre, elle garde rassemblée en elle ce qui est mort, elle garde une mémoire, la mémoire d'un principe de construction. Qu'il signifie la ruine d'un mythe ou la ruine d'un espace de figuration, il traduit la double évidence qu'un système est voué à la mort, parce qu'il est inscrit dans le temps, parce qu'il est lié aux entreprises de l'homme. L'investigation de ce système mort commence par le prétexte, le discours, l'examen du mythe déchu, avant de s'attacher à montrer l'écroulement des structures. Klee montre que le langage est dans sa structure ruine, le langage pictural comme tout code. Et les structures d'un langage figuratif existent comme l'édifice fragile d'une pensée. Quand cette pensée se fissure, le code de représentation figuratif, tous les codes langagiers, s'écroulent. En ce sens le XXe siècle sera, picturalement, Babel. Ces remarques sur la ruine introduisent aux trois temps de la démarche de Klee : autopsie d'une culture mourante, puis réflexion sur la conception de l'espace, sur la mort des structures anciennes, sur les moyens d'inventer un nouveau code, un espace neuf. La phase ultime est à l'intérieur de ce nouvel espace l'élaboration toujours plus précise de signes qui sont les hiéroglyphes d'une langue retrouvée, celle-là imaginaire.

1. Th. W. Adorno, *Dialectique Négative*, trad. fr. G. Coffin, J. Masson, O. Masson, A. Renaut, D. Trousson, Paris, Payot, 1978, p. 280.

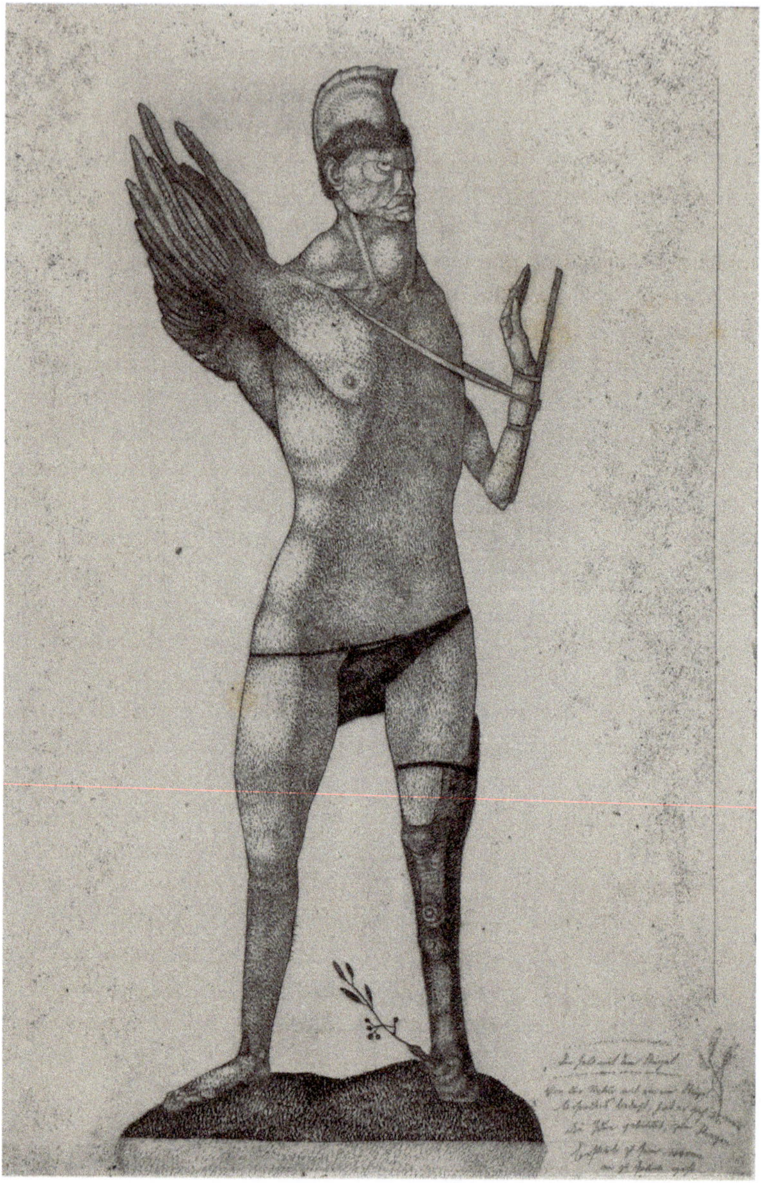

1. *Der Held mit dem Flügen / Le héros à l'aile*, 1905, Zentrum Paul Klee, Bern.

Afin de penser l'origine, Klee a mené une réflexion sur l'histoire qui le conduit à refuser la fatalité de la ruine et à vouloir la conjurer. Passage d'un niveau de conscience, celui des hommes emportés par l'histoire, pris dans son mouvement, à la volonté d'élaborer un langage qui ne serait autre, au niveau pictural, qu'un langage adamique. De l'*Angelus Novus* qu'il posséda longtemps, Benjamin écrit :

> Il existe un tableau de Klee qui s'intitule *Angelus Novus.* Il représente un ange qui semble avoir dessein de s'éloigner du lieu où il se tient immobile. Ses yeux sont écarquillés, sa bouche ouverte, ses ailes déployées. Tel est l'aspect que doit nécessairement avoir l'ange de l'histoire. Il a le visage tourné vers le passé. Où se présente à nous une chaîne d'événements, il ne voit qu'une seule et unique catastrophe qui ne cesse d'amonceler ruines sur ruines et les jette à ses pieds. Il voudrait bien s'attarder, réveiller les morts et rassembler les vaincus. Mais du paradis souffle une tempête qui s'est prise dans ses ailes, si forte que l'ange ne peut plus les refermer. Cette tempête le pousse inlassablement vers l'avenir auquel il tourne le dos. Cependant, que jusqu'au ciel devant lui s'accumulent les ruines[1].

L'entreprise de Klee ressemble au périple de son ange. Emporté par le vent de l'histoire, il regarde en arrière et n'a sur ses traces que des ruines. Son regard, cependant, fixe l'origine. Et ces premières allégories disent désespérément leur cécité, ces figures de pierre ont les yeux écarquillés vers un point perdu. Cette vision est bien plus que de la nostalgie. Elle fait au XXe siècle étrangement écho, nous le verrons, à la *Mélancolie* de Dürer. Cette image de l'origine, ce paradis à retrouver n'ont de relief que dans la mesure où Klee les regarde avec l'inévitable nostalgie d'un homme entraîné par l'histoire. Le projet du peintre comme pensée contre l'histoire, et pensée de l'origine contre le déclin, semble anti-hégélien ; les signes de la ruine sont conçus comme un avertissement fatidique : aucune mémoire de la transcendance ne semble plus possible, si ce n'est justement par l'entremise de la ruine. L'éternité n'apparaît plus en tant que telle mais brisée au sein des choses les plus éphémères. Le reproche que fait implicitement Klee à la pensée hégélienne est celui-là même que formulait Adorno en écrivant de l'absolu hégélien : « Totumist totem ». Hegel pensait comme « preuve de l'absolu » la ruine totale des choses finies. Contre cela, le projet d'un peintre comme Klee, ou d'un penseur comme Benjamin, affirme l'espoir que chaque

1. W. Benjamin, *Thèse sur la philosophie de l'histoire*, cité par J.-M. Palmier dans *L'expressionnisme comme révolte*, Paris, Payot, 1973, p. 39.

parcelle de réalité est aussi importante que la réalité elle-même. On peut comparer la pensée de Klee à une plante repoussant au milieu de colonnes détruites, à ces herbes qui poussent entre les dalles d'un cloître. Les gravures qui nous occupent sont ce minéral autour duquel l'herbe ou le soleil d'une genèse n'est pas encore soupçon. Klee désigne la ruine d'un système pour dire, à l'intérieur de ce système ruiné, l'origine perpétuellement retrouvée de chaque fragment de vision du réel. Au *totum* hégélien qui impliquait la tyrannie d'une vision globale, Klee oppose à l'intérieur de la ruine de ce système – de tout système – l'évidence sinueuse des sentiers du réel. Conjurer la ruine, c'est retrouver en chaque parcelle du visible redécouverte l'idée même d'origine. Le concept et l'allégorie manquaient la réalité parce qu'ils l'enfermaient à l'intérieur de l'absolu rigide d'un système. Hérités et non vécus, l'allégorie autant que le concept ne pouvaient plus dire du réel que sa pétrification ; de là la volonté de penser contre le langage de l'histoire, le langage de l'origine, contre la colonne du temple écroulée, le lierre, contre le système euclidien, un système spatial numineux où l'émergence du sacré traduise cette origine ; de penser enfin contre les allégories apprises d'une culture morte les symboles neufs d'un monde retrouvé. Le symbolisme de Klee, les thèmes qu'il engendre, seront tout autant que l'espace qu'il crée l'argument essentiel opposé à l'histoire. À la place de l'allégorie, il propose une constellation de signes qui essaiera de redire ce que l'allégorie avait figé. Son entreprise s'apparente au projet poétique de Mallarmé : créer un vers qui, de plusieurs vocables, referait un mot total, neuf, étranger à la langue et incantatoire. Le vers ou le tableau causerait alors la surprise : n'avoir jamais ouï ou vu tel fragment d'élocution ou de réalité perdue comme baignant dans une atmosphère nouvelle. Ce premier temps, celui des constellations, correspond au niveau symbolique à une série de tableaux qui fonctionnent comme des rébus, dont le sens n'est pas encore figé. Ces rébus s'organiseront en symboles, participant d'une vraie cosmogonie. C'est à ce moment que l'atmosphère qui baigne la réminiscence de l'objet perdu se constitue en unité. Les symboles alors « se déplient », non pas comme le bateau de papier que fabrique l'enfant et qui déplié se réduit à une feuille lisse, mais au sens où le bourgeon devient feuille. Les symboles ne renvoient pas à un code établi une fois pour toutes, mais à un imaginaire dont chaque bourgeon devenant feuille dirait la permanence. Chaque symbole renvoie son apparente diversité à une matrice centrale qui serait celle de la création, de la genèse, de la quête de l'origine. Comme le bourgeon devenant feuille, chaque symbole de Klee dit le recommencement. Pour l'heure, le monde des allégories de 1903 à 1906 exclut en même temps que la nature toute hypothèse d'un symbolisme réinventé. Ces figures sont minérales et soumises à la ruine. Si, un instant, cette pensée de la ruine coïncide avec le sentiment du déclin commun à une génération d'artiste, nous pensons alors ceux-ci comme seconde génération.

La première génération est celle de la découverte de la maladie, de la révolte. La seconde génération est celle qui voit succéder à Wagner, Mahler ou Wolf, celle qui s'incarne sous les traits de Thomas Mann ou de Musil plutôt que de Nietzsche, de Kirschner plutôt que de Böcklin. Elle ressent cette maladie comme un décor devenu familier. La décadence n'est plus une découverte mais une atmosphère, le lit opaque d'un désarroi. C'est dans ce climat que la peinture de Klee déroule ses thèmes qui, nous le verrons, renvoient à une symbolique apprise, à un langage allégorique qui est commun à ce que cette époque achève. En son essence, l'art de Klee est symbolique, les allégories auxquelles il a recours sont là pour transcrire le sentiment d'une faillite. Klee marque le passage du mythe romantique prométhéen à une mythologie pathogène, celle de la décadence murée dans le sentiment de l'inéluctable. Sa singularité est de laisser apparaître l'ombre du mythe romantique déchu derrière le visage du déclin. On peut dire qu'un artiste comme Kubin incarne la décadence et qu'en opposition les futuristes italiens récupèrent l'idéal prométhéen et nietzschéen et en usent comme d'un moyen pour conjurer cette époque mortifère, la conjurer en un feu décisif et purificateur. La position de Klee est ambiguë : la thématique de la décadence, faite d'allégories et de paraboles, lui permet de donner libre cours à une imagination originale. Les images que Klee nous livre sont empreintes d'un au-delà de la nostalgie. Elles sont l'expression ultime du romantisme, séquelles monstrueusement déformées ou recroquevillées d'un idéal mourant. À travers ce cortège d'images, c'est l'idée de la chute que Klee rend visible. Tout salut est devenu impossible.

Quatre définitions négatives de cette conscience du déclin s'imposent à nous. La première est le *Refus de la nature*, admettant comme corollaire la notion schopenhauerienne de refus du désir. En Allemagne ce refus de la nature se traduit par un art qui exprime l'étouffement dans le labyrinthe des villes – pulsion schizophrénique qui rythme la pensée de la décadence, de Trakl à Pabst. La rue devient le leitmotiv de l'angoisse; dans la plupart des cas la nature est congédiée, alors que pour les romantiques elle était le salut ultime. En Italie, la ville futuriste devient synonyme de fureur et de vitesse. La machine et le bruit chassent définitivement les paysages. La fureur des villes chasse la sérénité des campagnes. Alors que pour les expressionnistes la ville était un lieu individuel, celui de la perte et en même temps de l'éclosion de la conscience et du désespoir, la ville est en Italie explosion. Dans un cas comme dans l'autre, il ne reste de la nature que des bribes, des fragments décharnés, privés de sens. Il est alors révélateur d'étudier l'attitude de Klee si l'on sait son attirance pour les sciences naturelles et maints faits (collection de plantes séchées, divers herbiers) qui traduisent son amour des formes animales et végétales du monde. Il est donc particulièrement intéressant d'observer comment Klee va vivre cette période d'exclusion de la nature dans l'art. Si l'on examine trois gravures de Klee parmi les plus connues : *Tête menaçante* (1905) (**2**), *Vierge dans l'arbre* (1903), ou *Héros à l'aile* (1905) (**1**), on y décèle la présence de la nature, mais sous une forme résiduelle, intrusive. La nature salvatrice, celle du romantisme, est devenue l'arbre torturé : stèle morte et support d'une étrange crucifixion (*Vierge dans l'arbre*). La nature, c'est le rat, image emblématique de l'épidémie et de la ruine qui sort de la *Tête menaçante.* La nature, c'est enfin cette branche sporadique qui semble avoir poussé de la jambe de bois du héros déchu. La nature existe alors sous la forme d'une idée perdue. Il ne reste de la nature que sa désolation (l'arbre mort) ou une menace (le rat dévastateur). Mais on peut pressentir déjà ce rameau vivant, poussant de la jambe de bois comme une bribe d'espoir, une ultime parcelle du vivant. L'entreprise de Klee ne sera-t-elle pas plus tard de scruter infiniment ce rameau sauvé, vivant, afin d'y trouver l'idée du salut et de la vie ?

La nature, pour Klee, dans ces années du siècle commençant, est ersatz, embryon en même temps que résidu. Le désir chez Klee ne meurt jamais tout à fait : et même sous les ruines la sève du monde continue à circuler. C'est cette circulation qui lui servira de métaphore dans ses écrits comme dans ses tableaux pour rendre la vie du monde, son mouvement, sa perpétuelle nouveauté. C'est dans un temps où le sentiment de la perte hante l'art, que paradoxalement ce rameau vivant se met à pousser, apparaissant avec d'autant plus d'évidence qu'il est isolé et fragile. Dans cette brèche infime à l'intérieur d'une opacité oppressante, l'œuvre à venir peut-être se profile.

Le déclin c'est aussi une solitude, la pesanteur du *hic et nunc*, en un mot l'ennui. Sans vraiment pouvoir le nommer, nous enfermons ce sentiment d'abandon à l'intérieur d'une constellation d'idées qui toutes se répondent.

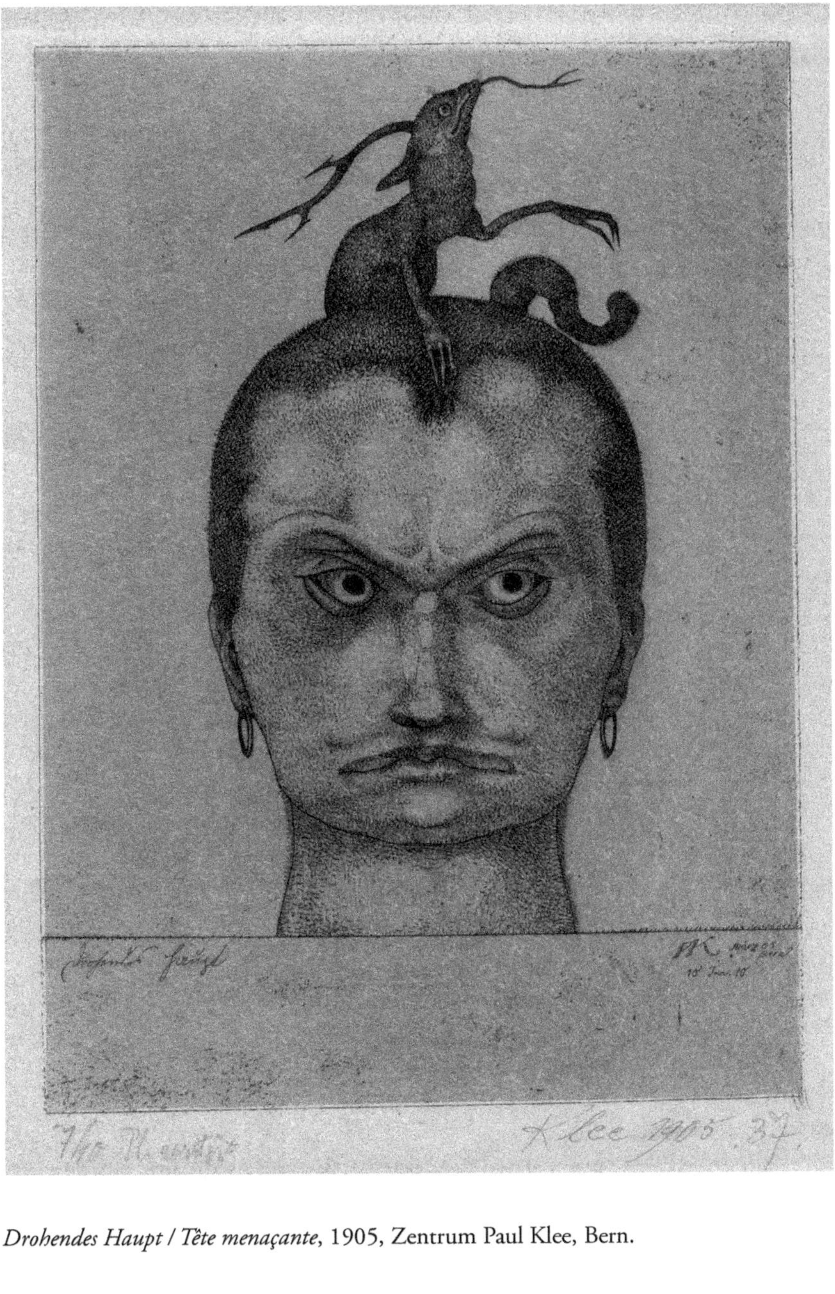

2. *Drohendes Haupt / Tête menaçante*, 1905, Zentrum Paul Klee, Bern.

Cette époque est celle où le sentiment de la solitude devient terrible et se fait ennui, où le poids de l'ennui se fait conscience de la solitude, où cet ennui et cette solitude entrelacés deviennent pathogènes. En Allemagne, la conscience issue de l'ennui et de la solitude ne débouche que sur une angoisse indicible : une angoisse peinte. En Italie, les futuristes au contraire s'emploient à conjurer l'ennui. C'est contre un rythme immobile et la passivité d'une société que s'insurgent les futuristes. De là surgit cette volonté de se perdre, de se dissoudre dans l'action, la vitesse et le bruit. Les futuristes se refusent à entrer dans l'impasse de la conscience, mais adoptent un rythme d'existence neuf afin de conjurer cet ennui. Si l'on considère toujours la même séquence de l'œuvre de Klee, on retrouve cette évidence de la solitude et du poids du monde. Klee entre 1903 et 1908 dessine et peint des êtres solitaires livrés à la fatalité d'une inaction perpétuelle. L'ennui fige leur attitude dans l'immobile posture de l'échec.

L'échec de toute entreprise, comme l'irrémissible conséquence du destin, ce que les anciens appelaient l'*amorfati*, est le troisième visage que prend la conscience du déclin. En effet, les êtres solitaires et désolés que dessine Klee ne sont pas des héros ordinaires, ils sont l'incarnation de héros déchus. Survivance meurtrie du mythe prométhéen, les êtres que nous livre le peintre sont l'expression la plus exacte de la décadence. Plus que n'importe quel expressionniste, Klee a eu conscience que nos anciennes fables étaient mortes ; le héros romantique mourait foudroyé, les expressionnistes et Klee avec eux façonnent un imaginaire où le héros meurt, certes, mais dans son lit, de blessures empoisonnées que la vie dans sa lenteur recommencée lui inflige. L'expressionnisme est le fait d'artistes qui se suicident au terme d'une longue maladie. Les futuristes italiens refuseront de renoncer à l'image du héros prométhéen. Ils lui feront une fin nouvelle. Pour échapper à la mort lente, les futuristes inventeront la guerre. Klee est à la fois loin et proche de cela. Son *Héros à l'aile* (**1**) est l'allégorie la plus parfaite de cet héroïsme déchu. Klee semble nous dire que Prométhée est toujours vivant, mais figé au sol, gagné par l'impuissance : le mythe du héros devient un rêve paralysé par l'histoire qui porte en lui son échec comme son impossibilité. L'être étrange, cloué au sol, indique que l'homme a définitivement perdu sa dimension prométhéenne : son aile est rognée, son bras brisé, sa jambe de bois prend racine dans la terre. Cet homme est condamné à l'immanence, voué à l'histoire. La gravure elle-même souligne cette fatalité : son tracé trop précis évoque des racines qui ancrent la figure dans l'immanent. C'est une image

similaire que nous livre le *Phénix sénile* de 1905, oiseau absurde et dérisoire, trop vieux pour brûler, trop fatigué pour voler. Il est l'image de la victoire du temps réel, celui de l'histoire sur le temps des mythes, celui des rêves. Avec les héros de Klee, c'est l'idée même d'envol qui devient impossible. Le héros n'est plus pour Klee le médiateur entre les hommes et les dieux, entre l'immanent et le transcendant. D'essence divine, les héros de Klee sont sur terre comme des albatros. Le ciel est perdu. L'idée de fatalité se confond avec l'expression d'une transcendance devenue impossible. En 1901, Klee lit Aristophane. L'œuvre de Klee se peuplera plus tard d'hypostases et d'anges, héros neufs d'un imaginaire revivifié. Ce qui est confondant, c'est le recours dès 1905 à cette figure du héros médiateur : d'allégorie de la perte et du déclin, parfaitement prise dans le mouvement de l'histoire, cette figure du médiateur prendra plus tard un sens symbolique tout autre. L'image du déclin trouve un écho dans des dessins comme *Comédien un ou deux* de 1904. Le masque hideux du comédien ne dissimule en fait qu'une face étrangement semblable à ce masque. L'œuvre ne démasque rien puisqu'elle est masque d'elle-même. Aucun être ne se cache sous la grimace. Le symbole pétrifié en allégorie a perdu la face cachée de son sens. Au-delà de ce premier niveau sémantique, on peut saisir que l'idée de médiation est devenue dérisoire.
C'est la fonction de masque, d'euphémisation de l'art que Klee remet en cause : l'idée d'art et celle de médiation ainsi se superposent. La conscience de la fatalité rend donc toute médiation impossible, et l'art d'abord. Ce constat dépasse de loin l'idée hégélienne de la mort de l'art. Klee est en fait impliqué dans une tradition romantique qui voyait dans l'art une rédemption. Cette idée ne cessera jamais de le hanter; ce qui importe pour l'heure, c'est de retenir que le poids de l'histoire ruine cette idée et nous la livre, mais en négatif.

C'est en négatif également qu'apparaît l'image de la femme : autre versant de notre investigation. Cette époque conçoit la femme fatale, terrible; microbienne et mortifère, elle est la Lulu de Wedekind que Pabst et Berg mettront en scène. Déjà chez Strindberg, Ibsen ou Munch, la femme apparaissait comme pathogène. Les expressionnistes et Klee héritent de cette vision; là encore, ils sont aux antipodes des romantiques qui voyaient en elle une voie de rédemption, l'amour étant l'ultime salut. Pour eux, la femme musagète était source de création; pour les expressionnistes, elle est tout au contraire castratrice, elle n'indique aucun salut, mais c'est d'elle que naissent la maladie, l'angoisse ou le sentiment de l'échec. Les futuristes donnent là encore un écho singulier à cette angoisse devant la femme, étrangement différent, mais qui procède en fait du même constat. La misogynie fondamentale des futuristes qui désignent la femme comme un être inférieur indique en creux une peur identique. Chez Klee la femme entre 1905 et 1910 apparaît comme un motif obsessionnel, que confirme la lecture de son journal. Chez Klee comme dans les livrets de Wagner, le philtre de mort se substitue au philtre d'amour : la *Vierge dans l'arbre* nous dit ce désir devenu impossible, ce renoncement à l'amour. L'idée de quête qui renforçait celle d'amour devient dérisoire, et tout comme le héros a cessé de voler, cette vierge ne peut plus être aimée : son arbre mort la rend inaccessible, crucifie le désir comme tout espoir. Nulle part mieux que dans son *Journal*, on ne sent l'importance que Klee confère à la femme; ces années d'apprentissage portent l'empreinte de cette quête que Klee vit comme un impossible. Il est étrange qu'il ait vécu cette recherche de la femme idéale, l'Ève de son *Journal*, et que son œuvre d'alors prise dans un climat culturel pathogène rende un son très différent. D'autres dessins comme *Femme semant l'ivraie* ou *Femme et animal* traduisent cette même angoisse et cette même peur. Klee, dans sa vie, cherche une femme idéale et, dans son œuvre, pressent le caractère impossible d'une telle quête. Femme-grimace, femme-monstre, le corps de la femme que dessine Klee est de même nature que le corps de l'animal, fait d'une même chair. Ce dessin semble traduire ainsi la nature animale de la femme. Klee transcrit la dichotomie entre femme-rêve et femme-monstre. Dans son œuvre gravée, seule la femme maléfique apparaît, image renouvelée de la décadence et de la mort. Et cela nous permet d'aborder le dernier versant de cette approche : la *mort*, qui est bien plus qu'un simple thème.

L'antithèse qui existait dans notre analyse apparaît avec une plus grande netteté. La mort pour les futuristes est l'instant paroxystique, violence et action. La mort trouve son expression paradigmatique dans la guerre. Les futuristes revivifient à leur manière l'idée prométhéenne de la mort : celle-ci est l'aboutissement de l'acte viril. Tout au contraire, la mouvance germanique englobe l'idée de la mort dans un climat de nécrophilie. Cette mort trouve sa représentation la plus parfaite dans l'image de l'*Homme décapité*. Salomé ou Judith donnent la mort. Or c'est là le paradoxe auquel nous aboutissons : la mort dans les premières œuvres de Klee n'apparaît pas. La mort pour Böcklin ou Kubin est une figure centrale. Chez Klee cette image tutélaire des décadents ne se lit qu'en filigrane. La mort est partout, elle est une atmosphère, mais en même temps elle n'est nulle part. On la devine dans les autoportraits, où l'ennui, la solitude et l'introspection la laissent pressentir. Elle transparaît dans le *Journal*, dans ces orages que note scrupuleusement Klee où la nature semble vouloir mourir pour mieux revivre, où son être se déchire pour se revivifier. À un autre niveau, on pourrait discerner l'ombre de la mort dans la technique même de Klee : l'absence absolue de couleur semble traduire la peur de la vie. La mort rôde dans chaque recoin de son œuvre mais son rôle est dialectique ; en aucun cas, en ces premières années, elle n'est le squelette à la faux de l'Apocalypse. La mort rôde et, parfois, c'est pour mieux faire apparaître la vie. Il faudra attendre les années 30 pour que la mort entre réellement dans son œuvre. Klee passera alors « de la mort imaginée aux roseaux de la mort vécue nuement ». En 1906, à un moment où la mort circule dans l'atmosphère culturelle qu'il respire, il perçoit une brèche où entrevoir la vie, et grave *Bête allaitant son petit* (1907), inquiétant sous-verre où un animal qui semble une licorne incarne le spectacle de la vie. En revanche, le rat comme le rameau sont épiphytes se nourrissant d'eux-mêmes. De l'homme décapité par Salomé, Judith ou le temps, un temps d'une durée qui ne se laisse plus endurer, Klee conserve une tête qu'il dit menaçante. Cette figure, posée sur une ligne horizontale, nous apparaît à nouveau comme minérale. Elle scrute et cependant c'est moins son regard qui me menace que son alentour vide, et surtout ce qu'elle cache. Miroir minéral ou figure de dissimulation, cette tête est le lieu d'une mise en abîme où le silence blanc de son alentour affirme tous les dangers. Hors temps, hors saison, ce blanc est glacé ou torride. Morsure d'absence, morsure blanche de cécité, morsure de serpent ou de rat. Cette tête menaçante, dans le vis-à-vis (*Gegenstand*) qu'elle m'inflige, m'isole ; si quoi que ce soit advient, je suis perdu. Cette tête menaçante est le lieu d'une panique sourde. Rat, ronce, serpent, l'animal surgissant de la *Tête menaçante* (1905) (**2**) s'insinue bien entre des ruines. Il est le danger que cette tête de pierre a « masqué » un instant. La gravure est une érosion de la pierre. Cette tête est ruine et (fictivement bien sûr) ruine d'un système de représentation comme d'un symbolisme. Allégorie du mal et de la mort, sa nature lithique laisse se faufiler un témoin de l'angoisse qu'elle suscite. Ce rat a une langue de vipère et une corne épine, il est la maladie et le danger, ce qui ronge et envahit. Rat unique d'une terreur solitaire, il me renvoie bien sûr aux cinq rats des *Philistins effrayés par la peste*. Il est l'emblème de la maladie et comme sa tumeur. Présage d'une plaie partagée avec les princes, cinq tumeurs d'or et cinq rats d'or ne suffiraient pas à s'en défaire. Ce rat est, à l'inverse du tableau de Poussin, solitaire. La panique de mort n'a qu'un visage, elle est son décor et son presque vertige que contredit cependant ce vis-à-vis avec la panique qui, donnée comme objet, s'éloigne. La gravure est une hypothèse de la panique, une menace. Tête brisée ne gisant plus la face contre terre, mais dévisageant sa terreur, croisant alors mon regard en cet au-delà de l'angoisse. La tête est menaçante parce que la nature est reptile, dévastatrice, porteuse d'épidémie. Cette mort est encore faite d'attributs : rivée à ses emblèmes. Ainsi dans la *Vierge dans l'arbre* (1903), l'arbre mort est devenu l'instrument d'une étrange crucifixion, deux oiseaux à la fois paon et vautour guettent. L'animal, le rat, l'arbre, la croix sont les promesses d'un malheur sans échappée. La nature devient maléfique, résiduelle, elle n'est pas étrange (*seltsam*) et féconde comme elle pourra le devenir, cette nature est stérile ou inversée, elle se refuse ou menace. En Allemagne, en Europe, aux mêmes dates, l'on refuse donc la nature, l'on s'en détourne (chez Klee, c'est la nature qui insidieusement se retourne contre les hommes). La mort, ultime figure invisible que portent ces allégories, est peut-être ce qui minéralise ces gravures. Musil semble résumer cette situation. Dans *L'homme sans qualités*, il écrit :

> On ne peut en rejeter la faute sur quoi que ce soit. On ne peut davantage expliquer comment les choses en sont venues là. On ne peut s'élever ni contre des personnes, ni contre des idées, ni contre des phénomènes précis. Ce ne sont ni le latent, ni la bonne volonté, ni même les caractères qui manquent. C'est à la fois tout ou rien ; on dirait que le sang, ou l'air, ont changé ; une mystérieuse maladie a détruit le germe du génie de l'époque précédente, mais tout reluit de nouveauté, de sorte qu'on ne sait plus en fin de compte si le monde a réellement empiré ou si l'on a tout simplement vieilli. Alors un nouvel âge a décidément commencé[1].

En 1905, quand Paul Klee grave le *Héros à l'aile* (**1**), le regard de celui-ci est sans percée ; à la panique – panique de mort de la tête menaçante, – une étrange logique de la mélancolie semble succéder. Nous lisons le texte suivant, en bas à droite de la gravure de Klee : « Le héros ailé, spécialement doté d'une aile par la nature, en a conçu l'idée qu'il était fait pour voler, ce pourquoi il va périr. » Accident ou paralysie, peu importe la nature de cette mort.

De la *Mélancolie* de Dürer, Jean-Luc Marion écrit dans *Dieu sans l'être* :

> Le monde fuit par tous ses étants, de vanité. Le monde fuit de vanité, comme l'étant sue l'ennui. Mélancolie, soleil noir : mais si Dürer fait se lever un soleil encore clair comme le jour ne fait-il pas arborer la banderole où s'inscrit

1. R. Musil, *L'Homme sans qualités*, trad. fr. Ph. Jaccottet, Paris, Seuil, 1979, t. 1, p. 65.

> "melencolia" par une chauve-souris ? Demi-oiseau, de nuit, pour un regard à demi angélique et noir[1].

Le monde qu'enferme la gravure : un paysage où s'ordonnent la montagne, une ville et la forêt, l'eau, un chien superbe et faussement endormi qui lui répond, puis en ordre les outils divers de l'homme, enfin un ange climaque au pied d'une échelle qui ordonne peut-être les degrés des choses et du monde. La mélancolie cependant ne regarde rien, et rend vains ces étants qui l'encombrent et rôdent, immobiles pourtant, autour de ce regard qui les ignore. Ce regard écarte les étants pour mieux viser le vide d'une présence perdue que rien au monde, aucun de ces étants, ne semblent pouvoir combler. Le regard de la mélancolie semble chercher un point de fuite hors du tableau et l'invisible créé par la perspective qui fait apparaître et met en scène le visible des étants se double alors d'un invisible d'une autre nature que, hors du tableau, semble convoquer ce regard. Ce qui surplombe le monde des étants étales nous fixe et nous contamine ; la mélancolie serait donc peut-être le nom encore très approximatif de l'être qui dans l'œuvre ne peut accéder au dévoilement comme l'allégorie de la gravure, ni ange, ni homme, ne semble pouvoir voler. Le *Héros à l'aile* de Paul Klee affirme en écho à Walter Benjamin que les allégories sont les stations sur le chemin de croix du mélancolique. De quoi ce *Héros à l'aile* est-il l'allégorie ? Le monde qui l'offre s'est vidé des étants qui dans la mélancolie organisaient le monde ; ici, les étants semblent s'être sédimentés sur ce guerrier, ni ange ni homme, figé, raidi, aveuglé, dans une pétrification où tout semble avoir conspiré à une immobilité définitive ; l'être qui silencieusement rôdait pour s'échapper dans la *Mélancolie* se trouve alors prisonnier : regard vide, aile solitaire, pauvre bras en attelle. Et la ruine qui était le lieu, le décor de la mélancolie, s'agrège à ce corps qui devient ontiquement et comme lentement dévasté, ruine. Le *Héros à l'aile* est sujet et site de la ruine, et sa mélancolie ainsi est sans visée. L'iconographie romantique après Dürer avait figé l'attitude du mélancolique assis sur le tronc renversé d'une colonne, image crépusculaire à laquelle succède ce « héros-colonne » qui affirme l'étrange idée d'une chute immobile. Bossuet, dans le *Traité de la concupiscence*, pense les rebonds du péché selon une logique de la cascade, la ruine permet ici de penser le péché sur place jusqu'à en abolir même le sens. Les héros sont laids peut-être aussi parce que l'Art ne peut plus s'entendre comme transcendantal de l'être,

1. J.-L. Marion, *Dieu sans l'être*, Paris, Fayard, 1982, p. 189.

l'ange déchu sans avoir volé est à jamais un ange ruiné, un ange déçu. L'idée de fatalité se confond avec l'expression d'une transcendance devenue impossible ; et l'allégorie est indéniablement la figure stylistique qui, comme stade culturel le plus achevé du symbolisme, écrit le mieux l'adéquation à une faillite historique. Cette figure raidie sur elle-même dit plus encore, c'est d'une paralysie de l'être dont elle témoigne comme de la fin d'un mode de représentation. L'invisible n'offre plus le visible qu'en le figeant en une posture où l'être est muré par les étants comme invalide et sans descellement possible. Au thème qui scande le crépuscule des idoles s'ajoute une pétrification de l'être. Ici, si le beau est mort, ce n'est pas seulement parce que ce héros est laid, abîmé, meurtri, mais bien parce que la perception se satisfait des superficies, se détourne de l'essentiel et d'une préoccupation de la pensée par l'essentiel ; le *phainomenon* disqualifie en quelque sorte la question de l'*hypokeimenon*, l'œuvre n'apparaît plus visible qu'inventoriée, les étants qui composent et fabriquent ce héros se juxtaposent ainsi en un corps qui est celui du déclin, et dont l'affirmation ultime est autant celle de la ruine de l'être que la ruine historiale. Notre regard parcourt la surface ontique du réel, il n'est plus de connaissance, au-delà de l'étant, de ce qui le fonde. Si nous avons dit crépuscule des idoles ou déclin des idoles, ce n'est aucunement au sens où les œuvres dont nous parlons perdraient ou amoindriraient leur caractère idolâtrique ; au contraire, le crépuscule des idoles marque le moment de la plus haute idolâtrie, celle où l'émergence de la conscience de cette idolâtrie se fait jour, et la structure nécessairement paroxystique de toute décadence s'applique à tout le moins à cette décadence que nous appelons crépuscule des idoles. Si la qualification d'idolâtrique convient à un tel œuvre, elle requiert que le représenté de l'œuvre lui-même ne soit que l'amas, l'agrégat, au mieux la composition d'éléments purement mondains ; pour le dire vite, l'œuvre est un étant, somme d'étants parmi d'autres qui transpirent le plus pour manifester l'idée de ruine. C'est dire que nous sommes au moment de la plus complète subjectivité : une œuvre qui n'a d'être que de l'amalgame n'est visible que parce que moi qui la vois lui donne son sens (historique ou non), son unité, bref la constitue comme œuvre ; en ce sens tout spectateur est constitutivement critique. Klee alors accomplit en cette figure l'achèvement d'un mode de représentation et pousse en le dénaturant le stratagème académique en son ultime retranchement. Cette allégorie est ruine et assure la ruine d'une modalité de la représentation comme la fin d'un monde.

L'œuvre est alors le lieu de la crise, comme au théâtre la crise est le moment où il y a jugement – le moment de la catastrophe, ici une catastrophe lente, sans épicentre, muette; comme des ruines, décor de la mélancolie, l'on jugeait l'histoire, ici ces figures-ruines sont prisonnières de l'Histoire, la bornent comme des stèles. Ces figures-ruines pourraient se lire comme les tombes de nos mythes défaits. Les jours de pluie, les racines des arbres semblent gonflées sous l'asphalte, elles luisent, espaçant le reflet des branches; le trait de Klee, en ces années, sinue ainsi en une lenteur humide et froide dévoilant la chair et les nerfs métaphysiques, l'à-vif des créatures qu'il grave ou dessine et sur lesquelles semble peser plus que la tristesse d'un dimanche de pluie, l'ennui d'un temps voué à lui-même. Le regard d'ennui ne disqualifie plus les étants puisque ces étants le paralysent, nouent ou rognent toute hypothèse même de geste. Les étants comme autant de qualités ont fui, disqualifiant le héros. Ni aile, ni bras, ni corps, aile moignon, bras brisé, corps de granit. Le regard de ce héros fixe comme derrière lui moins les ruines de l'histoire que le désert d'un présent. La fable du « vrai monde » a disparu, le monde apparent s'est retiré pour mieux pétrifier le héros en un cauchemar de pierre. La « Wille zur Macht », essence de l'étant, s'est crispée sur cette créature, en a fait une borne, témoin figé, ruiné, comme si cette volonté s'était retournée contre lui. La mélancolie est regard des ruines à partir des ruines, le héros à l'aile est ruine; il est sourd, mais plus encore son regard ne peut plus se laisser distraire par aucun étant du monde. Idole de l'ennui, aucune idole ne peut plus le *combler*, il ne peut les déceler et elles le desceller. Dans cette attitude, l'être est sans écran pour affirmer quelque idole, en lui affermant sa propre idolâtrie, l'être au contraire se drape d'un voile idolâtrique que troue à peine et de biais ce terrible regard. La différence ontologique ne s'entend plus comme faille, fissure ou espace, mais comme un combat perdu où les étants pétrifient l'être jusqu'à la ruine. Ce héros, ontiquement condamné, n'est même plus maître de sa propre disparition. La logique de la vengeance – ici vengeance contre le temps et précisément contre l'Histoire – ne découvre aucun responsable. « On ne peut en rejeter la faute sur quoi que ce soit », si ce n'est sur la victime elle-même, victime figée en responsabilité, dont aucune course, aucun envol, aucun geste, ne peuvent plus la dérober à cette crispation d'absence. Ce qui reste d'*être* ne peut plus se retourner, emmuré en solitude, cerné de trop près par les étants qui le rognent, le figent ou le ligotent à tel point qu'aucun regard ne peut plus alors les projeter, les viser, les entrevoir. L'*être* ne peut que se débattre obliquement comme la pupille, trou noir en l'œil, visant chaque fois le même néant. L'angoisse du héros, celle d'un temps de l'histoire, de tout héros, le qualifiait comme *Dasein*; il semble avec le *Héros à l'aile* (**1**) et l'indifférence affolée de sa pupille que le vide qu'il rencontre soit finalement moins celui du monde qu'une indifférenciation entre les statuts d'étants et non-étants, le monde s'est moins retiré que ce regard n'a disqualifié la possibilité de tout visible à se constituer en *idole*. Ce regard est le regard d'un ennui coupant dans le vide. Il peut sur un autre plan symboliser en 1905 une situation de la création. Si l'être est alors sans lieu et si le visible ne peut plus se constituer en idole, que reste-t-il à viser?

Un autoportrait de 1901 nous apprenait qu'en toute introspection se profile l'expérience du néant et de l'angoisse. Ici le corps du monde, allégoriquement entendu, est le prisme de cette introspection, qui le désertifie, l'assèche, le minéralise. Une archéologie des étants semble ainsi inventée et, chaque allégorie, qui désensablée, se raidit dans le vide de l'œuvre comme en une profondeur d'absence, est vouée de nouveau à l'érosion, au vent qui charrie le sable de l'histoire comme au silence du ciel. Hofmannsthal écrit aux mêmes dates :

> C'est à quelques milliers de semblables choses terrestres qu'est lié tout ce que tu possèdes en toi-même : tous tes élans, toute ta nostalgie, toutes tes ivresses. Plus que liés, ils ont poussé sur les choses, ils y sont enracinés par les racines de leur vie, si bien que, si tu les coupais de ce sol avec un couteau, ils se recroquevilleraient et entre tes mains se résorberaient en néant. Si nous voulons nous trouver, nous ne devons pas descendre au-dedans de nous-mêmes, c'est dehors qu'on peut trouver, *dehors*! Comme l'arc-en-ciel immatériel, notre âme jette une arche par-dessus la chute irrésistible de l'existence. Nous ne possédons pas notre Moi. Il souffle sur nous de l'extérieur, nous fuit pour longtemps et nous revient dans un soupir. Il est vrai, c'est notre "Moi". Le mot est une telle métaphore! Des émotions reviennent qui autrefois déjà ont eu ici leur nid. Et d'ailleurs, est-ce que ce sont réellement elles de nouveau? Elles? N'est-ce pas seulement leur nichée qu'un obscur sentiment du pays natal a ramené ici? Il suffit. Quelque chose revient. Et ce quelque chose se rencontre en nous avec autre chose. Nous ne sommes pas plus qu'un pigeonnier[1]!

1. H. von Hofmannsthal, *L'Entretien sur les poèmes* (1903), dans *Lettre de Lord Chandos et autres essais,* trad. fr. Albert Kohn, Paris, Gallimard, 1980, p. 104.

les orages

Klee quelques années auparavant avait fait un voyage. Le 30 juin 1901, il part pour l'Italie accompagné du sculpteur suisse Hermann Haller. Sa première fascination, il la doit au port de Gênes ; on retrouvera ce thème à tout moment dans son œuvre. De Gênes, il se rend à Livourne par mer, puis gagne Rome où il visite monuments et musées accompagné par les pièces d'Aristophane, de Plaute, par les *Histoires* de Tacite et le *Banquet* de Xénophon. Il parcourt l'itinéraire de Goehe, *Le voyage en Italie* en mains et écrit : « Décidément Goethe est le seul allemand supportable. Allemand de la sorte, je le serais volontiers moi-même[1]. » L'on comprend à travers les remarques sur les musées que Klee visite et les œuvres qu'il voit, quelles sont d'emblée les grandes orientations de son *Kunstwollen*. Le 2 novembre 1901, il écrit :

> Avons poussé du côté de la Via Appia pour connaître les environs de Rome, ce dont nous fûmes distraits à la limite de la ville par le palais du Latran. Et tout auprès, par la mère de toutes les églises. Les mosaïques dans le chœur, deux cerfs délicieux. Après ce hors-d'œuvre, nous sommes passés en face au musée d'art chrétien de Latran. Sculptures du style naïf d'une haute beauté qui consiste dans la force vigoureuse de l'expression. L'effet produit par ces œuvres imparfaites ne se justifie pas intellectuellement et cependant j'y suis plus sensible qu'aux œuvres prestigieuses que l'on prône plus fréquemment. Dans le domaine musical,

1. Cité par W. Grohmann, *Paul Klee*, trad. fr. J. Descoullayes et J. Philippon, Paris, Flinker, 1954, p. 31.

> j'ai d'ores et déjà éprouvé quelque chose d'analogue. Je ne fais pas de snobisme mais *La Pietà* dans l'église de Saint-Pierre ne laisse en moi nulle trace alors que je m'arrête comme fasciné devant n'importe quelle ancienne expressive figure du Sauveur[1].

Lorsque Klee parle des sculptures de style naïf d'une haute beauté qui consiste dans la forme vigoureuse de l'expression, l'hypothèse numineuse de son art à venir n'est-elle pas implicitement posée ? L'analyse de Rudolf Otto à propos des moyens d'expression du numineux fait écho à son commentaire ; lorsque R. Otto écrit : « Les vieilles images byzantines de la Sainte Vierge, dures, rigides et même effrayantes inspirent plus de dévotion à bien des catholiques que les gracieuses madones de Raphaël[2] », l'analyse semble illustrer l'attitude de Klee. D'emblée, le peintre pose l'élément numineux, « terrifiant », contre toute idéalisation. L'expression s'oppose à l'idéalité, l'art byzantin à celui de Raphaël, le symbolisme au réalisme sublimé. Dès lors, pour Klee, l'art s'affirme comme symbole, icône et médiation, et il est saisissant que l'espace constructeur des œuvres qui fascinent Klee (l'art byzantin, comme plus tard celui de l'Islam) soit bidimensionnel. Nous verrons que l'espace de ses œuvres peut se résumer en une dialectique motif/fond ; c'est cette dialectique qui conditionne l'espace des œuvres byzantines, celles de l'Islam comme de l'Égypte. Sans déterminisme, on peut, à tout le moins, avancer que les goûts et les choix de Klee annoncent son art. Klee semble se déterminer d'abord par ses refus. Il écrit : « Ma haine du baroque après Michel-Ange s'expliquerait éventuellement en ce sens que j'ai remarqué à quel degré j'y étais moi-même enlisé jusqu'alors[3]. » Ainsi s'affirme cette peur de l'ornemental qui obsèdera Klee pendant toutes ces années. Klee ne semble refuser une part de la Renaissance que dans la mesure où l'académisme qui en procède entrave sa démarche. L'ornementation se donne comme l'antinomie d'une essence de la peinture. Tout au long des notes de cette année 1901, s'affirme une prise de position en faveur des formes d'art en marge de la Renaissance. Tout se passe comme si le regard de Klee était prédéterminé par son désir de peindre et il ne semble voir que ce qui peut lui permettre d'avancer dans sa réflexion sur l'art. Ainsi, à Naples, ce qui le fascine le plus, bien au-delà de toute peinture, c'est l'aquarium ; la place considérable que tient sa description dans le *Journal* montre que l'imprégnation a été assez puissante pour que

1. P. Klee, *Journal*, trad. fr. P. Klossowski, Paris, Grasset, 1959, p. 66.
2. R. Otto, *Le Sacré*, trad. fr. A. Jungt, Paris, Grasset, 1929, p. 100.
3. P. Klee, *Journal*, p. 67.

vingt ans plus tard, en peignant son *Poisson rouge*, Klee s'en soit souvenu. Qu'il s'agisse du port de Gênes la nuit ou de l'aquarium de Naples, il est fasciné par ces images paradigmatiques de la clôture : le port comme l'aquarium sont de ces lieux que le regard balise, inspecte, délimite ; l'épiphanie d'une présence y a lieu, rompt l'indéterminé et en même temps le désigne. Monde faussement délimité, il est le soupçon d'un infini. La tension motif/fond des œuvres de la maturité s'esquisse ici métaphoriquement. Cette domination de la nuit abolit en un sens la durée, éclipse du temps, elle engendre une profondeur qu'elle se concilie (profondeur de la nuit, ou poissons des abysses). L'appropriation du temps est comme exhumée par le peintre en une intimité toute métaphysique. Ainsi des peintures de Pompéi : « Au Muséo Nazionale me captive avant tout la collection des peintures pompéiennes [...]. Cet art m'est présentement si proche ! J'avais pressenti la manière de traiter les silhouettes, la couleur décorative, je la prends pour mon compte personnel. C'est pour moi que tout ceci fut peint, que tout ceci fut exhumé[1]. »

Aux mêmes dates, Klee lit Gogol, Aristophane, Schlegel, Goethe, Strindberg, Wedekind, Hebbel ou la Bible. Il est fasciné par Van Gogh ou Ensor. On comprend à travers son goût pour Voltaire ou Ensor, Goya ou Gogol que Klee semble opposer d'abord à son époque la satire et l'ironie, mais très vite cela ne suffit plus : « J'éprouve le besoin de tomber à genoux là où il n'y a que néant et d'en être profondément ému. J'en ai assez amèrement des choses qui sont et ne sont pas comme elles devraient être[2]. »

Les allégories de 1903 à 1906 sont bien les marques érodées de cette culture trop apprise, une grimace qui succède à l'amertume du rire. Elles masquent cette volonté de « tomber à genoux ». Au loin se profile peut-être comme la mémoire du voyage en Italie. Nuit, profondeur, formes d'art enfouies, orages consciencieusement notés dans le *Journal*, écrivent l'appel de ce qui nous semble directement interdit de connaître mais s'offre cependant à nous, non plus sous la forme définitivement négative d'une opacité, mais comme une vérité obscure qui dans certains cas deviendrait pénétrable. Les allégories soupçonnent cet impénétrable et gravent trop précisément, comme pour en accentuer la douleur, la coupure d'avec cet impénétrable. Frontières ou limites entre l'impossible et nous, elles écrivent, qu'en face de cette perte

1. *Ibid.*, p. 102.
2. *Ibid.*, p. 178.

du transcendant, ou pour le dire autrement en face de cette mort de Dieu, il n'y a pas mort de la pensée, mais plus terriblement sa paralysie, sa pétrification accomplie au seuil même du vide que cette perte a créé. Cette coupure affirmée si radicalement avec les allégories est contrariée par les notes du *Journal.* Les orages ou le port de Gênes la nuit s'impriment comme la *mémoire d'un impossible.* Ainsi l'Ève que cherche Klee dans son journal ne dit-elle pas en contrepoint aux gravures le désir d'un monde d'avant le péché, où la chute ne serait pas un présage. Cette Ève visée par le désir, cette image, si peu substantielle qu'elle soit en elle-même, reçoit cependant une détermination, la même à laquelle en négatif le dessin s'oblige. Quelle détermination picturale autre que négative peuvent alors recevoir l'orage ou la nuit ?

Pline rapporte dans son *Histoire naturelle* qu'Apelle, peintre mythique, n'aimait peindre que la foudre ou l'orage, peindre l'impossible sujet de la peinture comme peindre la manifestation de l'impossible où seule saurait s'accomplir et s'achever le destin de la peinture. Comment peindre plus qu'une lumière dans la nuit (le port de Gênes), la lumière de la nuit, comment montrer l'obscurité que recèle la lumière de l'orage ? Ainsi semble naître en

ces années, en même temps que « le besoin de tomber à genoux », le désir de peindre un coup de vent, peindre l'*eidos* visible dans le *pathos* qui l'emprisonne, dévoiler. C'est en 1905, la même année où Klee grave le *Héros à l'aile* (**1**) et *Tête menaçante* (**2**), qu'il adopte comme habitude d'exécuter des expériences purement techniques conduites de façon systématique. Une découverte faite au hasard – le dessin avec une aiguille sur plaque noircie – l'amène à écrire : « Ainsi le moyen n'est plus le trait noir mais le blanc. Le *fond n'est pas lumière, mais nuit* […]. Le noir primaire va dans le sens opposé, il commence là où la nature s'arrête. C'est désormais comme si le soleil se levait sur des vallées sombres en les frôlant tout d'abord et dans son ascension pénétrait peu à peu leurs profondeurs[1]. » Cette nuit ensommeillée de l'œuvre comme « le noir primaire » sont la veille où l'énergie d'une « force créatrice » sourdement s'anime, et l'on se prend à entendre « le chaos » dont nous parle Klee en son sens propre de béance, présage du site en l'œuvre à venir où les terres rouges sortent de l'abîme.

1. P. Klee, *Journal*, p. 177.

genèse du système

Novalis affirme : « La nature est pour notre *Gemüt* ce qu'un corps est pour la lumière. » Le problème qui se pose à Novalis comme à Klee est celui de parvenir en ce monde à restaurer l'harmonie rompue entre le *Gemüt* de l'homme et les forces de la nature. Il faut réellement entendre *Gemüt* au sens où Novalis l'emploie dans *Henri d'Ofterdingen* ou dans les *Hymnes* : le *Gemüt* joue alors le rôle que tenait la « cime de l'âme » dans la mystique du Moyen Âge. Cette réintégration doit ramener l'homme à un état qu'en termes chrétiens ou païens on peut appeler Paradis perdu ou Âge d'or. La thématique de l'œuvre s'origine dans cette volonté : il ne s'agira pas de simples motifs empruntés à la culture, ou aux mythes, mais bien de l'aboutissement logique d'un mode d'appréhender, de sentir et de penser le monde. À notre sens, l'attitude métaphysique semble déterminer le processus même de la création ; elle préexiste alors à une thématique et l'engendre.

Il existe une phase de l'ascension spirituelle dans laquelle le mystique, ayant reçu la révélation suprême, cherche à exprimer, et en même temps à ressaisir ce qu'il a éprouvé en une vision unique. Pour Klee, le monde n'est plus en face, donné comme objet, extérieur, mais le peintre est *dans* le monde. Il s'agissait auparavant de se rendre du monde une image fixe et comme étrangère, le peintre à présent habite sa vision, circule en elle ; de la multiplicité des expériences naissent des œuvres singulières, assemblables cependant en une unité métaphysique et sensible.

Novalis écrit encore : « Je sens toujours plus les membres sublimés d'un tout, dans lequel je dois me fondre, qui doit devenir la plénitude de mon moi[1]. » Il est indispensable de définir le caractère « mystique » de l'art de Klee. Il ne cherche pas à atteindre l'idée d'un absolu en dépassant le monde sensible, et en s'abîmant dans l'Un absolu, mais tout au contraire en menant une quête du Tout infini et éternel au sein même de l'univers multiple et changeant : s'il y a un « dieu » en cette peinture, celui-ci est immanent et non pas transcendant. Ce dieu ressemble à celui du *Faust* de Goethe : « Der Allumfasser, der Allerhalter ». On peut alléguer des influences concrètes, prouvées : Novalis, mais aussi d'autres lectures de Klee, une propension évidente à la gnose. S'opposer au déclin, c'est donc d'abord pour Klee se tourner vers la nature. Nous avons vu que l'idée de la décadence s'incarnait pour lui dans le fait que toute médiation semblait devenir impossible. Conjurer cette décadence, c'est pour Klee rétablir cette médiation, cette circulation, ce rapport vivant du *Gemüt* au monde.

Exclure l'histoire pour déjouer le déclin et remédier à cette disparition de la « totalité » en inventant un symbolisme. L'emploi de l'allégorie trahissait l'emprunt au culturel, le poids des structures apprises, mais indiquait également la forme essentiellement symbolique de l'imaginaire de Klee. La restauration de l'unité perdue se traduit donc au plan de l'imaginaire par l'invention d'un symbolisme, au plan strictement pictural, par une redécouverte de la couleur et de son pouvoir. Il reste à définir la nature de ce symbolisme et le pouvoir de la couleur. Klee retrouve une dimension « poétique » perdue, c'est là que se loge l'essence même de son symbolisme. Le projet de Klee sera à partir de ce moment une entreprise de dévoilement : circulation toujours nouvelle entre les deux images d'un même sens, l'une cachée, l'autre visible. Ce que résume l'étymologie du mot *Sinnbild*. Le visible alors se doit par la grâce de la peinture de laisser transparaître l'invisible, et l'invisible de s'imposer à nous en chaque regard.

La découverte que le monde invisible peut être révélé semble bien être l'objet de l'art de Klee; c'est par ce pouvoir qu'il échappe au carcan mortifère de son époque. « Nous entrons dans le symbolique lorsque nous avons notre mort derrière nous et notre enfance devant nous[2]. » L'invention d'un

1. Novalis, *Schriften*, K IV 153, P. Kluckon, Leipzig, 1928.
2. P. Ricœur, « Le conflit des herméneutiques : épistémologie des interprétations », *Cahiers internationaux du Symbolisme*, Paris, n° 1, 1962, p. 12.

symbolisme se confond avec une nostalgie de l'origine. Dans le début d'*Henri d'Ofterdingen*, Novalis se souvient « d'avoir entendu parler de temps anciens où les bêtes, les arbres et les pierres parlaient avec les hommes. » C'est opposer au silence obsédant du *Héros à l'aile* (**1**) ce langage, cette communication, cette musique que Klee veut retrouver, inventer dans sa peinture. Son entreprise est un cheminement qui va devenir une méthode de travail, parce qu'elle est un mode de penser, de voir, de sentir le monde.

Dans cette première phase du travail de Klee, il importe de savoir si son impossibilité à appréhender la nature vient de son impuissance à maîtriser la couleur, ou si c'est l'inverse. Quand on lit attentivement le *Journal*, il apparaît clairement que c'est parce que le problème technique le fait achopper que Klee exclut la nature. Le recours à l'allégorie, la propension au discours, à la démonstration, l'emprunt à la thématique de la décadence pourraient alors s'entendre comme l'aveu d'une impuissance.

Conjurer la décadence, c'est donc avant tout inventer une pensée dont les instruments seront ceux de la peinture. La découverte de la nature et de la couleur donne vie à cette pensée. En ce sens la décadence cesserait d'être la thématique mimétique d'une époque pour se confondre avec la détresse d'un créateur muré dans une impuissance qu'il sent fondamentale.

Cette impuissance est née de l'histoire ; la déjouer, c'est inventer un réseau de formes et de signes organisés pour peupler l'étrange huis-clos d'un rêve. Il fallait que Klee trouvât un moyen de traduire en termes plastiques le sentiment d'accord profond qu'il éprouvait avec la nature pour que le poids culturel de la décadence fût conjuré. Dans son *Journal*, il fait systématiquement allusion à la dimension privilégiée de ce rapport et l'on peut voir dans les orages ou les marches en montagne les expressions paroxystiques ou transcendantes mais non formulées de ce rapport.

Les notes du *Journal* se comprennent alors comme l'aveu d'une impuissance à devenir tableau. Le problème excède celui de l'adéquation d'un langage plastique à un vouloir artistique. En ces années d'apprentissage, Klee sent parfaitement ce rapport entre le tout du monde et lui. Il fallait que cette sensation devînt lueur et conscience pour qu'il pût l'exprimer, la *nommer*. Les « influences » ne sont jamais autre chose pour lui que des catalyseurs. Confirmation ou conséquence qu'une structure endogène, un noyau originel préside à l'œuvre. Mais sa pensée tâtonne. Dans les pages du *Journal*, le problème de la couleur semble bien se poser en termes de quête mystique. Tous ces tâtonnements convergent vers cette hésitation centrale.

La question de la couleur a son origine chez Klee en celle de la tonalité, ou mieux de la tonalité comme « mode selon lequel s'accomplirait l'ouverture du monde ». Le *Gemüt* est alors le centre de l'accord ainsi obtenu ; « ce qui rassemble d'une façon originelle et à partir de quoi se déploient les modes de notre humeur, nous l'appelons le cœur (*Gemüt*)[1]. » L'âme ainsi accordée, trouve sa couleur, son *intonation.* Cette découverte de la tonalité (*Stimmung*) a donc premièrement chez Klee le sens d'une restauration, c'est pourquoi il convient, en un premier temps, de l'entendre comme harmonie. C'est l'unité originelle d'une fusion de l'homme avec la nature, la consonance avec la musique du monde que Klee pressent comme mesure pour conjurer la chute, l'inéluctable emprise de la ruine. L'enjeu pictural de cette restauration est dans la transcription de cette *Stimmung*, de ces *Stimmungen* où l'âme est un instant accordée. Ultimement, c'est l'enjeu de la peinture de Klee ; ce que la *Stimmung* met en jeu, c'est le mode d'être *originaire* du *Dasein.* L'être-intoné ne se rapporte pas de prime abord à du psychique, il n'est pas lui-même un état intérieur qui s'extérioriserait ensuite mystérieusement pour colorer les choses et les personnes.

Dans les œuvres précédentes, ce qui régnait était avant tout une atonie, une étrangeté, une indifférence opaque traduite picturalement en termes allégoriques et racontant cette indifférence. Le *Dasein* était bien un fardeau sans destination, sans rive ni site. La *Stimmung* donne son « la » à l'être, elle donne son ton à l'œuvre, les conditions presque atmosphériques de son apparaître ; il ne faut surtout pas assigner à cette détermination une psychologie, comme le rappelle encore Heidegger : « Que des tonalités puissent s'altérer et virer du tout au tout, cela indique simplement que le *Dasein* est à chaque fois déjà intoné[2]. » La peinture en s'accomplissant en cette intonation fondamentale décharge en fait le *Dasein* de lui-même.

L'œuvre ne peut advenir dans une conscience indifférente, a-tonale ; et la *Stimmung* ne peut se lever sur fond de la seule relation ekstatique ; après 1933, la *Stimmung* de l'angoisse comme celle de la peur n'ont ainsi d'horizon en l'œuvre que parce qu'elles sont détonation en Klee, implosion d'une peur dont le « j' » ai peur seul rend sonore le péril (le *Timbalier*). La *Stimmung*

1. M. Heidegger, *Être et temps*, trad. fr. E. Martineau, Authentica, 1985, p. 115.
2. *Ibid.*, p. 113.

ainsi nimbe l'œuvre, la poudre, ou (après 1933) la lacère ou la déchire. Elle est infiniment plus qu'un « état d'âme » déchu au rang d'un objet, elle habite l'œuvre comme le poète, le peintre, le *je*, habite le monde à l'instant où celui-ci s'accorde (même en une stridence) à son *Gemüt* (le premier site que l'être trouve procède d'une restauration, ce site est *harmonie* et fusion. Cependant, si inauguralement *Stimmung* s'entend pour Klee comme harmonie, les sites de l'œuvre se modifieront, selon cet accord et jusqu'au désastre après 1933).

En ces années de restauration, peintre, poète ou promeneur, Klee cesse de se situer en face de la nature. Il entre et circule dans le monde, et le monde circule en lui. Ce glissement oblique, on le sent immédiatement en comparant un tableau de Gaspar David Friedrich, par exemple, et une œuvre de Klee. Dans ce rapport, la dimension traditionnelle de la conscience de soi (*Bewusstsein*) se modifie, elle englobe tout à coup la totalité du sensible. À la place d'un sujet isolé en face d'un monde qu'il ne sait comment rejoindre, nous sommes en présence d'un être circulant en ce monde. Le monde pénètre en lui ; cette expérience est celle du sentir, elle devient un mode de réapprovisionnement de l'univers. Klee se fixe comme fin dernière de restaurer intégralement cet accord, de le faire devenir tableau. Le tableau n'est pas la conséquence de sa démarche, mais son dénouement.

L'expérience « intérieure » passe dans l'art qui donne au monde perçu en un instant de fusion, une éternité. L'éternité devient l'instant, et l'instant l'éternité. Le monde devient tableau, le tableau est monde. Cette expérience de la fusion, si elle est une illumination (le voyage en Tunisie), est d'abord le périple lent et cohérent qui tend à faire de l'accord entre l'homme et le monde un accord absolu et du tableau une image « musicale » du monde. Cette expérience commence quand le peintre cesse d'objectiver la nature en face pour être à l'écoute de la résonance première du monde. C'est, en d'autres termes, le passage d'un romantisme désespéré en présence d'une nature vécue comme allogène, à une fusion. Se produit alors une modification de la perspective en un double sens : modification de l'espace perçu, modification de la situation de l'homme dans le monde. Il nous faut, avant de définir l'espace pictural issu de cette expérience, en dire les étapes, cerner le passage du moment de cette fusion à l'opération qui consiste à faire de cette expérience unique un tableau. Lors de son voyage en Tunisie, Klee note dans son *Journal* : « L'ambiance me pénètre avec tant de douceur que, sans y mettre de zèle, il se fait en moi de plus en plus d'assurance. La couleur me possède, je le sais, voilà le sens de ce moment heureux. La couleur et moi sommes un : je suis peintre[1]. » L'affirmation « je suis peintre » est d'ordre métaphysique. Cette certitude semble naître dès que la fusion se produit : être peintre procède alors quasiment de l'« illumination ». Le tableau, au sens d'une expérience métaphysique, débute bien avant que le peintre place la toile sur son chevalet et que l'alchimie des couleurs s'ordonne. Le tableau naît dès l'instant où la *Stimmung* se produit, et le lent travail de la mémoire, qui débouche sur l'anamnèse de cette *Stimmung*, fait partie intégrante de l'œuvre. C'est pourquoi l'on ne peut plus parler d'un référent tangible, d'un « support » réel au tableau ; l'apparence du monde importe moins que l'harmonie née du rapport privilégié entre le monde et le peintre. À partir du moment où la fusion a eu lieu, il est presque impossible que le tableau ne soit pas, et le tableau ne peut être sans cette fusion. L'œuvre d'art prend donc ses racines non pas uniquement dans le moi subjectif, ni dans une attitude naturaliste par rapport au monde, mais dans l'entrelacement entre ce moi et le monde. On comprend donc que la genèse du tableau procède d'un itinéraire qui va de ce sentiment d'harmonie éprouvé dans l'unicité d'un vécu temporel, à la singularité du tableau restituée dans la singularité atemporelle correspondant à l'expérience initiale. Le tableau existe contre le temps, nie l'instant et sa fugacité. Le peintre revit l'état de *Stimmung* en accomplissant le tableau. Sa trajectoire va du monde au tableau. Ce monde devenu divisible un instant pour le « peintre voyant » se met à exister sur la toile ; ou plus exactement, c'est sa dimension cachée qui nous apparaît, c'est elle seule qui compte dans le tableau. C'est donc la dimension inouïe, intrinsèquement poétique, une et plurielle, qui constitue la structure du tableau, et non pas le lieu, le support où celle-ci se produit. La géographie des tableaux de Klee sera une géographie intérieure, mentale. Pour Klee, le tableau est en gestation bien avant qu'il touche ses pinceaux, et la mémoire est le premier outil dont se sert le peintre. Le moment de la *Stimmung* avait quelque chose de sacré, la création est anamnèse. Ce voyage du monde au tableau, le spectateur l'accomplit en sens inverse, du tableau au monde. Si Klee dévoile une part invisible du monde, c'est pour nous rendre ce fragment visible, non seulement dans et par le tableau, mais ultimement dans le monde réel et quotidien, en un sentir commun à l'œuvre et au monde. L'itinéraire métaphysique du peintre a son symétrique dans l'itinéraire du

1. P. Klee, *Journal*, p. 281.

spectateur. Le tableau entre en nous par sa qualité d'objet, s'ancre dans notre mémoire; ainsi chaque moment réellement vécu de notre existence nous permettra de retrouver cette part d'invisible qu'un tableau de Klee nous indiquait. Et maints tableaux de Klee préexistent à ce sentir et nous permettent, quand il advient, de le reconnaître. Progressivement certaines œuvres seront ce *sentir* sans vis-à-vis, sans deux à deux, et que seul l'écrin de l'œuvre sait contenir. Pour l'œuvre, l'art est une loupe, un microscope même, un microscope subjectif et nous permet de dépasser l'apparence des choses pour en saisir la sève, sa circulation en son apparaître originel. Klee désigne la vraie nature du visible en nous; cette imprégnation, nous la retrouverons au détour d'un chemin, à la lézarde d'un mur, en ce clignement de paupières, dans les feuilles sèches, dans ce geste ou cette pensée qui s'interrompt. C'est en ces hasards, en ce quotidien redécouvert, que les œuvres de Klee prennent leur existence totale, absolue et définitive de sentir. Walter Benjamin écrit : « Nous ne pénétrons dans le mystère que pour autant que nous le retrouvons dans le quotidien, grâce à une optique qui reconnaît le quotidien comme impénétrable, l'impénétrable comme quotidien[1]. »

Les tableaux de Klee existent donc à deux niveaux : au creux de l'émotion éprouvée, en face d'une cimaise de musée, mais également à n'importe quel moment de notre vie qui dira l'identité entre ce moment et le tableau; l'identité, c'est-à-dire le moment de fusion, le sentir commun à ces deux expériences. Entre le moment poétique issu de la *Stimmung* que transcrit le tableau, et la réalité de ce moment étrangement retrouvé au cœur même des jours, se situe un insaisissable espace de mémoire que nous appellerons maladroitement notre sensibilité. Ce périple infère donc deux parts du monde : l'une visible, l'autre invisible; alors nous devenons peintre, en regard et comme à l'envers.

Cet instant de la *Stimmung* est peut-être l'originel apparaître à soi de l'apparaître; la seconde où la connaissance intérieure qui précède celle acquise se rive à ce qui alors se forme en son miroir. Michel Henry a cerné ce concept de sentir qui règne dans le voir, le toucher comme dans l'entendement : le sentir primitif qui s'oppose au voir qui trouve son essence dans l'ek-stasis. Voir au même titre que toucher ou entendre est un mode du sentir et l'essence de l'apparaître qui s'exprime en cette semblance (*videor*) est non seulement

1. W. Benjamin, cité par J. Habermas, « L'actualité de Walter Benjamin. La critique : prise de conscience ou préservation », *Revue d'esthétique*, Toulouse, Privat, n° 1, 1981, p. 118.

première mais originelle. En un mouvement anatreptique, les œuvres nous reconduisent ainsi souvent autant à ce qui fut entendu ou touché que vu. Si le voir est l'issue de l'œuvre, elle contient cependant originairement le sentir qui la démultiplie alors en un voir, un entendre, un toucher (en un il me semble que je vois, il me semble que j'entends, etc.). C'est au sentir originel dont la *Stimmung* serait comme l'horizon que renvoie, en quelque manière, en son accomplissement l'œuvre. Elle est comme le biffage de ce qui apparaît, l'objet (*Gegenstand*), au profit de son apparaître et c'est ultimement à cet apparaître que l'œuvre a fin de nous reconduire. Cette connivence du sentir en la *Stimmung* puis en l'œuvre est, après le constat d'idolâtrie poussée en sa disparition (le *Héros à l'aile*), une assignation à ce que l'être reçoive, comme en une reconquête, sa mesure de ce qui est, une plante, un animal, une idée. La visée recouvrant les étants ne les recouvre ainsi que parce qu'elle vise en eux, comme en les transperçant, les défaisant de leur caractère idolâtrique, l'être. En la *Stimmung*, c'est la mise à nu du sentir qui fait revivre les étants, les animant mais de l'intérieur et originairement. La fulguration de l'apparence et sa parousie se phénoménalise alors en plante, animal ou idée; l'œuvre est le lieu où se conclut ce surgissement primitif de la phénoménalité, elle est aussi le mur de renvoi où le rebond de ce sentir ainsi affirmé se joue. Le voir sur lequel toute connaissance est fondé, ainsi frappé de nullité, n'est plus alors saisi que parce que le sentir l'habite et le rend possible. Nous retrouvons ainsi l'essence de tout symbolisme et chez Klee donc, ce voir n'existe plus que comme un objet brisé dont seul le sentir nous restituerait l'unité originaire.

structure de l'espace

« La couleur et moi sommes un. Je suis peintre. » Ce « je » n'est plus celui des autoportraits où se crispe l'angoisse d'une séparation entre le monde et le peintre. Le monde est alors donné en face, comme fixe et étranger. Le monde et le peintre se tenaient dans un état de séparation inéluctable, comme si le peintre ne savait pas voir le monde mais savait seulement se regarder regardant son regard impossible. C'est à l'intérieur de cette impossibilité que nous devons comprendre les paysages de ces années 1900-1910 : *Berne, Matte, partie industrielle* de 1909, ou d'autres dessins ou peintures analogues. Ils sont l'expression d'un monde donné en face, sans couleur, allogène. Il faut pour que le « je » du peintre existe dans ses tableaux, qu'il trouve un stratagème pictural qui soit la circulation de ce « je » dans le monde. Il est trop simple de dire que la couleur inaugure la découverte de ce stratagème; cependant, on peut retenir cet aspect comme le plus signifiant.

Le vide des gravures de 1905 était l'atmosphère dans laquelle une chute immobile se produisait, l'espace d'une perte sans espace. La fixité du regard dans les autoportraits était l'indépassable évidence d'une indépassable inquiétude, seule unité stylistique entre les autoportraits; elle traduisait l'impossibilité de ce *je* à entrer dans le monde.

Aux mythes perdus, défaits, que figurent les allégories de 1905, répond cette fixité du regard.

Cette cécité implorante, seule l'invention d'un espace pouvait la contraindre. On peut sommairement dire que le passage du philosophe artiste à l'artiste philosophe s'accomplit en ces années et la question de l'espace est condition d'un redéploiement de la pensée esthétique comme condition d'une « Neue Gestaltung » (à la fois nouvelle conception et nouvelle formation de la forme). Mondrian et Klee pensent contre l'espace scénographique et tous deux contre l'histoire. Poser quelques-unes des hypothèses qu'ils émettent permet, grâce au contrepoint, de mieux saisir comment s'instruit une pensée de l'espace en l'œuvre de Klee.

En 1920, Mondrian écrit :

> Oui, c'est la nature, ce sont les choses les plus extérieures qui nous mènent à la conscience de notre être, c'est-à-dire aux choses les plus intérieures. Et il en est de même dans l'art : ce n'est pas la sensibilité ou la pensée individuelle de l'homme, mais c'est justement la nature qui conduisit la peinture vers une plastique purifiée, vers une expression esthétique plus fixe. Elle nous mène à la contemplation, à l'exaltation de l'universel et en quelque sorte à un *devenir objectif.* Tout sentiment, toute pensée individuelle, toute volonté purement humaine, tout désir particulier, toute espèce d'attachement en un mot conduisent à la représentation du tragique, et rendent impossible la pure plastique de la paix[1].

Dans cette profession de foi se noue la volonté d'établir un système d'appréhension du réel dont l'espace est le schéma directeur. Pour Klee au contraire, il ne s'agit en aucun cas du système (n'affirmait-il pas « le génie c'est l'erreur dans le système »[2] ?). Il use d'un mode de pensée qui ne devient jamais un carcan.

Il y a bien sûr un mode d'organisation de l'espace chez Klee, plus libre, moins didactique, que dans l'œuvre de Mondrian. Klee écrit, dans sa conférence de Iéna en 1924 : « Permettez-moi de revenir à une comparaison, une comparaison avec l'arbre. Notre monde confus a travaillé l'artiste et celui-ci, nous l'admettons, s'y est plus ou moins tracé sa voie secrète. De toutes façons, il s'y repère jusqu'à pouvoir ordonner la fuite des événements et des expériences. Cette orientation au sein de la nature et de la vie, cette ordonnance de la multiplicité, je les comparerai au système des racines de l'arbre. Voilà où afflue la sève qui nourrit la personnalité de l'artiste et son regard. Il se sent debout à la place du *tronc.* La circulation de la sève l'oppresse,

1. P. Mondrian, cité par M. Seuphor dans *Piet Mondrian, sa vie, son œuvre*, Paris, Flammarion, 1956, p. 166.
2. P. Klee, cité par W. Grohmann, *Paul Klee*, p. 63.

le remue et lui fait exprimer au moyen de l'œuvre ce qu'il a nouvellement perçu. Et il en va de l'œuvre comme de l'arbre dont la tête prend de partout, dans le temps et dans l'espace, une extension visible. Nul ne s'avise d'exiger que l'arbre fasse de sa ramure un double exact du système de ses racines. Chacun accepte que le bas et le haut soient dépourvus d'une symétrie absolue. »

Ce texte, face à celui de Mondrian, prend des contours plus nets. Ces assertions confèrent à l'activité de l'artiste le sens d'une mission. Le projet plastique de Klee s'oppose à celui de Mondrian. Nulle part mieux qu'à travers le rôle de l'espace, nous ne pouvons saisir cette opposition.

La phrase de Mondrian posait la nécessité d'une pratique, alors que chez Klee, l'essence de l'art est circulation entre deux niveaux : passage d'un niveau de compréhension à un autre dont l'artiste est l'artisan. Il est le « tronc », alors que les deux niveaux de sens s'incarnent dans les branches et les racines. Cette métaphore va être une constante dans l'œuvre de Klee, elle pose clairement trois éléments qui sont les termes essentiels sur le sens de l'art et de la vie.

Pour lui, il y aura toujours circulation d'un pôle à un autre par l'intermédiaire du tableau, des branches aux racines, du diurne au nocturne, du visible à l'invisible.

Pour Mondrian, la nature est donnée en face, comme référent tangible dont l'artiste doit nécessairement partir pour établir son système ; le but qu'il se fixe est de rendre la nature, ou plus exactement le monde, *intelligible*, – jusqu'à l'exclure.

Si notre rapport aux œuvres de Mondrian est distant et intellectuel (dans un devenir objectif), en revanche, nous circulons dans celles de Klee. L'espace pour Mondrian va se définir comme une mise en ordre du monde. Cette mise en ordre aura la dimension d'une grille d'analyse qui permettra de dire objectivement l'essence du monde, de mettre en évidence sa structure, ce que l'on pourrait appeler squelette du visible ; « rendre visible », c'est pour Mondrian définir une architectonique du visible, et cela en dehors des thèmes et des motifs.

Il s'agit de concevoir un mode de regarder et de transcrire le monde qui ne soit pas soumis à la mouvance des choses. Pour Klee au contraire, « rendre visible », c'est révéler une dimension cachée, perdue ; son entreprise est d'ordre symbolique. Rendre visible, c'est saisir les deux dimensions du monde : celle immédiatement accessible conduisant à celle cachée et cela par la grâce de la peinture.

Nous reviendrons plus loin sur cette dimension novalisienne du travail de Klee : cette dimension occultée, seul l'artiste sait la transcrire : il la sent, la pressent.

Mondrian échappe à la mouvance des choses en soumettant cette mouvance à un ordre, cet ordre que nous appelons l'intelligible. Ce que Mondrian recherche, dans et par cet espace, c'est un principe organisateur – Klee va inventer un espace qui sera révélation. Pour Mondrian, le visible n'est pas caché ou perdu. L'attitude du peintre est statique, objective, c'est la contemplation, c'est-à-dire la forme paradigmatique de la stabilité extérieure, comme intérieure, qui permet de déceler ce visible. Pour Klee le visible est émerveillement, jaillissement, apparition : la peinture va devoir rendre cette apparition.

La peinture ne se déroulera pas dans le domaine de l'intelligible mais dans celui du sacré. Elle ne sera pas une mise en ordre mais une *épiphanie.*

L'exclusion de toute connotation, de toute thématique, de toute subjectivité est pour Mondrian une exclusion de l'histoire. Pour Klee, certes, il y a exclusion de l'histoire, mais son évolution est plus chaotique, plus contingente, plus dialectique aussi ; l'espace fonctionne comme une loi interne, une constante. Loi qui est le moyen de rendre cette épiphanie d'une dimension cachée, sacrée. On peut schématiquement dire que cette loi s'incarne dans une dialectique qui rythme plus ou moins clairement l'espace de chaque œuvre : opposition entre deux termes du discours figuratif : motif et fond. L'émergence d'un motif (ou de motifs), j'entends motif comme une prise que se donnerait le regard en l'instant de la saisie (*Augenblick*), qui accrocherait alors et comme en un éclair le centre du sentir au cœur de la *Stimmung.* Ce centre est le motif, le moteur du tableau, sa mise en mouvement, le point où s'origine la circulation du regard dans le tableau, mais plus sûrement peut-être, le point où l'analogie en l'accord retrouvé, entre monde et œuvre, s'enracine.

Les allégories de 1905 étaient immobiles, raidies dans une absence du monde, le motif tout au contraire anime l'œuvre, lui rend son monde, et l'éclaire comme un jeu. « Un certain jeu, en vue de son devenir, s'anime, gagne plus loin en se dirigeant à travers la main, afflue au tableau et dans le tableau, jaillit en étincelle, bouclant le cercle pour aller là d'où il venait ; de retour dans l'œil, et plus en arrière encore (de retour au centre du mouvement, du vouloir et de l'idée). » Le motif, plus qu'un mouvement, établit une circulation. Le motif semble pouvoir s'animer, brûler jusqu'au chaos, à la cendre, revenir à son origine, le point gris peut-être.

Le motif vit dans et par le fond. Il donne son sens et souvent son titre au tableau, et sa nature est symbolique, c'est-à-dire qu'il incarne la part cachée, voilée, perdue d'une face du monde qui soudain se manifeste. En ce fond, atmosphère et mémoire, on assiste à l'épiphanie d'un événement inédit.
Rudolf Otto a montré que l'irruption du sacré avait très souvent lieu dans l'obscurité, le silence, ou le vide[1]. Chez Klee, le fond traduit presque toujours l'opacité d'une nuit, ou de la brume, parfois l'absence de bruit. Le fond est alors la condition d'une apparition numineuse, apparition d'autant plus manifeste que le vide règne autour d'elle. Et nous le verrons au rythme de la chronologie, plus le fond se dépouille, plus il se vide d'éléments allogènes, de scories ou d'éléments discursifs, plus la dimension numineuse de l'œuvre est grande.
Les fonds des paysages des années 1915-1920 étaient peuplés de motifs parasites, la dimension numineuse se devinait seulement. Dans les derniers tableaux où le vide du fond s'est fait total, cette dimension sacrée se révèle nuement.
Chez Caravage, la nuit était le cadre obligé du mystère ; le fond a pour Klee un sens analogue. Les prétextes, les alibis du sacré se sont modifiés. À la parabole religieuse se substitue le mystère quotidien.
Les thèmes vont alors tourner autour de l'idée de genèse. Qu'il s'agisse de villes, d'îles, de huis-clos (clairières ou aquarium), cet imaginaire est peuplé de médiateurs, oiseaux ou anges, équilibristes ou autres présences énigmatiques, présences déchues d'un monde enfoui que le peintre nous fait redécouvrir. On ne peut s'empêcher de penser que les anges sont les symboles de la fonction symbolique elle-même, qui est comme eux médiatrice entre la transcendance du signifié et le monde manifesté des signes concrets incarnés qui par elle deviennent symboles.
L'imaginaire de Klee est entièrement mû par ce que Cassirer appelait la « prégnance symbolique » : cette impuissance constitutive qui condamne la pensée à ne pouvoir intuitionner objectivement une chose mais à l'intégrer immédiatement dans un sens. À cela s'oppose dialectiquement la démarche de Mondrian qui, à travers un système, s'emploie à faire en sorte que les objets, formes, signes, mots, se *désimprègnent de sens*. Au contraire, Klee veut redonner aux objets du monde un sens symbolique perdu, leur rendre leur dimension numineuse, les *réimprégner de sens*. Le symbolisme de Klee ne sera jamais didactique ; le symbole renvoie bien en effet à quelque chose,

1. R. Otto, *Le Sacré*, p. 97 à 103.

mais ne réduit pas à quelque chose. Cet imaginaire de la genèse reste ductile et fluide comme la mémoire, et les symboles sont les motifs enfouis dans cette mémoire que le tableau va faire resurgir. À ce moment, ce pouvoir d'épiphanie se double d'une dimension d'anamnèse.

Le motif est donc bien cette motion où l'anamnèse se rive. Le fond est alors, bien sûr, infiniment plus qu'un décor, il est l'*Umgebung*; plus qu'un alentour, il est ce qui offre le lieu où la donation a lieu, dans *Umgebung* j'entends avant tout *Gabe* – la donation – le « se donner de ce qui se donne ». L'*Umgebung* serait – *mutatis mutandis* – l'ambiance du monde ambiant (*Umhafte der Umwelt*). L'*Umgebung* serait en acte dans l'œuvre la tonalité du monde, *Stimmung* qui seule autorise l'apparaître. La *Stimmung* devient ainsi effective et agissante en l'œuvre comme *Umgebung*. La peinture devient mise en présence, la dialectique motif/fond ou motif/*Umgebung* est l'outil d'une imagination symbolique dont le processus semble, nous le verrons, vouloir remonter aux sources de tout symbolisme. L'*Umgebung* absent des allégories de 1905 va se constituer puis se dépouiller dans un processus de donation où le motif en dernier recours sera signe d'une présence, ectype originaire. Les allégories de 1905 étaient immobiles et figées, le motif anime l'œuvre, la rend à la vie.

À mesure que le symbole glisse vers le signe, le fond souvent se simplifie, s'épure; d'atmosphère englobante, il devient le lieu même de la « manifestation ». Simplification et éclaircissement du rapport dialectique toujours plus net sont en adéquation avec l'*évolution* thématique. Lorsque le fond devient rumeur, nuit, absence, c'est le moment où historiquement la présence impérative de la mort entre dans le tableau.

Cette présence assigne alors au symbolisme de Klee un caractère d'appel, d'urgence. L'urgence du message transforme le symbole en signe. Le motif est à cet instant comme une saillie, mieux une déchirure en l'*Umgebung* qui le donne alors avec la violence de l'alarme.

À cette logique de la donation correspond l'affirmation de thèmes matriciels qui peuvent s'entendre également comme un motif (moteur) de l'imaginaire. Il semble que c'est au moment où la prégnance historique est la plus oppressante que Klee se débarrasse des connotations, des fluctuations, liées au symbole pour accéder à l'archétype, c'est-à-dire au squelette même de son imaginaire.

À la dernière phase stylistique de l'œuvre de Klee, celle où la dialectique fond/motif se réduit à un principe, celle où l'épiphanie a lieu avec la plus grande netteté, à cette phase correspond terme à terme, la dimension symbolique la plus épurée de son imaginaire : présence immuable et initiale des archétypes.

Cette évolution spatiale et symbolique trouve son affirmation ultime dans les dernières années de l'œuvre qu'éclaire jusqu'à la brûlure le thème de la mort. La dialectique spatiale apparaît alors nuement et en ce dénouement, la genèse de l'œuvre s'éclaire des feux de l'Apocalypse.

jardins tunisiens

Klee ne peint en Tunisie aucun tableau sur le motif en dehors des aquarelles. Le processus d'anamnèse s'impose. C'est l'épisode tunisien qui semble conjurer également la fatalité de l'histoire. Nous sommes en 1914. Avec cet accord retrouvé se mettent en place lentement une conception de l'espace et un ordre du tableau. Le jardin offre à l'imaginaire de la genèse sa première variation; une eutopie qui conjure le sentiment de la ruine timidement et paradoxalement comme en un éblouissement, s'organise. Utopie signifie en aucun lieu. Les œuvres de Klee à cette date ne donnent plus à voir des choses réelles, visibles, mais les conditions de leur visibilité, de leur apparaître. Le tableau devient donc le lieu de l'accord : eutopie. M. Massignon a donné en raccourci le plan schématique du jardin islamique :

> le jardin oriental se fait en prenant un morceau de terrain, en utilisant un carré de désert [...]. En amenant l'eau, en faisant un mur au-dessus duquel la curiosité ne peut plus passer. À l'intérieur il y a des quinconces d'arbres et de fleurs qui se pressent de plus en plus au fur et à mesure qu'on va de la périphérie jusqu'au centre et au centre est le kiosque[1].

Le jardin tunisien est un îlot préservé et clos à l'intérieur d'un milieu hostile : le désert. Cet espace se superpose au projet de Klee : quête d'un lieu privilégié, lieu rendu habitable par le pouvoir de l'artiste. La coïncidence est plus

1. M. Massignon, cité par M. Charageat dans *L'art des jardins*, Paris, P.U.F., 1962, p. 42.

grande encore quand on mesure que les jardins tunisiens doivent leur caractère paradisiaque à ces deux facteurs : une géométrie conduisant le promeneur vers un centre privilégié, leur séparation du reste du monde. Ces deux caractéristiques, nous les retrouvons à l'intérieur de toutes les utopies : monde clos et protégé, monde obéissant à une géométrie initiatique conduisant vers un centre métaphysique, moral, politique. Mais l'utopie suppose norme et rigidité ; au contraire, le projet de Klee, s'il vise un monde hors de l'histoire, ne s'entend qu'en l'accord. Monde organique bien plus encore qu'organisé. Pour Klee le centre n'est pas défini en de tels termes, il est le lieu le plus protégé, celui où la fuite du monde devient totale. L'identité entre la structure et l'originalité des jardins tunisiens et l'entreprise picturale de Klee en ses fondements nous retient. Ce que nous avons dit des jardins tunisiens peut être dit en quelque manière des tableaux de Klee et singulièrement bien sûr de ceux marqués par cette expérience. Ainsi le tableau le plus représentatif de cette époque et dont le titre est *Jardin du Sud* date de 1919 ; l'analyse de cette œuvre illustre notre préambule et en même temps ébauche l'idée d'une correspondance entre l'art islamique et celui de Klee. Ces *Jardins du Sud* sont peints cinq ans après le voyage en Tunisie et il est remarquable que Klee l'intitule dans son catalogue personnel *Jardins tunisiens*, comme pour insister sur le procédé d'anamnèse qui a guidé sa peinture. Cette ambiguïté du titre traduit l'ambiguïté du référent réel : pour Klee l'expérience tunisienne préside à toute expérience de la couleur et de la lumière. Tout voyage vers le sud sera comme la parousie de cette illumination première. Par ce double titre, Klee insiste sur l'idée d'un souvenir sinon précis, du moins daté et inscrit dans le temps de la mémoire comme un point de départ. Le titre du catalogue manifeste cinq ans plus tard la prégnance d'un instant de fusion. Un regard sur ce tableau nous permet enfin d'illustrer notre préambule. Avec le voyage en Tunisie, l'impénétrable pénètre dans la trame des jours. L'éblouissement de l'accord est la voie ici peinte d'une rédemption cosmique par la restauration de l'harmonie défaite entre le *Gemüt* de l'homme et les forces de la nature. La nature est pour notre *Gemüt* ce qu'un corps est pour la lumière. Dans la pensée mystique de Novalis on ne peut traduire *Gemüt* par « âme » sans lui ôter une partie de ses résonances. Cette notion de *Gemüt* nous permet d'approcher à nouveau la genèse du projet de Klee. En effet, le projet métaphysique de Klee, comme celui de Novalis, semble être de rétablir une communication entre le *Gemüt* et les forces de la nature. Le rôle de la peinture est de traduire la singularité de cet état de fusion. Et la *Stimmung* est inauguralement l'état d'harmonie enfin rétabli entre les forces cachées du monde et l'âme du peintre. La mise à jour de cette dimension du processus créateur s'inscrit bien comme l'évidence que la restauration est accomplie. Cette restauration d'un rapport intime du *Gemüt* de l'homme et des forces de l'univers qui doit « ramener l'homme à l'état bienheureux qu'il connut autrefois "paradis perdu" ou "âge d'or" ». « La soirée est indescriptible. De surcroît se lève la pleine lune. Louis me stimule : il faut peindre tout de suite. Je lui dis : ce ne sera tout au plus qu'une étude. Bien entendu, j'échoue, face à pareille nature. C'est là une affaire intérieure pour les prochaines années. Je n'en suis du tout déprimé. On ne saurait se hâter quand on exige autant de soi. Cette soirée est profondément inscrite en moi pour toujours. Maints levers de la blonde lune du Nord, tel un reflet atténué m'exhortera en silence, ne cessera de l'exhorter, cette image sera mon épouse, sera un autre moi le stimulant pour me trouver. Moi-même cependant, je suis la lune du Sud à son lever[1]. » Lors de ce voyage se dévoile le projet métaphysique et pictural de Klee : engranger dans sa mémoire des moments qui « s'inscriront profondément en lui » ; en ce sens le moment d'accord retrouvé avec le monde fonctionne quasiment comme une « révélation », une loupe à jamais posée sur le réel qui permettra de chercher ou de retrouver en tout lieu la trame d'un tel moment. La lune ainsi révélée devenue miracle un seul instant ne sera plus jamais pareille. Le regard du peintre porte comme une empreinte la lueur de cet instant. S'impose également la dimension d'anamnèse qui rythmera son travail (« C'est là une affaire intérieure pour les prochaines années ») ainsi que la charge ontologique de son entreprise (« Je suis la lune du Sud à son lever »). Le tableau doit devenir le lieu où cette harmonie est pleinement retrouvée, le lieu de l'accord. Le tableau deviendra le monde clos peuplé de cet instant de révélation. Il est bien difficile de dissocier dans l'art de Klee ce qui est du domaine de l'*Erlebnis*, et ce qu'il doit à la culture. Il reste patent que ses lectures ont eu un rôle de catalyseur et il est tout aussi évident qu'il ne les a assimilées que dans la mesure où ce qu'il lisait chez Novalis ou d'autres romantiques lui était proche, intime. Le tableau devient le lieu de l'âge d'or retrouvé. Cette suite d'acquis essentiels se met en place au moment de l'expérience tunisienne, et cet âge d'or prendra figurativement l'apparence et le titre de *Jardins tunisiens*. Klee assiste à l'éveil en lui-même d'un passé

1. P. Klee, *Journal*, p. 274.

et d'un avenir où le monde et le moi se mêlent en un présent confus que nous percevons comme une harmonie infinie. Spéculation sur l'ambiguïté du souvenir, sur le temps idéalisé et magique de la mémoire, le tableau est rêve, souvenir ou pressentiment. La durée même est abolie, le temps de la mémoire retrouvée devient prémonition d'un avenir, le temps de l'histoire est exclu. Ne pouvant être vécu que comme discursif, il cède la place à un temps réinventé, celui d'une mémoire discontinue qui trouve son lieu de prédilection dans le tableau monde clos, protégé, dont les fondements sont enfouis dans l'*Erlebnis* du peintre, centre de gravité entre son *Gemüt* et l'univers. Le *Gemüt* n'est pas en amont, mais en aval de la conscience. Il ne trouble pas le parcours de la conscience mais lui confère une dimension supplémentaire inouïe, invue, et l'on peut alors dire de la peinture de Klee ce que Novalis disait de la magie : « Elle a une action semblable à celle des astres, elle rend l'homme puissant à l'égal de ceux-ci et resserre en général les liens de parenté qui l'unissent à lui. »

Jardins du Sud peint en 1919 ne se lit qu'à l'aune de 1914. Ce qui frappe d'abord dans la *Gestalt* générale du tableau, c'est l'influence du cubisme que l'on sent dans la forme générale comme une rumeur, comme une surimpression. Consciente ou inconsciente, elle apparaît évidente dans l'inscription de cet ovale qui existe comme sous-entendu à l'intérieur du cadre rectangulaire, *parergon*, souligné et défini comme très souvent chez Klee : la bordure droite apparaît même allogène au tableau et les taches de couleur qui inscrivent le cadre rectangulaire en bas, en haut et à gauche sont de grandes dimensions. Elles isolent en créant ce cadre à l'intérieur du cadre le lieu central, définissant un hors tableau qui enferme le lieu central comme dans un écrin, le rendant précieux. Comme le *Jardin tunisien* était isolé du reste du monde, ce cadre fictif isole le motif central d'un ailleurs du tableau, d'un ailleurs du monde, ressenti comme prosaïque alors que le périmètre affermé, espace visuel pictural ou espace réel du jardin tunisien est vécu comme le lieu privilégié d'un moment unique. Ce cadre à l'intérieur du cadre enferme – cela en 1919 – un moment d'harmonie vécu en 1914. Ce procédé technique issu, semble-t-il, du cubisme est employé de manière autonome et extrêmement originale par Klee. Ici cette redéfinition du cadre a, à n'en pas douter, un sens métaphysique. Elle rend la pénétration du regard vers l'intérieur plus nette donc plus profonde et fait exister le rectangle bleu central placé à l'exacte intersection des diagonales du tableau d'une manière plus forte. Elle nous rend sa présence évidente et précieuse comme le désert rendait le centre du jardin tunisien plus miraculeux encore, le cadre ici sert l'effet centripète du tableau. Il existe par rapport à ce centre volontairement bleu, comme le kiosque – centre du jardin tunisien – vivait d'une vie organisée par rapport au désert. Ce n'est pas un hasard non plus si ce cadre réel et imaginaire fait de grands rectangles donne cette impression de camaïeu, d'indifférencié, et si le rectangle central est au contraire d'une grande prégnance, sa couleur bleue renvoyant sans conteste à un imaginaire des couleurs cher à Goethe, Schopenhauer et à la théosophie selon laquelle le bleu est la couleur d'une expérience mystique profonde menée à terme et est surtout un « bleu adorable ». Ce bleu, c'est aussi la présence de l'eau au milieu du désert, – au centre du désert – présence concrète ou imaginaire, rêvée ou vécue que rien n'outrepasse, du miracle et de l'harmonie au cœur du monde. Ce rectangle bleu qui éclate au centre du tableau fonctionne comme la manifestation du sentir, comme en l'évidence de l'accord retrouvé entre *Gemüt* de l'homme et le monde (plus tard, le carré magique sera peut-être comme le schéma harmonique d'une telle expérience, vidé de toute anecdote, de tout épisode discursif, mémoire pure et sans objet, mémoire purement musicale, – rythme, harmonie). Réduire le *Jardin tunisien* à cette structure du *parergon* et du centre mystique est aussi simplificateur que réduire le jardin tunisien réel à l'eau et au désert, de l'eau au centre du désert. Klee écrit dans son *Journal* : « J'occupe un point reculé, originel de la création à partir duquel je présuppose des formules propres à l'homme, à l'animal, au végétal, au minéral et aux éléments, à l'ensemble des formes cycliques. Des milliers de questions cessent comme si elles étaient résolues. » Ce point est au centre de la tache bleue à l'exacte intersection des diagonales. Centre de gravité du *Gemüt*, point d'équilibre du tableau. Nous l'avons déjà dit, c'est le rapport même de l'homme avec le monde, du peintre avec la peinture qui se modifie, son existentiel. Les peintres du XIXe siècle qui découvraient l'Orient se situaient en face de cette nature et de ce monde dans une séparation voulue. Le regard qu'ils portaient était non seulement un regard extérieur mais entaché de connotations exotiques. En moins de 30 ans et pour Klee, le monde cesse d'être exotique pour devenir coloré, cesse d'être un monde d'anecdote pour devenir un monde de structure. Le peintre est à l'intérieur de ce monde, à l'intérieur même de la couleur. Klee ne fut pas le visiteur distrait des jardins tunisiens, doublement étranger parce que les percevant comme monde en face, comme données extérieures, il fut le promeneur circulant dans les jardins, les parcourant pour gagner leur centre, s'installant à l'intérieur des couleurs pour trouver un point d'équilibre, celui d'une harmonie originelle. Cette circulation trouve ainsi son expression plastique dans une formation inédite en adéquation parfaite avec la dimension métaphysique du parcours. Klee ne parcourt pas, ne nous fait pas parcourir ces lieux comme nous les aurait livrés un peintre du XIXe siècle, inscrits à l'intérieur d'un cube scénographique rigide, curiosités devenues jardins d'opérette. Tout au contraire, Klee invente l'espace même de la révélation ; épiphanique et symbolique, cet espace ne cherche pas la perspective en profondeur, mais se dirige à rebours vers l'avant du tableau, vers le spectateur. Il faut souligner cette inclination de Klee pour les espaces symboliques : Ravenne lors du voyage en Italie, puis l'Islam. Ses centres d'intérêt lors de ses voyages n'iront jamais vers la Renaissance italienne, mais vers la peinture symbolique et religieuse, vers l'icône. L'expérience égyptienne sera l'aboutissement de ce goût. C'est dans ce sens que nous devons interpréter dans bien d'autres tableaux de l'époque tunisienne le sens des idéogrammes et des pictogrammes qui font éclater le cadre comme une explosion d'étoiles longtemps retenues (dans *Tapis du souvenir* par exemple) et non pas comme des archétypes ou les signes d'un nouvel alphabet qu'ils deviendront en 1935. Ils témoignent cependant de la volonté de Klee de trouver un langage adamique.

Dans ce tableau, ni idéogramme, ni signe, mais, fonctionnant de manière exactement identique à deux repères, seules présences figuratives dans un tableau quasiment abstrait, deux arbustes qui sont des empreintes s'inscrivant sur le fond du tableau comme les images particulièrement prégnantes de la mémoire (on pense aussi à *Arbuste dans le buisson*). Dans le labyrinthe du *Jardin tunisien*, le labyrinthe fait de carrés de couleur et conduisant vers le centre irradiant, le kiosque bleu, l'eau originelle, se détachent et se dégagent ces deux formes. Elles signalent la présence concrète d'un lieu rendu flou par la mémoire, elles sont l'ultime rattachement à une figuration et cela en un double sens. Repère sémantique, elles permettent de nommer le tableau, ensuite elles balisent notre parcours, elles sont les ancrages du regard, aspérités du visible pour redescendre au centre de l'invisible. Ces deux arbustes sont plus que la trace des pattes d'un oiseau dans le sable de la mémoire, ils fonctionnent picturalement, leur taille l'indique : celui du haut plus petit, celui de droite exactement intermédiaire entre le rectangle central et le petit arbuste. Nous avons trois temps de la vision. Les arbustes nous guident par leur taille et leur situation dans le tableau vers ce bleu central. Sur ce fond de mémoire, le labyrinthe de carrés de couleurs qui forme un tissu indifférencié mais parcourable, se détache un motif (au sens musical du terme) qui devient emblématique à la manière de la sonate de Vinteuil. Ce motif donne un sens au parcours visuel que nous accomplissons dans le tableau ; souvent il aura un rôle titre, il nomme le tableau comme nous saisissons un souvenir par une cicatrice de notre mémoire. Ainsi Klee « retient » les jardins tunisiens par et grâce à ces deux arbustes. Ils sont bien plus qu'une concession au spectateur qui malgré la structure profonde du tableau n'aurait su y lire un jardin tunisien. Ils sont fondement mnémotechnique, méthodologique et métaphysique dans le tableau de Klee. Il ne s'agit pas de peindre des jardins tunisiens mais de reconstituer un paysage de la mémoire. Diplopie fondamentale de la peinture, nous ne savons plus où est le tableau que nous regardons. Klee accorde son émotion à la structure du lieu réel, c'est peut-être ce qui doublement confère un caractère initiatique à l'œuvre, puis dégage un pôle, un centre qui en dessine (désigne) la magie de la lumière, épiphanie du sens – épiphanie progressive selon trois temps : deux arbres et une tache bleue. Il s'agit de nommer cette magie. Le procédé pictural nous restitue l'itinéraire parcouru par Klee. L'instant poétique se nomme, se montre, s'exhume picturalement. Cet instant poétique est en son essence même eutopie, paradis, jardin réinventé. Il est cet espace-lieu auquel Novalis faisait allusion : « Je sens toujours plus les membres sublimés d'un tout dans lequel je dois me fondre et qui doit devenir la plénitude de mon moi[1]. » Le chemin des *Jardins tunisiens* qui conduit vers le centre bleu est bien ce « chemin mystérieux qui mène vers l'intérieur[2]. » En nous ou nulle part est l'éternité avec ses mondes, le passé et l'avenir. Les jardins tunisiens n'appartiennent plus seulement au monde de la mémoire recréé dans le tableau mais deviennent le possible indifférencié de toute expérience poétique, et le centre bleu du tableau est bien autre que le kiosque des jardins de Tunis, il est lieu du *centrum* de Boehme. Plus qu'un lieu d'introspection, il est le point qu'habite le poète. Ce monde, c'est aussi celui, et toujours pour reprendre la terminologie de Boehme, du paradis perdu enfin reconquis, lieu sans lieu et moment atemporel où les mystères du monde sont ouverts à l'homme, où il comprend le sens des choses « en esprit et en vérité » et lit dans les animaux, les astres et les pierres, les mots magiques de la langue divine dont Dieu lui a fait retrouver le sens : il participe au suprême pouvoir

1. Novalis, cité par M. Besset dans *Novalis et la pensée mystique*, Paris, Aubier, 1947, p. 25.
2. *Ibid.*, p. 158.

divin d'appeler les choses par leur nom, pouvoir qu'il associe à l'œuvre même de la création. La langue primitive était le thème de prédilection de Boehme, cette langue primitive n'était pas un simple système de notations intellectuelles comme la langue que nous connaissons mais un symbolisme universel vécu, compris et parlé par tous les êtres de la création. Chez le mystique rhénan, c'est l'illumination intérieure qui rétablit l'homme dans son intégrité première, lui rendant le sens perdu depuis la chute. Chez Klee, la peinture s'assigne de devenir le langage d'une illumination étrangement similaire, volonté de recouvrer le langage perdu, une langue qui nomme opposée à une langue qui qualifie.

Dans *Jardin tunisien* on décelait une tension réciproque entre les trois motifs (le carré bleu central et les deux arbustes). Avec *Tapis du souvenir*, cette tension entre les différents signes s'organise à l'intérieur d'un réseau touffu, diffus, qui fonctionne déjà comme syntaxe inconsciente d'un code non formulé. Et ici, ce réseau est le lieu unifiant d'une pluralité de pictogrammes, la dialectique du motif et du fond se double d'une pensée de la matière qui la souligne. Le fond est différencié, rugueux, sa texture est celle du plâtre. Il est bien le lieu confus de la mémoire. Le motif se donne alors à nous comme un langage dont nous aurions perdu le sens, l'origine. Dans cette profondeur, un grand cercle blanchâtre apparaît. Nous retrouvons donc à partir d'un prétexte apparemment différent la même forme génératrice que dans le *Jardin tunisien*, la structure globale du tableau tendant entièrement à nous livrer de manière centripète un lieu central qui serait celui de l'accord. Dans *Jardin tunisien* gravitaient de manière concentrique autour du vide bleu les arbustes et une multitude de carrés qui dessinaient autour de ce carré bleu une structure circulaire dont la finalité plastique était de rejeter ce rectangle bleu vers nous. On retrouve le même procédé dans *Tapis du Souvenir* : c'est le vide qui habite le tableau, un vide autour duquel gravite comme pour l'enfermer à l'intérieur d'un cercle la prolifération des pictogrammes. Ce cercle se distingue moins par sa teinte que par le mouvement circulaire dont la brosse empreint le plâtre. Ce vide central, qu'il soit rectangle bleu ou cercle blanchâtre, peut se lire comme une constante prédéterminant la *Gestalt* générale du tableau, la précédant comme une pensée précède l'entreprise. Plus qu'un leitmotiv stylistique ou qu'une constante méthodologique, il est la permanence d'une tension de l'être inscrite en un certain type d'expériences que nous dirons « intérieures ». La permanence ou la récurrence de cette obsession figurative dans deux tableaux éloignés de quatre années, puisant leur source dans la même matière du monde, pose le problème des permanences et des récurrences, même source émotionnelle – l'épisode tunisien – même *Gestalt* – inscription du tableau dans un ovale, élision des angles, tension vers l'intérieur du tableau, vers ce vide central, même dialectique motif/fond. Mais le temps de la mémoire n'est pas un temps inerte : Klee écrit : « Dimanche 19 avril départ de Tunis préparatif de voyages. Beaucoup d'aquarelles et autres choses de toutes sortes. Le principal acquis au dedans de moi. Profondément, mais prêt à déborder au point d'être à tout instant manifeste [...] J'éprouve une certaine inquiétude, ma charrette est trop chargée, il me faut aller au travail[1] ». Dans *Tapis du Souvenir*, peint au lendemain du voyage en 1914, la prolifération des pictogrammes et des signes, le vide central qui n'apparaît qu'en filigrane, disent peut-être, en creux, que l'expérience est trop proche pour que Klee puisse en tirer un profit pictural réel. Dans *Jardin Tunisien*, on retrouve très exactement terme à terme ces deux constantes, mais livrées comme en un dénouement. Le motif se réduit au couple des arbres et fonctionne dialectiquement afin de faire apparaître le vide central : rectangle bleu qui reproduit dans ses dimensions la taille du tableau. Le cercle blanc existait comme l'irruption diffuse du sentir devenu tableau. Le lent cheminement de la mémoire donne une ossature, une architectonique et une couleur à un tel avènement. Le cercle blanchâtre indifférencié devient rectangle bleu, couleur de l'infini et de la mémoire. Rectangle à l'intérieur du rectangle, tableau dans le tableau, présence originelle et vierge de la révélation à l'intérieur de toute expérience possible du monde, centre de gravité de l'accord; la clarification de cette forme exhibe à quatre années de distance la présence du sentir organisé en l'acte de peindre.

En 1914, un autre événement vient troubler la vie de Klee. Il écrit : « J'ai porté cette guerre en moi depuis longtemps, aussi ne me concerne-t-elle pas intérieurement. Pour me sortir de mes ruines, il a fallu que je prenne mon vol. Et j'ai dû voler. Dans ce monde lointain des ruines, je ne me retrouve que par le souvenir comme parfois il arrive que la pensée vous ramène vers le passé. Aussi, je suis abstrait avec des souvenirs[2] ». Cette phrase que le

1. P. Klee, *Journal*, p. 284.

2. P. Klee, *Tagebücher*, herausgegeben von F. Klee, Köln, Verlag M. DuMont Schauberg, 1957, p. 323, 325, 952. Nos références renvoient à l'édition allemande, que nous citons cependant pour plus de commodité selon la traduction *modifiée* de C. Naubert-Riser dans *La Création chez Paul Klee*, Paris, Klincksieck, Éditions de l'Université d'Ottawa, 1978.

peintre confie à son *Journal* caractérise à elle seule cette exclusion de l'histoire qui préside aux œuvres à venir. La guerre couvait dans les allégories de 1905. L'attitude de Klee contraste singulièrement avec l'enthousiasme absurde qui fit marcher aveuglément l'Europe. « Ce qu'au début la guerre signifiait pour moi était plutôt d'ordre physique : le sang coulait près de moi, mon propre corps pouvait se trouver en danger – ce corps sans lequel il n'y a tout simplement pas d'âme. Les chants stupides des réservistes à Munich. Les victimes couronnées de fleurs. La première manche de chemise remontée au coude, avec l'épingle de sûreté. La longue jambe bleu bavarois, avançant à grands pas, seule entre deux béquilles. Le livre d'histoire se réalisant à la lettre[1] ». Plus encore qu'un refus de la guerre, c'est en ces années (et jusqu'en 1933) d'un refus global de l'histoire dont il est question. La guerre comme situation paroxystique de l'histoire ne fait qu'inaugurer ce refus. En 1914, Klee voit avec une lucidité extrême le spectacle misérable de la guerre, celui-là même qu'après 1918 Otto Dix et Georg Grosz stigmatisent. De 1914 à 1916, Klee continue à peindre, et plus le monde qui l'entoure se détériore, plus le monde qu'il invente se consolide. Il exhume ses récentes visions de Tunisie et les peint, son art se fait de plus en plus abstrait. Des œuvres comme *Mouvement de Salles Gothiques* ou *Abstrait, cercle coloré qui relie des rubans de couleur* illustrent involontairement la thèse de Worringer qui veut qu'en temps de crise l'art se fasse abstrait. Klee s'aveugle, son art est devenu un huis-clos, sa quête semble le protéger de la réalité. En 1916, ses deux amis, August Macke et Franz Marc sont morts. Laconiquement, Klee note : « Une année noire. Fin janvier la femme de Louis Moillet est morte en couches à la naissance d'un garçon. Le 4 mars, mon ami Franz Marc est tombé devant Verdun. Le 11 mars à trente-cinq ans, j'ai été mobilisé comme recrue[2]. » À partir du 11 mars 1916, Klee est pris dans la guerre. D'abord envoyé à Landshut, il sera en juillet muté à Munich. Vie triste, grise mais loin du front. Klee dans la guerre ne voit pas la guerre. Peu d'œuvres. Le peintre réfléchit, non pas tant sur le monde que sur son art. Dans son *Journal* apparaît un long texte qui est un hommage à Franz Marc. Cet hommage, pour ému qu'il soit, se transforme très vite en une profession de foi artistique. « Mon ardeur à moi est plutôt celle des morts ou de ceux qui ne sont pas nés. Rien d'étonnant à ce qu'il ait trouvé plus d'amour. Une

1. P. Klee, *Tagebücher*, p. 965.
2. *Ibid.* p. 965.

sensualité pleine de noblesse attirait ceux, assez nombreux, qu'elle réchauffait. Marc était encore espèce, et non créature neutre. Je me rappelle son sourire quand quelque chose de terrestre échappait à mes yeux. L'art est comme la création et vaut au premier comme au dernier jour[1]. » La genèse de cette création, Klee dans ce même texte la définit en parlant de Marc : « Il ne commence pas par se dissoudre comme une parcelle dans le tout pour se retrouver ensuite de plain pied non seulement avec les bêtes, mais avec les plantes et les pierres. » Dans ce monde déchiré, Klee ne songe plus à se perdre, et c'est peut-être pour cette raison que son art se fait abstrait. Il expérimente le langage pictural comme à l'intérieur d'une attente. Klee échappe paradoxalement définitivement aux fables du déclin – les allégories de 1905 – pendant la guerre. Solidifié par l'expérience tunisienne, son art le protège du monde, l'espace clos de l'œuvre est alors un jardin hors de l'histoire. En 1933, l'histoire le chassera de ce paradis réinventé.

1. *Ibid.*, I 008.

deuxième partie

lieu d'élection

La vision de la ville fait écho à celle des jardins ; il y a cependant un paradoxe à penser ce thème en marge de l'histoire à un moment où la ville est au centre de la peinture, de la poésie, de la réflexion de tous les artistes de l'après-guerre. Ce thème oblige Klee à penser fonction en même temps que poésie. Le problème essentiel de l'adéquation de la structure de la ville à celle de l'espace figuratif du tableau se pose alors. Le rôle du Bauhaus où Klee enseigne depuis 1921 est certainement moteur dans un tel questionnement. Klee éprouve le besoin d'affirmer parmi les professeurs du Bauhaus un imaginaire de la ville résolument indissociable de sa pensée de la peinture. On peut aussi lire certaines de ces œuvres comme implicitement polémiques. En 1921, Klee peint *Ville de Rêve.* Cette ville rêvée, quel support réel pourrait lui préexister ? Quel lieu du monde aurait pu susciter un tel rêve ? Ce tableau s'inscrit dans une série que Grohmann a appelée « Fugues », reprenant le titre du tableau le plus célèbre de cette série : *Fugue en rouge.* La ville n'apparaît pas comme le support thématique unique de ces variations : il existe un *Jardin sec et frais* peint au début du même mois. Ville ou jardin, ces deux prétextes thématiques permettent à Klee de poser un problème identique : celui d'un lieu privilégié, cadre réinventé de l'accord entre le moi du peintre et l'univers. Sept ans plus tard Klee peint *Lieu d'élection* (**3**). *Ville de rêve* est marqué, habité par une conception musicale fuguée. L'espace est musical. Le tableau n'est pas le fruit d'une expérience uniquement visuelle, son tissu procède d'une expérience totale du monde, d'un réseau de correspondances implicites entre les sens. La musique s'entend en l'œuvre en termes de structure, de structure utilisable dans la construction d'un espace. Cette interrogation s'inscrit là encore comme la volonté omniprésente d'en finir avec l'espace scénographique. En 1917, donc bien avant ce tableau, Klee écrivait :

> Le mouvement simple nous semble banal. L'élément temporel doit être éliminé. Hier et demain saisis dans une simultanéité. La polyphonie musicale peut répondre dans une certaine mesure à ce besoin. Un quintette semblable à celui de *Don Juan* nous est plus facilement perceptible que le mouvement épique dans *Tristan*. Mozart et Bach sont plus modernes que le XIXe siècle. Si en musique l'élément temporel pouvait être vaincu par un mouvement inverse, pénétrant jusqu'à la conscience, on pourrait penser à la possibilité d'une seconde floraison [...]. La peinture polyphonique est supérieure à la musique polyphonique, dans la mesure où l'élément temporel est ici remplacé par un élément spatial. La notion de simultanéité apparaît ici sous une forme encore plus riche. Pour exprimer le mouvement de recul auquel je faisais allusion pour la musique, je me rappelle l'image que peut nous renvoyer l'image d'un train en marche en choisissant un format immensément long : Delaunay tente de déplacer dans le tableau l'accent artistique en suivant l'exemple d'une fugue[1].

La supériorité de l'expérience picturale réside bien selon Klee dans le fait que cet élément temporel se trouve remplacé par un élément spatial. La conception occidentale pose musique et architecture comme homothétiques. Dans ce tableau de Klee, la structure spatiale, l'architectonique même de la composition sont d'ordre musical. Souvenons-nous que *Stimmung* peut s'entendre comme harmonie (au sens propre). Ici l'imagination de la *Ville de Rêve* s'offre à nous sous une forme musicale. Elle est l'écho en nous d'un rêve en même temps que la métaphore d'un instant privilégié. Instant poétique de nature essentiellement musicale, moment où la musique nous « dépose dans l'inachevé »; la musique, à l'instar du moment vécu dans la *Stimmung*, se donne comme une parenthèse, comme une île à l'intérieur du temps vécu. Elle abolit le temps et son déroulement. La musique crée un lieu rêvé imaginaire, fondamentalement eutopique, qui en soi est *Stimmung*. Transcrire la ville rêvée, ici lieu paradigmatique de l'harmonie, en des termes coordonnés par une structure d'essence musicale revient pour Klee à penser l'adéquation profonde de l'espace au signifié. Suffit-il d'affirmer l'évidence des années passée au Bauhaus pour résoudre l'énigme de *Lieu d'élection*?

1. P. Klee, *La Pensée Créatrice*, trad. fr. S. Girard, Paris, Dessain et Tolra, 1980, p. 521.

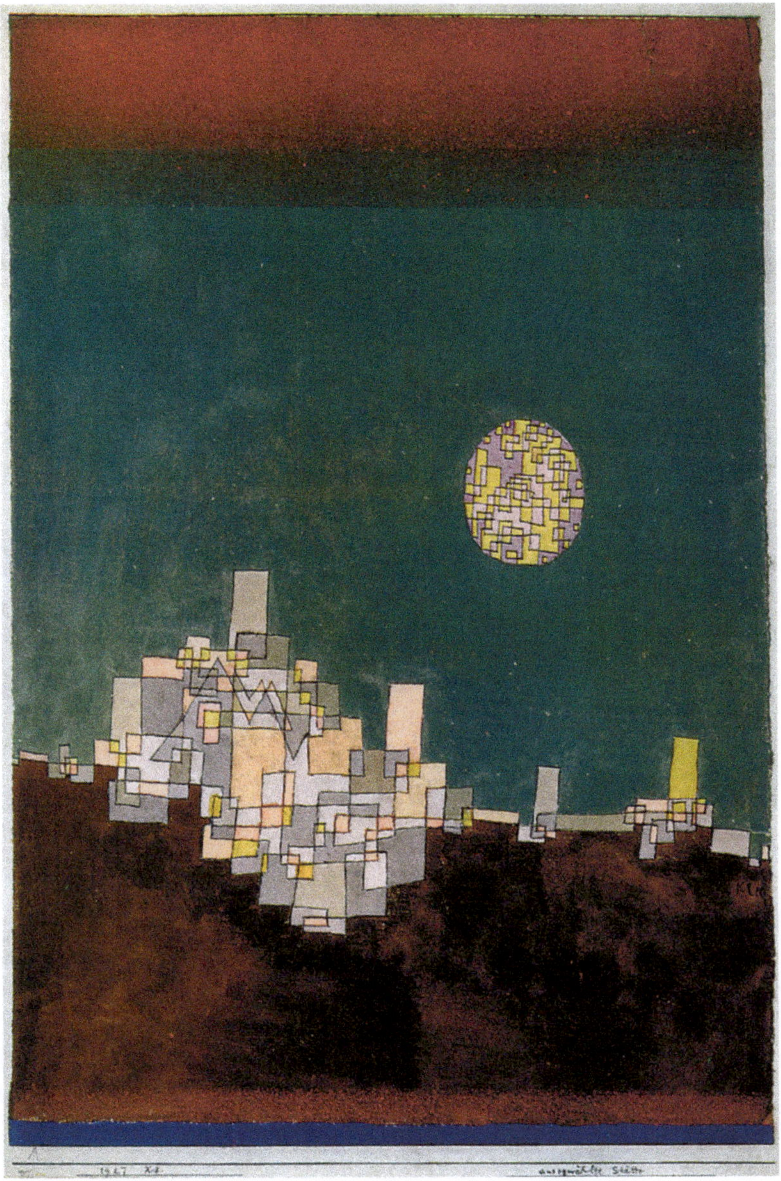

3. *Auserwählte Stätte / Lieu d'élection*, 1927, Bayerische Staatsgemäldesammlungen, München – Pinakothek der Moderne, Vermächtnis Theodor und Woty Werner.

Le schème imaginaire de la genèse trouve ici probablement une forme achevée, structurée. Il est loisible de définir l'importance historique d'un tel thème ; la ville qu'invente Klee contraste avec l'imaginaire urbain de son époque. Pour Klee, la ville, à partir de 1921 et jusqu'en 1933 reste étrangement un lieu d'harmonie, l'image d'un monde neuf (entre 1918 et 1920 on trouve des sites détruits dans la peinture de Klee). La ville se donne donc comme la figure de l'eutopie. Or entre 1910 et 1930 la ville tient un rôle essentiel dans l'art, qu'il soit pictural ou poétique, singulièrement en Allemagne ; cette ville que figurent les peintres allemands dans l'entre deux guerres est le lieu de l'« Histoire » : des conséquences, des séquelles de l'histoire. La ville de Klee est tout au contraire un lieu qui élimine systématiquement toute trace de l'histoire. Elle est bien une nouvelle genèse, un lieu sans l'histoire. La ville des peintres de la *Neue Sachlichkeit* est le théâtre d'un lendemain d'apocalypse, celle de Klee est le rêve d'un monde neuf. Cette vision pour lui est l'image exemplaire de la restauration accomplie, et s'oppose au climat général de son époque. Nietzsche déjà dit la grande ville anathème, celle devant laquelle Zarathoustra passe sans consentir à y entrer et qu'il maudit. La ville était le lieu du déclin, son décor de prédilection. La génération qui

succède à Nietzsche, celle des expressionnistes, y découvre un climat en accord avec son profond malaise. Kirschner écrira de Berlin :

> La lumière moderne des villes, le mouvement dans la rue, voilà mes stimuli. Une nouvelle beauté couvre la terre qui n'est pas tributaire du détail. Nourri de cette expérience, j'ai vu la nature sous un autre jour. L'observation du mouvement excite ma pulsion vitale, source de création. Un corps en mouvement montre ses différents aspects partiels qui fusionnent ensuite dans une forme d'ensemble : l'image intérieure[1].

L'image que trace Kirschner n'est pas éloignée de celle que nous proposent les futuristes italiens ; le pathos, certes, diffère, mais la ville est conçue comme le périmètre où les pulsions de l'homme trouvent leur résonance profonde. Ce qui est essentiel, et s'oppose à la ville de Klee, c'est que la ville des expressionnistes est habitée, elle est un cadre pour l'homme, même si c'est son désespoir qui s'y dessine. La ville est alors en accord avec le climat mental d'une génération et les expressionnistes l'envisagent comme le labyrinthe de l'angoisse où d'étranges présences semblent se croiser sans se voir. À cela s'oppose la conception de Klee : les villes qu'il peint sont des structures

1. L. Kirschner, cité dans *Paris-Berlin*, catalogue de l'exposition du Centre Georges Pompidou, Paris, 1978, p. 75.

inhabitées. En ce sens elles sont des utopies et ne deviennent eutopies que parce que peintes, rêvées, habitées idéalement. En excluant toute présence humaine, c'est une fois encore l'Histoire que les villes de Klee rejettent hors de leurs enceintes.

La majorité des artistes qui appartiennent à la même génération que Klee « appréhendent l'imagination de la grande ville comme le symbole d'un antiparadis qui avec ses couleurs scintillantes fait miroiter à la surface l'illusion d'une félicité terrestre tandis que derrière sa façade habitent le vide et la misère de la déception. La grande ville [...] se dévoile comme le labyrinthe des plaisirs, comme l'enfer terrestre[1] ». En opposition à cela, les villes de Klee ne nous apparaissent comme des lieux d'élection que parce que l'histoire n'y a pas droit de cité. Si l'homme, et avec lui l'histoire y pénétraient, elles seraient semblables à la Mahagonny de Brecht et quand Grosz ou Dix stigmatisent après 1921 la grande ville, ils montrent la coupe de la réalité que fuit Klee. En Allemagne, ces villes sont les cicatrices d'un monde blessé; la ville entre de force dans la peinture. Klee ne peut, ne veut peindre cette ville-Babel, et dresse en peignant *Lieu d'élection* (**3**) un rempart devant cette réalité. Il nous offre alors un univers qui échappe au temps; comme il choisissait de montrer les jardins comme paradis (sans péché puisque sans homme), il montre une ville où le temps ne peut avoir de prise. Le temps, c'est-à-dire l'histoire, le présent de l'Allemagne, sa réalité. Avant 1933, cette exclusion de l'histoire sera une constante de toute la thématique de Klee; son monde est un monde de symboles, un monde qui est un huis-clos, une zone isolée au milieu du monde, un monde sans tache. C'est ainsi que nous apparaît *Lieu d'élection*. Œuvre ouverte, ce lieu clos ne peut être habité que par le rêve de celui qui s'y perd. Klee limite son tableau en haut et en bas par une bande violette. Il laisse les bords latéraux libres. Le tableau peut se continuer à droite, à gauche, le lieu d'élection s'étendre, envahir l'espace imaginaire du hors-tableau. Le tableau dans sa latéralité échappe à Klee. Ce *Lieu d'élection* n'est habité d'aucune présence, il est monde d'élection sans élu. Dans cet espace une présence ronde. Un astre, la lune? Cette présence est fixe entre deux mondes dans un air qui la porte et la contient. En haut une bande grenat limite le tableau; cette bande est désertée et l'astre rond semble tomber d'elle. En bas on retrouve cette même bande, terre ou matière inconnue, qui semblent autrefois avoir été unies, scindées. Un ciel vert entre

1. E. Roters, cité dans *Paris-Berlin*, p. 190.

elles maintenant les sépare. Nous sommes en présence de deux mondes. Symboles non entachés d'humain. Les marges du tableau, celles qui délimitent sa structure et son message sont en haut et en bas. C'est dans la transcendance que se déroule cette fable. Le mouvement qui s'y accomplit n'est pas immanent mais cosmique. L'astre rond est tissé d'une étrange matière : dessin géométrique tressant des carrés où s'inscrivent des couleurs pâles, mauves et jaunes. Le mauve reprend, scande, atténue la barre violette du bas. La texture de l'astre dans sa régularité exclut l'homme et donc l'histoire et ses perturbations. Cette géométrie est substance d'utopie et la ville, le lieu d'élection déposé sur la bande du bas, semble faite de cette même substance. Cependant la géométrie s'y complique, de rares angles aigus et quelques couleurs pastel s'y ajoutent. Le *Lieu d'élection* (**3**) semble être une parcelle de l'astre tombé sur terre. Le choc a modifié sa configuration initiale ; son essence est cependant intacte.

Ce lieu d'élection est donc genèse, monde neuf recréé. Fruit cosmique du hasard, il échappe totalement à l'homme et à l'histoire. L'écrasement au sol a cependant modifié sa structure. Les angles aigus sont des plissements, montagnes imaginaires, et les extensions du lieu qui se répandent latéralement sur le support grenat sont des scories échappées à ce fragment d'astre tombé sur terre. La terre n'était pas l'espace destiné à porter cet astre. Celui-ci ne pouvait garder sa rondeur originelle que dans un autre milieu : atmosphère immatérielle de l'espace vert. La configuration du tableau nous raconte donc une histoire, ou mieux la genèse d'un mythe, le mythe d'une genèse. La configuration, l'organisation spatiale est donc un langage : langage purement figuratif, langage d'utopie. Klee invente un langage neuf, certes non textuel, mais conserve l'élément discursif. Il désigne le mythe sans l'artifice d'une narration mais à travers une formulation langagière neuve, utopique précisément. Non seulement il invente un *Lieu d'élection* inédit, mais encore il invente une langue pour nous introduire au mythe fondateur d'une telle cité. L'utopie est donc double : elle est aussi celle d'un langage. Invention d'un langage inédit pour dévoiler un lieu d'élection ; le langage comme le lieu est élu : dans sa structure même – géométrie du tracé dans un espace géométrique – le langage figuratif a en soi la figuration d'une utopie. Syntaxiquement limité, structurellement clos, ce langage est cependant extensible à l'infini. Tout à la fois modulaire et organique, son code est une règle d'utopiste et la structure dont est fait le lieu peut se déployer à l'infini. On retrouve ici une constante de toutes les utopies, d'Ippodamos à Fourier :

l'hypothétique extension à l'infini à partir d'une structure initiale. Ici la structure de départ est simple : carrés s'engendrant les uns les autres, lignes à angles droits définissant une suite organique et ininterrompue de carrés et de rectangles. L'espace construit est donc infiniment extensible, et cela, Klee nous l'indique grâce à un procédé langagier et figuratif consubstantiel à l'idée qu'il veut exprimer. S'il est vrai que les époques agitées favorisent la création utopique, cette cité est bâtie comme en négation de l'histoire.
Ce *Lieu d'élection* est comme une mémoire de la transcendance. Cette cité est d'origine céleste, elle est tombée du ciel. C'est encore par un stratagème figuratif que Klee nous indique cette fondation : en cette adéquation structurelle du signifié. C'était une adéquation du même ordre qui nous faisait retenir le tableau de 1921 quand l'harmonie du rêve, d'essence musicale, se livrait à nous en une forme musicale transposée dans le vocabulaire figuratif.
L'influence du Bauhaus est patente. Klee structure son rêve, le fait utopie, fonde cette utopie et en livre le mythe fondateur. Le peintre devient peut-être par dérision architecte de l'imaginaire. La date de ce tableau, 1927, n'est pas un hasard. Pendant ses huit premières années d'existence, le Bauhaus ne possédait pas de section d'architecture. Oskar Schlemmer écrivait en 1921 : « Au Bauhaus il n'y a pas de classe d'architecture. Aucun élève ne veut ni ne peut pour cette raison devenir architecte. Et pourtant le Bauhaus défend l'idée de la primauté de l'architecture. » C'est en 1927 que cette classe est fondée. C'est le moment aussi où, dans le Bauhaus, Klee et Kandinsky se marginalisent. Ce commentaire de *Lieu d'élection* qualifie l'œuvre à juste titre d'« utopie ». La parabole de l'œuvre use des termes de l'utopie, de ses signes, l'œuvre est cependant « eutopie », mais comme contre la fable qu'elle narre. Elle est « eutopie » parce que rêvée, inhabitée. L'organisation de son espace n'enferme rien ni personne, les règles de son extension ne retiennent aucune vie prisonnière. La ville de l'œuvre est eutopie et non utopie parce qu'enfouie, perdue, exhumée seulement pour qu'une lueur y glisse, et s'y perde. Ce que le tableau invente c'est un étrange crépuscule qui, plus que l'architecture sur laquelle il se lève, est le *lieu d'élection.*

médiateurs

> Qu'est-il besoin de sens de la vue dans le noir ? Évidemment ils n'avaient point d'yeux, ils ne pouvaient pas, ils ne devaient pas en avoir. Pourtant on les examine, et l'on constate, avec stupeur, que certains ont des yeux, qu'ils en ont presque tous, sans compter, parfois même en sus, des antennes d'une sensibilité prodigieuse. On veut douter encore ; on s'émerveille : pourquoi des yeux, pour ne rien voir ? Des yeux sensibles, mais sensibles à quoi ? [...]. Et voici qu'on découvre enfin que chacun de ces animaux que d'abord on voulait obscurs, émet et projette devant soi, à l'entour de soi sa lumière. Chacun d'eux éclaire, illumine, irradie. Quand la nuit, ramenés du fond de l'abîme, on les versait sur le pont du navire, la nuit était tout éblouie. Feux mouvants, vibrants, versicolores phares tournants, scintillement d'astre, de pierreries dont rien, nous disent ceux qui les ont vus, ne saurait égaler la splendeur[1].

Le motif fait rayonner le visible ; *Poisson rouge* ou « oiseau jaune », le thème s'efface et l'espace de l'œuvre n'est plus primordialement l'espace du drame (sujet, thème, scène) mais l'avoir-lieu de la couleur (rouge, jaune). Un mouvement sans déplacement alors a lieu. Ainsi peut-on confondre *Poisson rouge* de 1925 et le *Paysage aux oiseaux jaunes* de 1923, présences lumineuses dans l'obscur dont poissons et oiseaux deviennent les signes, foyers qui engendrent leur propre lumière, lumière intérieure, qui éclaire une part habituelle et vivante de monde. Ainsi si le sujet au sens académique, et également selon le titre, varie, le fond, l'*Umgebung* de ce qui paraît, semble régi par une même loi : il n'y a pas ici un monde marin et un monde ouranien

1. A. Gide, *Les Faux-monnayeurs*, Paris, Gallimard, 1976, p. 150.

mais bien un *Um-welt* où l'air et l'eau se confondent en une obscurité commune, profondeur devenue habitable. La végétation du *Paysage aux oiseaux jaunes* est tout autant aquatique que terrestre; seule importe au centre d'un monde si arbitraire qu'il n'est plus que le monde de l'eutopie, la présence lumineuse qui l'éclaire et l'irradie. On peut lire cette présence comme celle du dévoilement de la conscience, moment où dans l'atmosphère obscure du monde « se fait jour » l'évidence d'un accord entre ce monde et celui qui l'habite, et qui seul peut l'éclairer, le voir. Ce *voir*, le sujet du monde le porte en lui. L'inerte et le vivant, l'immobile et le mobile, l'obscur et le lumineux se mettent alors à exister ensemble dans l'accord d'un monde dont l'unité semble retrouvée. Ce monde n'est plus un monde extérieur dont la connaissance serait abstraite ou théorique mais un monde dont la géographie est intérieure. Affirmation toute benjaminienne qu'un fragment de monde importe tout autant que le monde dénombrable des taxinomies; l'infini est à l'intérieur de chaque parcelle, susceptible d'être éclairé. Le tout du monde, c'est la part infime, et cependant infinie dans sa virtualité que le peintre éclaire de sa présence. Ce tout est l'avoir-lieu de l'accord. Le poisson ou l'oiseau sont les symboles de cette présence. Mais ce monde est aussi celui d'un espace parcourable, lumières successives dans une nuit continue, branches d'arbres, plantes aquatiques. Cette quête où le mobile éclaire le lieu qu'il explore est tout à la fois celle du différent et du même, du multiple et de l'unique, dont le motif est bien le mobile. Chaque œuvre est cette lumière posée sur une parcelle du monde, et l'itinéraire du peintre, de tableau en tableau, se confond avec celui de l'oiseau de branche en branche, ou du poisson d'un recoin à une algue. La nuit qu'ils explorent est celle de l'invisible du monde et chaque branche d'arbre est une plante marine. Le tableau devient alors « ce » monde, à la fois particulier et pourtant total, puisque vécu comme tel en l'instant de la *Stimmung*. Le monde des grands fonds est le lieu symbolique de cette quête; monde de l'inconnaissable, tout comme le monde des cimes, celui des oiseaux jaunes, nous semble indéterminé. Le symbole est double. Ce monde abyssal, celui de la nuit que l'on doit découvrir grâce à une lumière intérieure, peut se lire comme le symbole de l'expérience mystique. Au sens où l'intervention de l'élément mystique est liée à l'existence de choses qui ne peuvent faire l'objet d'une connaissance ou d'un discours au sens usuel du terme, mais se faire « sentir » ou « se montrer ». Mais le monde des abysses dans un second temps est aussi celui d'un relief inversé : image chère à Klee. Constamment une dialectique éclairante et pédagogique entre le jour et la nuit, l'apparent et le caché, le haut le bas rythme l'œuvre. Mais cette dialectique n'est jamais manichéenne, tout au contraire, elle sert une pensée de l'identité. Identité entre l'occulté et le visible, entre le monde des cimes et celui des abysses. Le monde abyssal fonctionne comme l'envers du monde des cimes et cependant il est homologue. Il permet de l'expliquer, de le comprendre, tout comme la parabole de l'arbre dans la *Conférence de Iéna* expliquait le processus de la création artistique s'inscrivant dans une vision totalisante, pensant l'organique non comme ce qui est vu (visible) mais comme une unité où ce qui est caché, explicite, renvoie à ce qui est visible. L'art, étant alors opération de dévoilement du caché, « rendre visible », entendu secondairement comme assignation à réunir (*Zusammenbringen*), en grec *symballein*. L'œuvre est symbole. Ainsi, l'exploration des abysses renvoie à celle des cimes, elles s'inscrivent toutes deux dans une *Weltanschauung* où seule la transcription du monde dans sa totalité visible et invisible importe. Comme le poisson était l'image du peintre, l'exploration des abysses devient la métaphore de sa tentation : explorer le monde de l'invisible, rendre visible. Cette exploration n'est possible qu'en la lumière intérieure qui éblouit l'indéterminé.

Les oiseaux jaunes de Klee sont encore imprégnés de cette lumière qu'ils semblent avoir volée au soleil. Ce symbole de l'exploration peut-être lu comme celui du premier temps pour Klee de l'acte créateur : celui de l'accord, du dévoilement. Grâce à ce dévoilement le peintre restitue le monde caché, le rend visible en le faisant devenir tableau. Donc l'apparente dialectique haut/bas (monde des cimes ou monde des abysses) s'inscrit en fait dans une pensée du même, de l'identique, du tout, dont l'axe unificateur est l'idée de lumière, qui joue – *mutatis mutandis* –, comme dans la *Conférence de Iéna*, le rôle du tronc entre les branches et les racines. Le monde des cimes et celui des abysses sont les versants convexe et concave d'une même réalité. La présence lumineuse d'un animal (oiseau ou poisson) dans un décor où le végétal semble commun démontre l'identité entre les deux mondes ouranien et abyssal. Deux moments symboliques s'interpénètrent : un symbolisme du dévoilement du monde en l'accord, et un symbolisme qui offre ce monde comme un, unité caractérisée par le fait que le haut et le bas, les profondeurs du ciel et les profondeurs marines, le monde de l'air et celui des eaux profondes sont en fait régis par les mêmes « lois », celles d'une logique de l'œuvre, d'une métaphysique de l'espace. C'est la mise en évidence de ces lois qui permet de penser l'identité, donc l'unité. Nous lisons ce fonctionnement interne du tableau comme un principe essentiel qui n'est

autre que celui de la création. Ce fonctionnement permet de saisir les deux premières phases de l'acte créateur, de les mettre en relief. La décision que le tableau s'accomplisse est pour Klee la mise à jour d'une loi, qui seule fait l'unité du monde. Ce fonctionnement se résume picturalement dans son dispositif spatial. Le poisson ou l'oiseau sont forces primaires et originelles. Le peintre établit l'homothétie, pense l'unité du monde, met en évidence sa loi, son fonctionnement : lumière à la fois prométhéenne et humble du poisson, ou de l'oiseau comme du peintre qui en parcourant le territoire restreint que son regard lui livre prétend rendre le monde visible. Et le regard qui rend visible est un regard mobile; le poisson ou l'oiseau se déplacent, éclairant chaque fois une parcelle du monde différente. On ne peut s'empêcher de penser aux promenades que Klee accomplissait dans un émerveillement toujours renouvelé et qui ont certainement servi de support à l'itinéraire symbolique de la *Confession créatrice*. Mais on songe aussi à cette circulation que le regard du spectateur est obligé d'accomplir en chaque œuvre.
Promenades réelles ou imaginaires, circulation dans le monde réel ou dans celui du tableau, ce parcours a une dimension maïeutique : il nous amène à percevoir du monde sa part invisible. C'est l'idée de lumière qui importe.

Ce n'est pas tant le poisson, l'oiseau, le peintre ou le regard qui se déplacent que la lumière. La lumière est dynamique, elle éclaire à partir du sujet et a le sens d'une exploration. Jusqu'au XXe siècle, une lumière unique éclairait un monde dont les sujets ne sont que des acteurs, ce que corrobore la perspective scénographique. Il est étrange de noter que ce mot *scenographia* a subi un déplacement sémantique puisque *skêne* signifie d'abord l'habitation du dieu ou le temple avant d'être la scène de théâtre où jouent les acteurs. Klee rompt essentiellement avec l'espace perspectif en cette conception de la lumière, mais réimprègne l'œuvre d'une dimension numineuse perdue. Dans l'art de Klee, les acteurs (poisson ou oiseau) portent en eux leur propre lumière qui a le sens d'un mouvement, et un sens sacré se joue ici, un tropisme cher à Klee qui veut l'artiste comme homologue d'un démiurge qui réinvente le monde, l'artisan d'une nouvelle genèse. Mais la lumière est immanente et l'artiste n'a plus à la chercher dans un empyrée devenu à portée de regard.
Le pays de l'oiseau ou du poisson est son *Umgebung* et la tonalité est le paysage de son apparaître. La peinture de paysage a parfois une fonction anecdotique. Nous avons dans notre mémoire des paysages peints que nous retrouvons au gré des voyages. Le lieu transcrit n'est qu'un épisode

géographique. Ce qui nous fait penser à l'œuvre peinte, c'est un site, un lieu dont les caractéristiques s'imposent comme typiques. L'enjeu de la peinture est ici au contraire de ne plus transcrire une géographie ponctuelle, stricte, locale, mais d'en saisir la dimension singulière, le ton. Klee ne peint pas tel paysage mais l'« instant du monde » où il se dévoile. Il ne s'agit pas d'une fugacité atmosphérique comme pour Monet, mais d'une fugacité mentale. Les paysages de Klee renvoient bien à une géographie, mais elle est métaphysique. Klee peint l'état de disponibilité, de « clairvoyance » en face d'un paysage, de n'importe quel paysage qui par l'état de grâce de celui qui voit, se trouve transfiguré. La peinture perd alors sa dimension photographique, épisodique, restreinte par inventaire des étants, pour devenir le lieu où l'« être » du paysage se libère. Il tue l'analogie, l'anecdote, et si souvent dans la nature nous pensons à des tableaux de Klee, le renvoi qui s'opère est intérieur, il nous dit que le moment poétique est en nous et non pas dans un beau typique, figé. Le paysage révèle l'être et c'est l'être du paysage que nous révèle Klee. Et cet être est circulation. C'est pourquoi le pays de l'œuvre pour Klee est vagabondage du promeneur ou du regard. Poisson, oiseau, démultipliés dans le tableau, aquarium ou sous-bois, vision au microscope ou arbre dans la plaine, Klee ne refuse rien de/au visible. Tout lui est pays, chaque présence est dévoilement. On se souvient de la fascination éprouvée à l'aquarium de Naples. L'aquarium, c'est d'abord pour Klee la structure cubique par excellence. La transparence de l'aquarium est le lieu où Klee se heurte à l'espace euclidien. Il est intéressant d'analyser comment Klee se débarrasse des problèmes que lui pose l'espace dans ce cas précis. Le passage de la structure cubique de l'aquarium à la structure plane du tableau résume bien son projet. De l'aquarium il ne retient que la présence lumineuse des poissons. L'espace qu'ils habitent, sa profondeur importent peu. Il inscrit sa composition sur un fond noir qui est plus que le moyen de rendre la dialectique motif/fond évidente. Ce fond noir marque également le transfert d'un espace à un autre. Plus que l'aveu de l'inadéquation de l'espace perspectif au projet donné, cette nuit est comme un pressentiment paradoxal. Une métaphysique de l'immanence se fait jour ici. Si, comme nous le rappelle Heidegger, le mot *Da* signifie l'ouverture essentielle, la nuit ici est bien le site nu et originaire de l'être situé au-delà de la considération phénoménologique que l'élément obscur est la condition de l'objectivité ; elle est la condition de l'essence de toute présence possible. C'est cette même nuit qui règne dans le paysage aux oiseaux. En ces deux mondes où l'investigation des limites est l'enjeu et où la dialectique concave/convexe est scandée thématiquement par celle aquatique/ouranien, se déploie logiquement et symboliquement une pensée de la médiation. Poisson et oiseau sont des médiateurs.

Le poisson dans de nombreuses mythologies est associé à la naissance ou à la restauration cyclique. L'oiseau est le symbole de l'âme, il a un rôle intermédiaire entre la terre et le ciel. Ce qui importe cependant dans le *Paysage aux oiseaux jaunes* de Klee, c'est l'immobilité de ces oiseaux. La légèreté de l'oiseau, symboliquement, a une connotation négative. Saint Jean de la Croix, par exemple, y voit le symbole des opérations de l'imagination légère, mais instable, voletant de-ci, de-là, sans méthode et sans suite. La fixité des oiseaux de Klee semble répondre au vagabondage imaginatif par la profondeur de l'accord intervenant au moment où la *Stimmung* a lieu. La fixité lumineuse de ces oiseaux, c'est l'imagination devenue profondeur et puissance créatrice ; est-ce à dire que le tableau est régi par l'immobilité, que ce principe de circulation qui règle chaque œuvre de Klee en est absent ? Ce n'est pas l'oiseau qui circule dans le tableau mais notre regard qui d'oiseau en oiseau se fige ; ce n'est pas l'oiseau qui vole de branche en branche, mais notre regard qui retrouve en chaque branche le même oiseau. Cet oiseau jaune, solaire et lumineux qui apparaît sept fois dans le tableau, dans tous les sens mais comme décalqué, n'est-il pas le symbole même de la *Stimmung*, état de fusion qui se pose partout où notre regard est assez puissant pour transfigurer le visible, lui donner le ton ?

Le monde recréé est pour Klee celui, éclairé par cet état de fusion, qui nous livre le monde dans une genèse toujours recommencée. Cette pensée se noue cependant dans l'immanence et les deux médiateurs jouent au contraire de la symbolique traditionnelle ; ils ne circulent pas d'un plan à un autre et le passage qu'ils manifestent est comme un vol sur place dont l'advenue serait frontale, éblouissante ; la spiritualité ou l'incarnation mystérieuse en l'œuvre n'a lieu que parce qu'un deux à deux du monde à l'œuvre nous est assigné au nom certes « d'une centrale pureté », mais qui cependant affirme que l'essence de la transcendance réside dans l'immanence, – que la transcendance s'est dérobée parce qu'elle n'assurait pas elle-même la possibilité de sa propre manifestation.

dévoilements

Dans la sphère d'immanence radicale du sentir, le silence comme la nuit offrent chaque frôlement du monde nuement. L'aquarium, le sous-bois aux oiseaux, sont des mondes de silence, monde/nuit où règne l'accord. Il est un autre monde où ce silence et cette nuit règnent tout pareillement, c'est celui des natures mortes, *Stilleben*, monde du silence, monde statique figé dans l'acuité du regard qui le fixe. Les natures mortes de Klee sont la vie même. Klee écrit : « Par notre connaissance de sa réalité interne, l'objet devient plus que sa simple apparence. Par notre connaissance que la chose est plus que son extérieur le laisserait penser[1]. » Ainsi est clairement affirmée la nécessité de ne pas s'arrêter à l'existence des choses, des objets qui vont peupler la nature morte. Klee s'attachera non pas à leur apparence visible, mais à leur structure invisible. Cette essence, il la saisira dans l'atmosphère silencieuse et noire d'un fond toujours répété qui irrigue chacune de ses natures mortes. Nous l'avons dit, oiseaux ou poissons, le thème n'importait que relativement ; à ceux-ci s'ajoutent le verre, le pichet ou le fruit imaginaire d'un autre monde. *Attrapes* (**4**), que Klee peint en 1927, résume bien sa démarche. Entre deux rideaux d'un inquiétant théâtre, Klee nous offre trois fruits ouverts, coupés en leur milieu. Ces trois fruits dont l'apparence extérieure se donnait comme identique, présentent, une fois ouverts, un aspect, une structure radicalement différents.

1. P. Klee, *Théorie de l'art moderne*, p. 44.

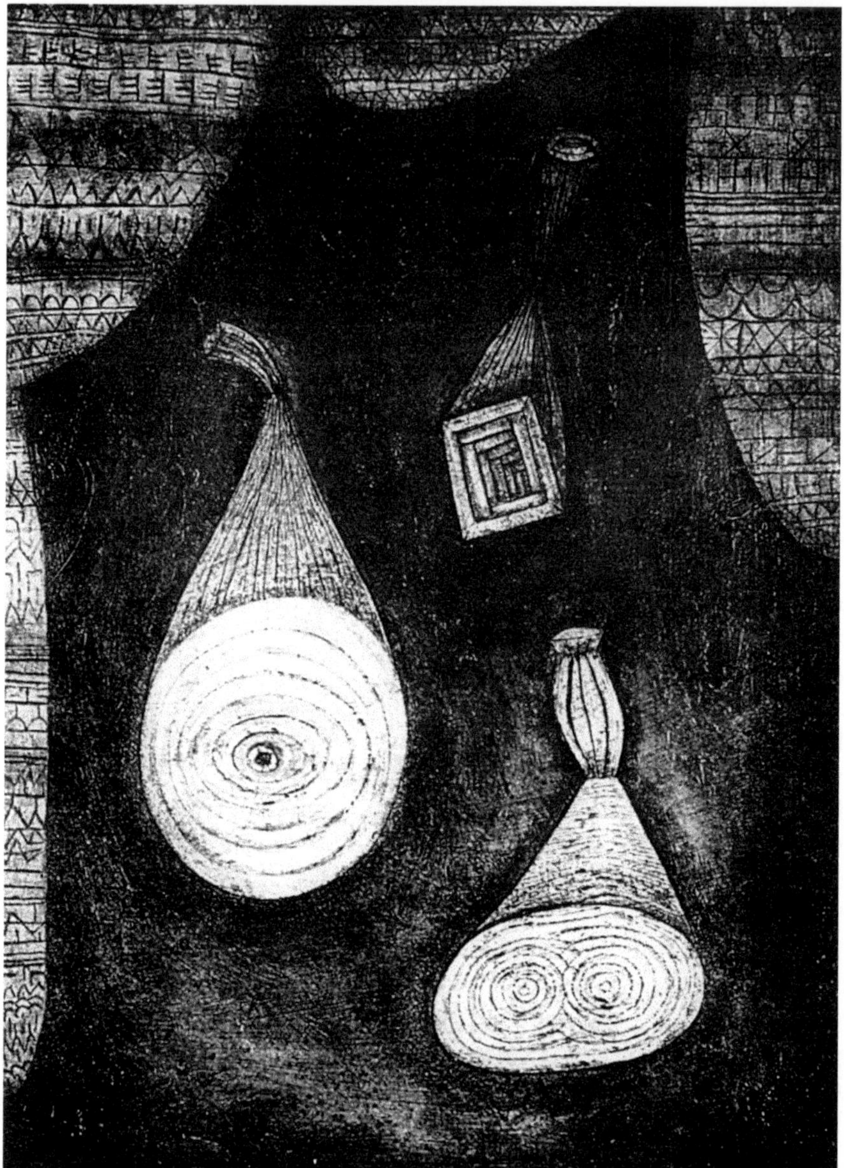

4. *Attrappen / Attrapes*, 1927, Museo Thyssen-Bornemisza, Madrid.

Le plus petit, celui du haut, est un maelström, dont la structure cubique nous entraîne vers une hypothétique profondeur, comme par un escalier. Celui de gauche, le plus gros, se réduit, dans sa béance, à une suite de cercles concentriques. Le noyau noir central nous regarde comme un œil de cyclope. Le dernier fruit enfin, reprend la même structure mais en la démultipliant, et cette fois nous découvrons deux yeux inquiets et aveugles qui nous regardent. Ces fruits semblent vagabonder dans l'espace sombre qui les englobe, et ouvert et inquiet, le regard qu'ils nous adressent semble être le même que celui des poissons de l'aquarium. Le corps tranché de ces fruits est lumineux, irradiant, c'est l'essence, le corps caché de l'objet qui éclaire un monde. Klee disait : « Les tableaux nous regardent ».

Au-delà de cette épiphanie une nouvelle fois répétée, Klee nous indique que l'apparence n'est rien. Ces fruits qu'un premier regard aurait cru identiques ont en fait des structures, des essences opposées, radicalement différentes ; que Klee les inscrive entre deux rideaux de scène n'est pas un hasard. Klee met en scène la vérité, l'essence des choses, des objets et des êtres. C'est le même procédé théâtral, ce sont ces mêmes rideaux de scène que l'on retrouve dans *Nature morte, Pots, Œuf de Pâques, Rideaux, Fruits*, etc. Ici, au problème de la structure interne des objets, se substitue la manière dont les objets habitent l'espace. On pense inévitablement à Cézanne. Les objets ne sont certes pas ouverts, dévoilant leur structure interne, mais le pichet et le verre nous présentent leur vide, leur béance d'une manière arrogante, ronde, qui méprise toute loi perspective. L'espace que Klee enferme entre les rideaux, loin d'être indifférent, est habitable moins parce que les présences qui l'habitent sont dénombrables, que parce que c'est lui qui offre ces présences. Neuf objets délimitent notre voyage. L'œil vagabonde d'un objet à l'autre et ce vagabondage est régi par une structure presque mathématique ; le dé indiquant le chiffre trois nous désigne le sens de ce périple, du moins l'hypothèse d'un sens. Les neuf objets de la nature morte seront lus trois par trois mais les lectures d'un tableau sont plurielles. Si l'on qualifie ces objets, nous trouvons un cône bleu, un verre rouge, un fruit orange, un coquetier à mi-chemin entre le rouge et le violet, un calice violet, un dé noir marqué d'un trois jaune, un objet plat et rectangulaire violet, un pichet de la même teinte et un fruit jaune qui pourrait être un citron coupé en son centre. Chaque objet porte sa propre lumière, diaphane ou puissante, elle jaillit du fond comme l'évidence d'une présence. L'idée de circulation se double d'une idée de parcours, trinaire : assembler trois objets violets ou trois objets dont l'ouverture est ronde (calice, coquetier, fruit) ; peu importent les combinaisons, ludisme obstiné qui joue avec le nombre d'objets restreint. Nous atteignons là à l'extrême limite du huis-clos, de la genèse et de l'eutopie. Le théâtre qui offre ces objets est sans profondeur et sans autre drame que leur épiphanie ; le temps en est exclu et les fruits coupés éclairés de l'intérieur n'ont d'autre rôle que de rendre notre œil tranchant. Oiseaux, poissons ou fruits, l'objet importe peu, c'est la présence lumineuse, numineuse, le moment d'équilibre et de fixité que le peintre retient. Et comme si Klee ne pouvait s'abîmer dans la lumière aveuglante d'un seul objet, tout son travail établit une circulation d'un objet à l'autre, d'une lumière à une autre lumière. Du pichet au calice, en passant par la carte violette, du cône bleu au citron en passant par le dé, du verre au coquetier en passant par le fruit orange, chaque objet semble nous dire tout à la fois la tristesse et le réconfort d'un univers borné. L'infini de l'*Umgebung*, la profondeur noire nous inquiète cependant et nous fascine. Nous pensons au port de Gênes. La sécurité des limites prodigue à Klee l'inquiétude des objets. Klee s'explique : « Si l'on peint sur fond noir, il n'est pas facile de trouver les tons justes. Une chose que l'on obscurcit entièrement dégage volontiers un effet de passivité et si quelque chose de spécial survient, on est surpris de constater une activité… L'obscurité dernière, l'absence totale de couleur est le noir ; cette obscurité, nous n'avons pas à la comprendre[1] ». Cette nuit encore sans objet est celle de l'*Umwelt*, condition préalable englobante de toute apparition, de tout visible. *Die Umwelt*, c'est le monde environnant. Le dévoilement a lieu sur un fond sombre, ou brumeux, exclusion partielle ou totale du milieu, de l'histoire. On rejoint ici l'essence de toute expérience mystique : enfermement, obscurité, exclusion du monde réel. Klee en ce sens redonne à l'idée d'eurythmie une coloration nouvelle et étrange. Cette eurythmie était conçue comme l'heureuse harmonie dans une composition des proportions d'une œuvre plastique ; Gottfried Semper écrit que l'essence de la figure eurythmique est fermeture, et effectivement le monde recréé que nous offre Klee est exemplairement un lieu clos, un lieu d'enfermement, dont les limites sont tout autant de *parergon*, ce cadre que souvent Klee souligne d'un trait pour le rendre plus prégnante que les limites imaginaires d'une fermeture : le monde doit avoir des bornes, des frontières pour être habitable. On doit pouvoir en dénombrer les éléments ; habiter ce monde, c'est le parcourir. Parcourir l'espace du tableau afin d'y retrouver l'accord, celui-là même que

1. P. Klee, cité par Ch. Geelhaar dans *Paul Klee et le Bauhaus*, Neuchâtel, Ides et Calendes, 1972, p. 107.

Klee avait éprouvé dans le monde. Le peintre élu donne dans le tableau des indices. Il indique, souligne un parcours. Le tableau est alors bien plus qu'un monde en raccourci, il devient le lieu où seuls les traits nécessaires à l'accord ont été soulignés. L'œuvre s'affranchit alors de ce va-et-vient entre le monde et l'œuvre ; celle-ci, irrémissiblement close sur elle-même, rend visible l'invisible comme tel. Cette expérience se manifeste également dans une catégorie d'œuvres où la brume s'est substituée à l'obscurité. La figure du huis-clos, de l'enfermement y est encore plus évidente : les motifs semblent moins nombreux et le parcours accompli, plus bref, convergeant immédiatement vers un centre. Les présences lumineuses qui habitaient la nuit étaient, nous l'avons dit, comme les lumières d'un port. Ces œuvres semblent focaliser notre attention sur un point, enfermer un (ou de très rares) motifs dans le cercle de la vision qui est aussi celui de la conscience. À l'intérieur du cadre, le fond définit un nouvel enfermement, notre vision se rétrécit, devient plus intense.

Les compositions atmosphériques ne sont pas la parenthèse que dit Grohmann : elles représentent à notre sens la variation la plus aboutie d'un type de recherche dont on trouve des exemples en 1925 avec des œuvres comme *Montagne en hiver*, point culminant et atmosphérique. Ces tableaux existent certes d'abord grâce à un stratagème technique que Klee appelait pulvérisation : cette invention seule permet au tableau de vivre. Si Klee est un manipulateur de matériaux, ses spéculations techniques visent toujours à établir une homologie entre la texture du tableau et celle du monde. Ici il s'agit de rendre le plus exactement possible un état atmosphérique. Klee découvre alors l'artifice qui consiste à répandre la couleur sur le fond avec un vaporisateur. Le fond se donne à nous comme atmosphère au double sens réel et métaphorique du terme. Ce fond est le lieu qui irrigue la *Stimmung*, il est atmosphère, il est climat atmosphérique et psychologique dans lequel baigne l'état de fusion vécu par le peintre. Ce procédé n'est donc pas simple facétie technique et si effectivement cette pratique se développe au Bauhaus chez des élèves et certains maîtres, elle n'a son sens plein qu'à l'intérieur du projet de Klee.

Montagne en hiver, avec ses pyramides au pochoir, semble traduire une paralysie de la nature, l'absence de toute présence vivante, humaine. Dans le tableau, nulle part on ne décèle la présence de la main. Ce paysage est engourdi, comme figé dans une immobilité quasi-magique. De ce fond émerge un arbuste desséché, pétrifié. On songe à cette passion que Klee avait pour les plantes, à cet herbier qu'il avait patiemment constitué. Il pose à la place de l'arbre qu'il aurait pu peindre une branche d'arbuste séchée, aplatie. Pour approcher le plus exactement possible la matière du monde, Klee inscrit cette matière même dans le tableau qui se présente alors comme l'illustration la plus parfaite du « dévoilement » : au contraste de couleurs et de factures techniques qui permettait l'émergence du motif sur le fond, vient s'ajouter un contraste de matière. Mais dans ces tableaux le stratagème plastique tient, semble-t-il, une trop grande place et Klee ne donnera pas de suite à cet essai (c'est ce qui permet à Grohmann de parler de parenthèse) ; nous reconnaissons là cette peur omniprésente chez Klee qu'une invention ne devienne procédé, son angoisse que l'idée initiale ne se transforme en système. On peut résumer cette première tentative de Klee comme la transposition picturale exacte de son désir d'habiter seul une vision. Encercler cette vision à l'intérieur du halo flou qui la précise.

La brume, le brouillard, toute fumée de la nature, pour le sens commun, cachent, masquent, obstruent. Elles empêchent de saisir, d'embrasser des panoramas. Effectivement la brume lutte contre les grands espaces, les perspectives trop nettes, mais elle a un pouvoir inouï, celui d'isoler, de rendre

visible, unique, l'objet qu'elle entoure mais n'envahit pas. L'arbre isolé se met alors à exister d'une vie singulière. La brume, l'obscurité, comme dans le texte aristotélicien le diaphane, sont conditions du visible. *Umgebung* par excellence, la brume fonctionne aussi comme un rétrécissement du monde ; dans la brume, le monde devient à la mesure de celui qui parcourt, elle se referme sur l'arbre et sur celui qui le voit. Elle les enferme, les retient ensemble prisonniers. L'homme qui voit et l'arbre vu participent alors d'une même unité. Celui qui est perdu dans une nature trop nette ne peut la saisir d'emblée comme le vaste tout du monde. Il se tient en face de cette nature trop vaste, trop précise, comme étranger à elle. L'expérience du brouillard est appropriation du monde ; pour qui découvre le monde de la brume, petit à petit, chaque arbre, chaque objet devient singulier, cessant ainsi d'appartenir aux catégories apprises. Ainsi dans la plupart de ces œuvres, les motifs qui se détachent sur le fond, fond de brume ou de nuit, sont des présences découvertes comme recréées, sorties de la brume comme de l'origine. De l'arbre à la nervure, *L'arbre nervure* doit dire cette tonalité originaire de son apparaître. Saisir, selon l'expression même de Klee, « le Tout du monde », c'est faire en sorte que la feuille en elle seule dise le paysage, la totalité en sa tonalité du paysage. Ce trajet est aussi un tassement de l'être sur lui-même ; chercher le sens d'une forêt en une feuille d'arbre, c'est vouloir échapper à toute dispersion, à toute anecdote, et en dernier recours bien sûr, échapper à l'histoire. Ainsi, chronologiquement, la peinture de Klee semble aller dans le sens d'un épaississement de la brume, c'est-à-dire du fond, qui implique une prégnance toujours accrue des motifs que le peintre retient et l'on trouverait dans la « pensée créatrice », ou dans « histoires naturelles » maints exemples théoriques de cela[1].

Ces œuvres fonctionnent également selon une logique de la frontière, du contour plus exactement. Franges, lisières où s'origine l'*Umgebung*. Le travail de Klee joue sur les limites, sur le moment parfait où la brume encercle l'arbre au point qu'il apparaisse dans toute sa netteté. L'on ne peut s'empêcher de penser au processus de réglage photographique. Le moment où l'on atteint la plus grande précision, ou la dialectique motif/fond se fige dans la netteté du déclic.

Klee dans *La Pensée Créatrice* consacre un long développement à la plante et intitule un paragraphe « coupe longitudinale et coupe transversale de la croissance végétale » que nous citons ici en entier. Klee écrit :

> Si l'on considère la croissance végétale selon une vie longitudinale, nous n'avons pas une conception totale de l'augmentation de volume dans son ensemble mais une action conçue unilatéralement. Si l'on se situe au niveau de la synthèse, cette coupe aboutit directement au centre total. Par contre, la coupe transversale décrit la croissance selon une progression multilatérale à partir du centre. Mise en forme à partir du centre selon des progressions, c'est-à-dire des mouvements dans les parties les plus petites et dans le tout[2].

Donner du visible une coupe transversale, une coupe qui dise immédiatement le centre du visible. Ce centre du visible, c'est très exactement le moment de l'accord, celui où le centre de gravité de l'être se confond avec ce qu'il entend être le centre du monde. C'est le moment où l'arbuste au milieu de la brume apparaît dans toute sa netteté. Toute création chez Klee est un dévoilement au sens d'une *aletheia*. Le monde se fait transparent, il ne reste du monde que le noyau dur, visible de son essence. La circulation à l'intérieur du tableau, cheminement latéral, linéaire d'un point à un autre devient plus essentiellement encore, pénétration de la surface à la profondeur, de la surface à la cellule.

Si l'on compare *Âme errante* de 1929 et *Avant la neige* peint au même moment, l'on établit entre l'arbre dans la brume et l'objet sous le microscope

1. P. Klee, *La Pensée Créatrice*, p. 60 ; *Histoire naturelle infinie*, trad. fr. S. Girard, Paris, Dessain et Tolra, 1977, p. 49-70.
2. *Ibid.*

une très immédiate analogie ; arbre dans la brume, réglage photographique ou réglage du microscope, c'est la vision enfermée dans le cercle de la conscience qui se manifeste. L'arbre dans *Avant la neige* est l'épiphanie claire d'une présence numineuse inscrite dans une atmosphère sombre et menaçante, atmosphère d'inquiétude qui au sens réel et métaphorique rend les objets plus nets, plus visibles. L'atmosphère d'*Avant la neige*, l'opacité de l'atmosphère fait naître l'arbre à une vie singulière et neuve comme si l'arbre et l'atmosphère qui l'englobe n'étaient qu'une seule et même chose, comme si l'arbre appartenait à cette atmosphère, en était consubstantiel. C'est l'atmosphère d'avant la neige, l'épaisseur de l'air, sa matière opaque qui nous dévoile l'arbre, le fait naître à une nouvelle vie.

De même *Âme errante*, tableau peint selon la même facture, dans les mêmes termes picturaux, apparaît comme la même expérience du dévoilement, mais ici, le prétexte n'est plus celui de l'atmosphère et de l'arbre mais du microscope, de la cellule. Le béotien en sciences biologiques pense intuitivement à une vision au microscope, les familiers de cette pratique sont frappés par l'évidence de l'emprunt, évidence qui est un aveu, aveu d'un stratagème qui devient symbole. *Âme errante* évoque une préparation cytologique, fixée, colorée, sur laquelle à l'intérieur d'une goutte d'huile apparaît nettement une cellule flagellée : tripanosome, trichomonas ou plus simplement spermatozoïde égaré… Le titre lui-même, *Âme errante*, peut se lire alors comme clin d'œil à la fois dérisoire et quelque peu amusé. L'idée d'origine, de genèse ancre le tableau. Cette genèse qui trouvait sa métaphore dans l'anecdotique biblique (cela de manière séculaire, mais également dans les premiers tableaux de Klee, ses jardins n'étaient-ils pas aussi ceux de l'Eden ?) accède ici à une expression en total accord avec son siècle qui est, n'en doutons pas, celui de la biologie et des sciences moléculaires dont Klee eut conscience en son « froid romantisme sans pathos ».

Dans le deuxième tome des textes annotés et recueillis par Jurg Spiller et intitulé *Histoire infinie*, Klee nous donne un texte qui s'applique parfaitement à ces compositions atmosphériques :

> Adoptons maintenant un point de vue supérieur et détaché et disons-nous : c'est ainsi que se meut l'eau, bon ou mal an, entre la terre et l'atmosphère. Alors on fait de nouveau passer la structure supérieure au niveau de la simple structure et si l'on s'éloigne jusqu'à ce que la structure devienne microscopique, on parle de chimie, de magnétisme, de pur esprit et l'on ne sait plus très bien s'il s'agit encore de matière ou non. […] Supposons que nous puissions voir en fin de compte la terre devant nos yeux comme un disque rond divisé, comme une

> carte de géographie en terre et en eaux. Si on le regardait d'encore plus loin, on aurait l'image d'un globe avec des satellites. Si l'on ajoutait la dimension temporelle, on verrait le globe effectuer sa rotation quotidienne, et la lune tourner autour du rythme des mois. Ce serait *un effet de macroscopie* : structure spatio-temporelle, dégradation de la structure mais également création de nouvelles individualités comme le semis structural des étoiles, les apparences particulières de la Voie Lactée, des constellations. Inversement la microscopie nous conduit vers des domaines où les caractères jusque là perçus comme des structures acquerraient une apparence parfaitement individuelle et où le rythme atomique se dégagerait des dernières traces perceptibles de molécules.

Il est d'abord étonnant que la métaphore du microscope apparaisse précisément dans des notes que Klee consacre à la circulation des gaz et des liquides, donc précisément à des phénomènes atmosphériques. La coïncidence renforce l'analogie que nous avons établie entre vision dans la brume et vision au microscope. Au-delà, l'image que Klee emploie pour imaginer une vision de la terre est celle d'un disque rond : Klee voit la terre à travers l'objectif d'un microscope, et la différence qu'il note entre effet de macroscopie et de microscopie est celle que nous avons notée. À l'effet de macroscopie, Klee lie l'idée d'une dégradation de la structure, à l'effet de microscopie, l'évidence qu'à l'intérieur d'une structure gît un principe atomique originel. Le passage de la macroscopie à la microscopie, du « semis structural » des étoiles à l'atome est celui-là même que nous évoquons en affirmant que la démarche de Klee allait de la forêt à l'arbre et de l'arbre à la nervure. Le microscope isole l'atome de la constellation comme la brume isole l'arbre de la forêt. En ce sens, microscope ou brume apparaissent bien comme les moyens privilégiés du dévoilement et en dernier recours de toute épiphanie.

Dans sa *Poétique de l'espace*, Bachelard écrivait du regard microscopique : « Il est regard frais devant l'objet neuf; la loupe du botaniste, c'est l'enfance retrouvée, elle redonne au botaniste le regard agrandissant de l'enfant. Avec elle il rentre dans le jardin où les enfants regardent grand[1]. » Le monde du microscope, celui de la brume est exemplairement celui du huis-clos, de la vision enfermée à l'intérieur du cercle intime, d'une vision tendue vers un objet unique, vision identifiable parce qu'entrevue en raccourci, où l'homme « prend le monde comme une nouveauté ». La découverte du neuf, et parce que ce neuf se livre à nous dans le cercle de la vision microscopique ou atmosphérique, a lieu cette épiphanie qui n'est pas seulement d'ordre visuel. Que cette forme soit un cercle n'est pas un hasard, qu'elle soit clarté dans

1. G. Bachelard, *Poétique de l'Espace*, Paris, P.U.F., 1974, p. 146.

la brume ou objectif du microscope, elle est la figure emblématique du huis-clos, forme par excellence du monde recommencé. Le monde est rond, disait Van Gogh. Le cercle où a lieu cette épiphanie apparaît donc comme le lieu non seulement d'une expérience visuelle mais celui en ce sentir de l'avènement de la conscience. Dans ce périmètre circulaire de clarté s'esquisse une ontologie de la vision ou plus exactement du visible. Le flou avant que le regard n'y « fixe » une présence était soupçon ou retrait d'un monde, la brume affirmait l'imminence d'un commencement ou d'une fin. Cette vapeur (*atmos*) du monde était exemplairement *Umwelt*. À l'encontre de toute peinture de l'atmosphère où se jouait une logique de l'effacement et de l'indistinct, Klee pense le flou comme donation, *Umgebung* où la genèse de tout visible n'est révélée qu'en l'instant qui fuit l'*Augenblick*. Ces œuvres atmosphériques rendent l'impossible instant de l'accord et le rendent comme en un cercle.

Durant les premières années du Bauhaus, Klee s'était inspiré des automates qui peuplent les récits d'Hoffmann. À ces œuvres organisées de façon discursive et dont les motifs semblaient pris en un engrenage du sens, d'un sens certes voilé, succèdent et s'opposent des tableaux qui sont à la fois des contes, *Märchen* (« C'est dans le conte de fée que je me crois le mieux capable d'exprimer la résonance du fond de mon âme », écrivait Novalis), et des « énigmes ». Ultime seuil du symbolisme vivant, l'énigme n'est peut-être pas seulement pour Klee un jeu d'esprit symbolique dont, comme Sancho, il aimerait avoir le mot avant d'entendre l'énoncé. Le mot de ses énigmes est souvent imprononçable.

Dans *Divagation sur fond vert* (1931), *Irrungauf Grün*, une forme ronde, astre d'ubiquité, leitmotiv de l'imaginaire de Klee, se trouve prise à l'intérieur d'une singulière métamorphose : l'astre est devenu visage. Cette forme ronde organise le tableau tout comme les lunes et soleils des compositions de 1920 les organisaient. Mais là où l'organisation des paysages ou autres scènes peintes en 1920 se faisait selon l'ordre d'une juxtaposition, dans ce tableau de 1930 la forme ronde définit la composition selon l'ordre « disloqué » d'un récit. Cette forme devenue visage permet à Klee d'agencer les éléments épars du discours pictural à l'intérieur d'une structure globale et symbolique sans pour autant qu'un engrenage systématique, comme mécanisation du récit, ait lieu. Le visage, traditionnellement lieu d'une subjectivité, est « ici » dans un premier temps le *topos* d'une unification. Le visage s'avoue comme cercle, les sourcils et le nez comme lignes. Dans la *Conférence de Iéna*, Klee, pour mettre en scène la genèse d'un tableau, racontait sous la forme d'un périple dans les champs l'élaboration des différentes lignes, des différentes formes. Certes un tel tableau ne renvoie pas à une expérience vécue du monde, n'est pas l'aboutissement d'un trajet allant de l'état de *Stimmung* éprouvé en un lieu à l'effort créateur pour réinventer ce moment. Il s'agit d'un lieu rêvé. Klee donne forme à l'énigme née de n'importe quelle cause, sciure d'une arène de cirque, tapisserie triste de l'enfance, intonation verte d'un rêve interrompu. Les éléments figuratifs concrets sont pourtant licitement reconnaissables (étrangement, lorsque se manifestait la *Stimmung* en un paysage, un endroit concret du monde, le tableau souvent se faisait abstrait, texture originaire de ce lieu ou plus exactement de ce lieu vécu en un tel moment). La dialectique motif/ *Umgebung* fonctionne : le titre même indique et corrobore cette dialectique : *Divagation sur fond vert*, les deux termes du titre disent de manière métonymique le projet du peintre. Le processus d'épiphanie fonctionne totalement ; mais là, ce n'est pas un lieu ou une situation atmosphérique (orage, neige) qui porte la dimension poétique de la *Stimmung*, mais l'énigme, le jeu intellectuel créateur de sens ; mieux encore, l'émotion sourde de la pensée, de la phrase, de l'idée poétique dans son dévoilement qui étrangement nous l'offre. Le tableau nous restitue plus que le jeu mental de l'énigme ; à l'intérieur du trajet mémorial, elle est l'invention (au sens archéologique) d'une intonation du monde offerte sous le prétexte de la fable. Mais de quelle fable, de quelle énigme s'agit-il ? Klee cette fois ne donne pas d'indices dans le titre ; ou plus exactement, il nous indique un cheminement : divagation, liberté, vagabondage subjectif, l'œuvre reste ouverte, polysémique peut-être. Le visage, cercle parfait, ordonnait la composition ; visage mais aussi astre : monde fermé d'une fiction ou d'un rêve. Autour du visage, le soutenant, s'agencent les prédicats de l'énigme : d'abord le corps (dont la géométrie répond à celle du visage) soutenu par des jambes trop raides, puis des mains qui semblent inutiles. À gauche en bas de la composition, une surface jaune dans laquelle Grohmann croit voir une table et dont nous pensons plus volontiers qu'elle est un filet ; nous en retrouvons l'empreinte, l'impression sur la joue gauche de l'équilibriste. Sur le filet jaune une jambe rouge, jambe quille, jambe prothèse en quête d'un corps. Une échelle partant du filet jaune se déploie vers le visage et plus exactement vers l'empreinte laissée sur la joue gauche. Le corps de l'équilibriste penche vers la gauche, précisément vers la gauche, précisément vers le filet, un poids rond et bleu placé du côté droit se doit de rétablir l'équilibre compromis. À cette précarité de l'équilibre font écho les sourcils de l'équilibriste qui se prolongent sur le fond vert. Ils semblent sortir du tableau ; les sourcils se confondent avec le fil même : lieu de l'équilibre. Comme le visage était monde, l'inclinaison des sourcils devient le fil sur lequel l'équilibriste marche. Ces sourcils sont distendus comme par un équilibre rompu, ils ne traduisent pas l'angoisse mais comme la surprise de la chute. Cette chute, les yeux nous l'indiquent : l'un immobile, l'autre en mouvement. La bouche, barre d'équilibre ressemble à une fente, à une blessure ; rouge comme la jambe, prothèse posée sur le filet. Le corps de l'équilibriste est donc fabriqué de la nature de son acte, de la précarité, de la symétrie fragile et rompue de tout projet. La fable, cet acte voué à l'échec, à la chute, dit la tristesse désamusée de toute entreprise. Mais si l'équilibre s'est rompu, c'est qu'un instant fugace il eut lieu. Le centre de gravité de l'âme qui aussitôt qu'il se formule se perd, c'est bien là la nature même de ce que nous avons défini comme *Stimmung* : équilibre fragile de l'instant poétique où s'intonait l'intonation verte de l'œuvre devenu tableau. *Divagation sur fond vert* aurait pu s'intituler « l'équilibre rompu ». Ce fond vert est celui des rêves, mer ronde de l'origine que l'on ne saisit que si l'éveil rompt son déroulement. Accord dont la conscience est sursaut en sa rupture.

Cette fable est pourtant sans tragique, elle se déroule en un monde régi par des lois d'une gravité différente. Un dernier élément figuratif du tableau nous l'indique, lié au sourcil droit : deux surfaces striées, l'une verte, l'autre rouge. Ces deux signes sont des indices dans l'irréalité de la fable, comme la situation d'une fable sans lieu, comme l'espace d'un récit sans espace, ou plutôt d'un récit se déroulant dans un espace dont nous ne connaissons pas les lois, celui du rêve. Ces deux formes renvoient explicitement à une série de tableaux qui précède de quelques mois les fables que Klee entreprend en 1930, qui sont comme des exercices de style annonçant ces énigmes. Les « mobiles dans l'espace », même de manière systématique et sérielle, étaient une spéculation sur l'espace, entreprise abstraite de conception d'un espace à trois dimensions qui soit autre que le traditionnel espace scénographique. Mais dans les spéculations de l'année 1929, jamais Klee n'introduisait à l'intérieur de cet espace imaginé de récit, de motif ou d'histoire. Klee se propose de mettre en adéquation une fable à cet espace. De même que l'espace scénographique était en adéquation avec un scénario figuratif, Klee met en adéquation avec cet espace neuf un type de récit neuf : l'énigme, mais plutôt que de faire entrer l'énigme dans cet espace, ce qui eût été un procédé de calque, de transposition, (en effet, le peintre académique faisait entrer un scénario quelconque dans l'espace scénographique) il indique que l'espace de sa fable est homogène à l'espace neuf qu'il invente. Il garde la narration comme il garde dans ces exercices de style pour démanteler l'espace perspectif, les trois dimensions de l'espace. Mais tout comme il se refuse à organiser les trois dimensions à l'intérieur du cube scénographique, il refuse d'imposer à ce récit la cohérence didactique de la narration. Il déplie la narration comme l'espace; la fable comme l'espace reste ouverte. C'est le spectateur qui entre dans la fable comme dans l'espace et recompose l'une et l'autre. Ces mobiles oblitèrent infiniment peu l'œuvre et comme un diagramme surimprimé en indiquent la nature onirique, indiquent l'apesanteur d'une telle spéculation. Et puisqu'il semble être question de perte d'équilibre, n'en assignent-ils pas la cause implicite : l'espace? L'impossibilité de l'espace scénographique à retenir la magie verte d'un instant. La dialectique motif/*Umgebung*, incorporant ainsi cet indice supplémentaire, désigne alors le monde où l'énigme se joue. Cette dialectique sans cesse confirmée se joue. Cette dialectique sans cesse confirmée par les spéculations pour déconstruire l'espace euclidien, nous la retrouvons dans *Livre ouvert*. Klee use alors pour nouer l'énigme du même stratagème spatial qu'il avait adopté dans *Divagation sur fond vert*. Cette adéquation de l'espace à l'énigme est bien le propos figuratif de Klee et peut-être l'ultime solution de l'énigme. Ce qui dans les « mobiles dans l'espace » n'était que pure investigation figurative et dans *Divagation sur fond vert* simple indice, devient ici moyen, vecteur d'une narration. Si l'épiphanie d'un motif sur le fond a bien lieu, le motif est ici doublement énigmatique. La structure d'un livre ouvert coïncide avec celle des mobiles de l'année 1929 et le *Livre ouvert* (**5**) semble flotter dans un espace « minéral » dont la texture fait songer au désert, ici un désert vivant. *Livre ouvert*, dit le titre, premier indice de reconnaissance évident, explicite; moins évident et implicite, un indice nous confirme la nature de ce volume flottant dans l'espace : à gauche, en bas, une tache rose que nous lisons comme un pétale et une ligne géométrique brisée dans laquelle nous voyons un brin d'herbe ou mieux la tige d'une fleur cassée. Pétale et tige d'une fleur échappée du livre? Sans le titre, sans ces formes indicielles dans l'angle gauche, aurions-nous reconnu dans cette surface flottante et pourtant pondéreuse, un livre?

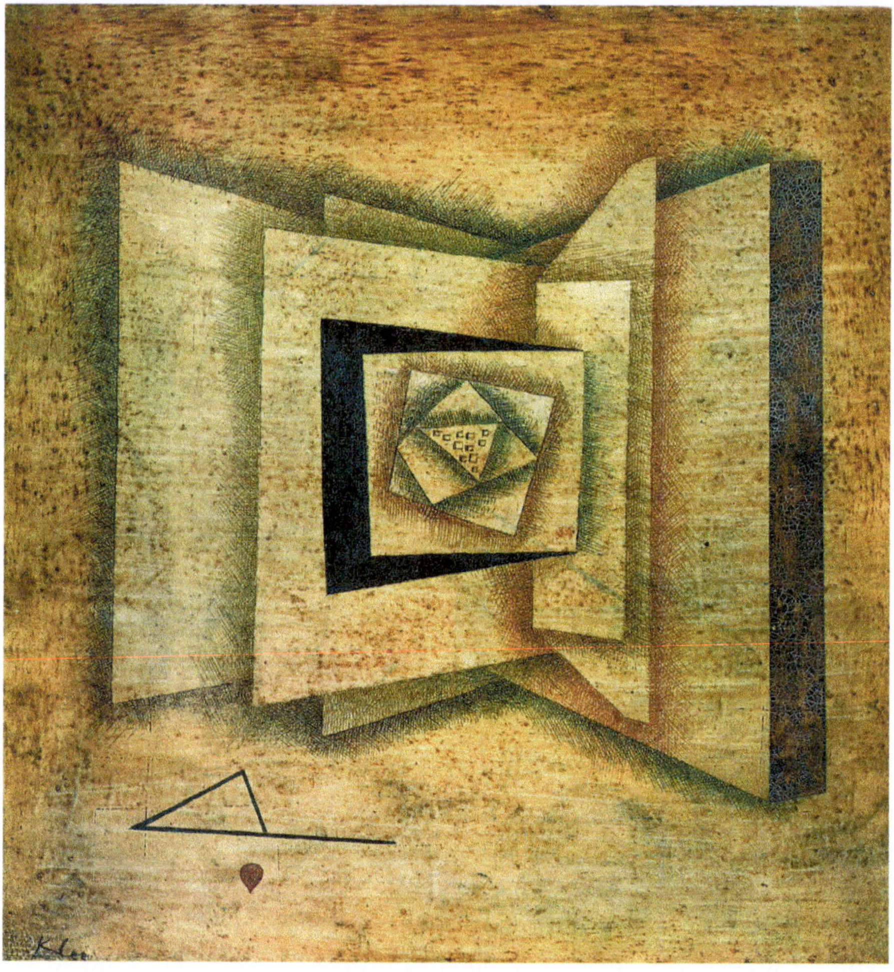

5. *Offenes Buch / Livre ouvert*, 1930, Solomon R. Guggenheim Museum, New York.

La construction monumentale évoque autant une pyramide égyptienne qu'un livre. Nous ne possédons qu'un indice : tige de fleur et pétale séché, depuis longtemps oublié. Le lecteur-peintre exhume après des années le pétale sec et pâli d'une fleur : métonymie du projet de Klee. Ce livre lourd, minéral, oublié dans les sables apparaît comme la métaphore de la mémoire, et le pétale échappé d'une page ouverte s'inscrit comme un souvenir précis de nature évidemment poétique. Comment ne pas sentir alors ce pétale de fleur pâli comme indice de l'instant de *Stimmung*. C'est plus encore qu'un souvenir précis que l'on essaie d'inventer à la manière dont Proust à travers les mots essayait de revivre l'enfance, l'aveu que l'art est au sens religieux du terme anamnèse. Le titre « livre ouvert » n'a rien de fortuit. L'opposition terme à terme de la structure envahissante qu'est le livre et du fragile pétale de fleur, opposition dialectique qui ne se résout que dialectiquement, parle. Cette opposition est l'aveu de la nature de l'art de Klee : matière, texture, fibre profonde du monde, non pas langage appris mais langage neuf, non pas phrase ou page écrite, mais pétale oublié. Si Klee est bien effectivement à la recherche du temps perdu, ce n'est pas seulement la quête d'une nostalgie qu'il poursuit, mais celle d'un temps supra-individuel qui ne serait pas pour autant le temps de l'histoire. Le peintre ne retrouve en fin de compte dans le livre ouvert de la mémoire qu'un pétale de fleur séché. Cette part d'enfance (*Rosebud*), jaillie de la mémoire, est celle de l'« éternité retrouvée ». L'enfance ainsi exhumée, qu'elle soit symbole du moment originaire de la *Stimmung* ou odeur et saveur d'une enfance réelle, se livre comme le lieu le plus absolu de l'eutopie en l'instant où l'intonation s'intone. Cette part d'enfance éternellement revécue à l'intérieur de la *Stimmung*, devient le lieu toujours recommencé du neuf, du premier regard, genèse permanente d'un monde. Le tableau restitue cette genèse comme le pétale de fleur séché l'instant poétique où il fut cueilli. En 1930, alors que l'Europe approche du gouffre, la démarche de Klee a la forme paradigmatique d'une eutopie : exclusion absolue de l'histoire. Klee rejette le livre, l'écrit, symboles et instruments de prédilection de l'histoire, pour ne s'intéresser qu'au pétale séché échappé du livre comme s'échappe de la roue historique tout projet d'eutopie. Et si ce livre ressemble à une pyramide, c'est parce qu'il protège du temps des hommes. Le monde se prépare au désastre, Klee rêve l'enfance du monde. On peut ultimement faire se répondre *Livre ouvert* et œuvre ouverte. Le livre traditionnellement délivre un sens, le livre de Klee livre une énigme sans autre réponse, échappée à la forteresse du sens que l'enfance invente.

C'est ainsi que les pyramides, créations étonnantes en soi, ne jouent que le rôle de cristaux, de simples coquilles, destinées à contenir un « noyau », nous dit Hegel, singulière métaphore de l'entreprise de Klee ; mais au cœur de sa pyramide ce n'est pas un esprit défunt qui sommeille mais tout au contraire le sentir originaire qui ouvre le monde.

perspectives désertées

> Hier après-midi, j'ai fait une belle promenade. Le paysage était trempé de jaune soufre, seule l'eau était d'un bleu turquoise jusqu'à l'ultramarine le plus profond. La sève colore les prés en jaune, en carmin, en violet. J'ai longé la rivière… Soudain, j'ai été surpris par un brouillard très dense et je me suis dirigé rapidement vers la base aérienne. N'ayant jamais pu bien connaître cette région par un jour clair […] j'ai pris un sentier familier […] où le brouillard devenait moins dense. Le Lech était à quelque distance. Les tons chauds et tendres du sol transparaissaient[1].

Ce texte est spécialement révélateur. Il préexiste de très peu à la *Confession créatrice* et précise l'attitude de Klee par rapport à la nature. Klee semble être tout le long de cette promenade le centre d'un monde en mouvement. La nature pour lui n'est pas statique, elle est changeante, mouvement dans son essence. On retrouve en cette description ce refus d'accepter une situation statique, en face de la nature, dans l'immobilité d'un penseur. L'accord, selon Klee, ne semble pas avoir lieu quand le promeneur s'arrête, ayant atteint le sommet réel ou imaginaire de sa promenade; cet accord est mouvement, apparition et disparition. Klee ne saisit pas l'ensemble d'un paysage, dans une immobilité photographique, il cherche à tracer, à restituer un itinéraire, une succession d'images qui sont comme des balises, des repères pour le regard. L'on retrouve la logique d'engendrement spatial des tableaux

1. P. Klee, *Tagebücher*, p. 102.

où les motifs jouent le rôle d'ancrage, points de repère réels d'un parcours imaginaire.

L'Ermitage, contemporain du texte que nous venons de citer, illustre cela. Peint en 1918, ce tableau, plus que n'importe quel vaste panorama, donne l'impression d'un trajet où la croix, les sapins et d'autres motifs fonctionnent comme des temps d'arrêt, les indices qui permettent de retrouver son chemin, de même que dans le texte du *Journal*. Klee peint en décrivant sa promenade ; on a le sentiment dans ce tableau que Klee en le peignant décrit une promenade. Le texte se déroule au rythme même de la vision : texte de peintre, les mots sont des formes et des couleurs, instants prégnants de la vision, saillies dans la mémoire. Unifiés par la circulation du peintre dans la nature, d'un point à un autre, unifiés dans l'espace du tableau par la ligne imaginaire, les motifs nous guident dans ce parcours. Dans le texte, ce sont les couleurs ou la densité atmosphérique qui jouent ce rôle d'ancrage. Klee « écrit » le fond comme il le peindrait : « Le paysage était trempé de jaune soufre. » Il écrit une atmosphère, une impression globale irriguant l'ensemble de sa promenade, il choisit la couleur de fond de son tableau. De ce fond émerge – épiphanie colorée – l'eau bleu turquoise. Ainsi, lorsque Klee écrit : « J'ai longé la rivière », nous l'imaginons traçant une ligne bleue, serpentant sur le fond jaune au rythme de la main du peintre, au rythme du promeneur. Puis Klee bifurque, nouvelle ligne familière, celle d'un sentier. Nous la sentons plus nette, comme coupante : « J'ai pris un sentier familier où le brouillard devenait moins dense. » Le paysage se livre à nous dans sa double mouvance atmosphérique et topologique. L'épaisseur de l'air se modifie, suit ou contourne les pas du peintre : le paysage est genèse, recommencement perpétuel. Ainsi, la genèse est dévoilement, ce que Klee écrit dans sa *Confession du créateur* : « Dans l'univers aussi le mouvement est le donné initial. [...] Le mouvement est à la base de tout devenir [...] L'immobilité sur terre est une entrave, accidentelle pour la matière. Illusion que de tenir pour originelle cette fixité[1]. » Ce qui était inconsciemment livré dans le *Journal* devient alors formulation théorique ; dans le *Credo du créateur*, la parabole reste la même, mais l'anecdote, elle, devient l'exemple de la création. La *Confession du créateur* qui suit de très peu le passage du *Journal* cité est un texte essentiel de Klee, tout à la fois pédagogique et poétique ; il sédimente, stratifie une part de son imaginaire. Et c'est pour amener le lecteur-spectateur à une

1. P. Klee, *Théorie de l'art moderne*, p. 34-42.

meilleure approche de ses œuvres et du processus créateur qui les orchestre, que Klee nous entraîne dans une promenade imaginaire qui ressemble à toutes celles qu'il accomplissait régulièrement. Ce texte explicite l'interdépendance entre l'acte de peindre (la nature de cet acte) et l'expérience vécue du monde. Chaque pas se fait ligne, chaque regard, couleur; on comprend alors qu'il n'existe pas une nature particulière, forêt, montagne ou rivière, mais que le monde soit indissociable de qui le voit et le parcourt. La forêt du bûcheron n'est pas celle du peintre, et la promenade du chasseur de papillon n'est pas celle de l'artiste. Klee habite certes le monde en poète, mais surtout parcourt ce monde en peintre : « Nous traversons un champ labouré (plan sillonné de lignes), ensuite une épaisse forêt. L'autre s'égare, cherche, et décrit alors exactement le mouvement classique du chien qui court. Je ne suis plus du tout aussi détaché; du brouillard s'étend sur les nouveaux abords du fleuve (élément spatial). Bientôt, sur ces entrefaites, le brouillard s'éclaircit. Des vanniers rentrent chez eux avec leur charrette (la roue). Parmi eux, un enfant aux bouclettes les plus coquettes qui soient (mouvement en spirale). Plus tard, l'air devient lourd et la nuit tombe (élément spatial). Un éclair à l'horizon (ligne en zig-zag). Au-dessus de nous, il y a encore des étoiles (semis de points). Bientôt, nous atteignons notre première étape. Avant de nous endormir, maintes choses comme un souvenir resurgissent, car un petit voyage comme celui-ci abonde en fortes impressions. Toutes sortes de lignes – taches – Mouchetures – Plans lissés – Plans mouchetés, striés – Mouvement de vagues – Mouvements entravés, articulés – contre-mouvement – Entrelacs, trames – Briquetage, écailles – Solo – Polyphonie – Ligne en train de se perdre, en train de s'intensifier. (Dynamique). » Le texte est long comme une promenade qui voudrait rassembler toutes les formes de la nature. Klee affirme que le tout du monde est en chaque promenade, de même que l'ensemble des lignes et des formes de la création picturale peut s'inscrire en un seul tableau. Il s'agit donc dans cette hypothétique excursion de recréer le monde dans sa totalité. La notion de genèse est au centre de son propos, le dévoilement de cette genèse linéaire. Point, né du chaos, devenant ligne. Klee indique l'origine de cette genèse : c'est le point gris, fondement de tout dessein, c'est le « je », point de départ et centre de tout mouvement, de toute pensée. Le point gris est l'*Ursprung*, le point originel, l'équivalent de « cette étincelle mystérieusement jaillie d'on ne sait où, qui enflamme l'esprit, actionne la main, et se transmettant comme mouvement à la matière, devient œuvre »... « L'heureuse harmonie du *premier* parcours puis les inhibitions, les nerfs. Tremblement contenu, caresse prometteuse de vent léger. Avant l'orage l'attaque des taons. La fureur, le meurtre. La bonne cause comme fil conducteur jusque dans le fourré et le crépuscule. L'éclair faisait penser à cette courbe de fièvre, celle d'un enfant malade autrefois[1]. » Les imprévus de ce trajet, vagabondage du promeneur, travail du peintre, conduisent à l'orage. Cet orage se lit comme l'achèvement d'une promenade, la fin d'un cycle, le retour au chaos. Dans le *Journal*, chaque orage est mentionné comme un événement essentiel. Dans la *Confession du créateur*, il devient en dents de scie l'événement qui conclut un itinéraire dont le point gris était l'origine. Métaphore de sa création, l'œuvre fictive décrite dans la *Confession* devient le paradigme de toute création « qui vit en tant que genèse sous la surface du visible, sous l'enveloppe de l'œuvre[2] ». On retrouve donc au plan de la création d'une œuvre le même schème imaginaire qui préside à l'ensemble de la création de Klee. Genèse à partir d'une origine mythique, trajet qui est tout à la fois mental, réel et pictural, parcours dont le projet est de retrouver un âge d'or. Âge d'or qui n'est autre que cet état de fusion, l'« étincelle » dont procède l'œuvre. Klee, enseignant, reprendra cette idée énoncée dans le *Credo* et dans le *Journal* :

> Une telle aptitude à se mouvoir sur les chemins de la création qu'offre la nature, constitue une bonne école de formation de la forme. Elle permet à l'artiste de se mouvoir au plus profond de lui-même ; une fois rendu mobile, l'artiste veillera à assurer la liberté de son évolution sur ses propres chemins de formation – création. Partant de cette conception, il faut en tenir compte lorsque l'artiste déclare l'état actuel du monde des apparences tel qu'il le voit, figé dans la contingence, figé dans le temps et le lieu (l'espace). Bien trop limité par opposition à la profondeur de ce qu'il a vu et à la mobilité de ce qu'il a ressenti[3].

Quand il parle des « chemins de la création » qu'offre la nature, non seulement Klee ancre toute création dans une expérience vécue du monde, mais il envisage chaque tableau non comme résultat d'une attitude statique mais comme conséquence d'un cheminement. La gestation de l'œuvre est vécue comme le périple qui dévoile l'invisible. La *Stimmung* restituée dans le tableau n'est pas forcément un lieu ou un « objet » du monde rendu visible, mais plus sûrement le centre de gravité d'un trajet, d'une pensée, d'une vision en mouvement. Au trajet initial dans la nature va correspondre

1. P. Klee, *Théorie de l'art moderne*, p. 36.
2. *Ibid.*, p. 63.
3. P. Klee, *La Pensée Créatrice*, p. 93.

le trajet visuel que le spectateur doit accomplir à l'intérieur du tableau. Le trajet effectué dans la nature par le peintre et celui restitué à l'intérieur du tableau et reparcouru par le spectateur existent alors comme les deux moitiés d'une même réalité, dévoilement d'un paysage rendu magique par le cheminement du peintre, sa clairvoyance. L'artiste est un marcheur. Le spectateur devenu voyant devra vivre le tableau comme un vagabondage, vagabondage non pas dans l'irréalité mais dans un réel devenu magique. De ces textes où un langage-objet au sens de Barthes, est en action reste à lire la *Conférence de Iéna.* C'est dans ce texte poétique et rigoureux qu'apparaît le mieux ce que nous appelons imaginaire de la genèse. En 1924, Klee fit une conférence, lors d'une exposition de ses tableaux à Iéna. Grohmann rapporte qu'il l'avait rédigée dans un cahier bleu d'écolier et qu'il la lut. Cette conférence ne fut publiée que cinq ans après la mort de Klee, et eut alors un retentissement considérable. Le style rappelle celui de la *Confession créatrice.* Son propos est de mettre en évidence non seulement comment l'œuvre d'art existe, mais pourquoi : définir sa « genèse », la « genèse » de toute œuvre.

Klee choisit un symbole : l'arbre. Il importe de revenir sur le sens de la métaphore utilisée par Klee, de retrouver son « fonctionnement ». Klee induit une circulation : des racines aux branches en passant par le tronc. Pour lui, les racines représentent la vie, le monde qui irrigue la sensibilité de l'artiste; l'artiste est le tronc; l'œuvre, les branches. Ici encore, il y a circulation entre deux pôles. Entre l'invisible et le visible. Entre les racines et les branches. Entre la nature cachée, révélée par la *Stimmung* et celle rendue dans le tableau. Nous sommes aux origines mêmes du symbolisme. Pour les Grecs le symbole se résumait en ce signe de reconnaissance (*to sumbolon*) formé par les deux fragments d'un objet brisé, rapprochés au cours d'une nouvelle rencontre. Klee pense le monde dans son unité retrouvée, et restitue au monde une dimension perdue. Le monde n'est pas plus visible que l'arbre constitué de son seul tronc et de sa ramure. Le trajet entre les racines et les branches importe, entre l'invisible et le visible; plutôt que de s'intéresser uniquement au symbole, Klee se préoccupe du *trajet symbolique.* Il indique au spectateur le chemin à suivre : le spectateur part de la forme achevée et non du processus de création, alors qu'il doit au contraire, pour comprendre, parcourir le même chemin que celui de l'artiste, mais en sens inverse et ne doit pas se contenter de l'image figée en soi dans le tableau.

Le spectateur idéal serait celui qui, comme l'artiste voyant, apercevrait « à la place de l'image achevée de la nature, le seul tableau essentiel de la création : la Genèse ». Pour l'artiste comme pour le lecteur-spectateur il faut donc « remonter du Modèle à la Matrice[1] ». Si l'art est bien le symbole de la création, l'artiste (comme le tronc) est le médiateur d'une genèse qui joue dans l'immanent. Klee écrit, toujours dans la *Conférence de Iéna* : « Art ou nature, il est difficile d'embrasser du regard un ensemble de ce genre, et encore plus d'en faciliter la vue à autrui ». Cela tient « aux *méthodes échelonnées dans le temps* dont nous disposons pour étudier un ensemble spatial afin d'en obtenir une *représentation mentale* claire et distincte. Cela tient à l'infirmité temporelle du langage. L'instrument manque qui permettrait de discuter systématiquement une simultanéité à plusieurs dimensions ». L'espace traditionnel ne peut rendre qu'une part de la dimension symbolique induite dans une telle circulation.

Le point d'achoppement commun à ces textes, c'est en dernière lecture l'angoisse d'établir un langage, un espace, une écriture. L'espace de la genèse ne peut être scénographique, c'est-à-dire calqué, allogène, mais doit être organique. Klee va penser un langage, l'écriture d'un espace de la Genèse. La dialectique motif/*Umgebung* s'impose instinctivement très tôt comme condition préalable à la pensée d'un espace d'essence numineuse, instrument fondamental d'une pensée, ou dévoilement, et non plus de la représentation, de la comparution et non plus de la comparaison. La pensée de l'être en l'œuvre à partir des étants procède de cette dialectique. L'interrogation sur les modalités d'une langue à même de cerner cet événement scande alors les recherches de Klee : du démantèlement de l'espace scénographique aux polyphonies des années trente. La question en quête de l'être va être dès lors corrélative dans l'œuvre à la question d'une « langue ».

La théâtralité comme métaphore est le premier objet de ce démantèlement. La peinture comme théâtre est une mimétique, le jeu d'une comparaison, l'établissement d'un face à face, d'un redoublement. Le théâtre est un miroir comme la peinture; le visible ainsi reproduit n'intéresse plus Klee et de la fable de Narcisse le peintre retient qu'il fut métamorphosé en fleur et seulement cela. Aux dates où l'emploi d'une scène de théâtre est le signe chez de très nombreux artistes d'un retour à l'ordre, Klee lie l'utilisation de ce stratagème à l'hypothèse d'une déconstruction définitive de toute

1. P. Klee, *Théorie de l'art moderne*, p. 30.

scénographie. Klee, en effet, en inscrivant un tableau entre deux rideaux de scène, enferme également sa figuration à l'intérieur d'un cadre imaginaire bien plus essentiel que le cadre réel. On trouve cette structure figurative : coulisse latérale et rideaux dans les coins supérieurs, dans des tableaux dont le thème est sans rapport avec le théâtre : dans *Toit bleu* et *Lune orangée* (1916) ou dans l'*Ermitage* (1918). Il semble que Klee pose inconsciemment un problème dont il ne formulera exactement les données qu'avec les « perspectives ». C'est ce schème d'engendrement de l'espace que l'on retrouve dans *Pavillon des Dames* (1921), tableau consacré au théâtre. L'instant poétique d'harmonie avec le monde se trouve littéralement mis en scène. La représentation scénographique conditionne et emprisonne ces œuvres. « Ce n'est qu'ainsi, croyons-nous, qu'on pourra encore reparler au théâtre des droits de l'imagination. Ni l'humour, ni la poésie, ni l'imagination ne veulent rien dire, si par une destruction anarchique, productrice d'une prodigieuse volée de formes qui seront tout le spectacle, ils ne parviennent à remettre en cause organiquement l'homme, ses idées sur la réalité et sa place poétique dans la réalité. Mais considérer le théâtre comme une fonction psychologique ou monde de seconde main, et croire que les rêves eux-mêmes ne sont qu'une fonction de remplacement, c'est diminuer la portée poétique profonde aussi bien des rêves que du théâtre[1]. » Ce contre quoi Artaud s'insurge est ce qui emprisonne Klee : que l'imaginaire soit quadrillé. À quoi correspondent ces rideaux que l'on retrouve dans ces tableaux – rideaux de théâtre, rideaux de fenêtre ? Ils disent le dévoilement d'un stratagème figuratif, ils sont l'aveu d'un mode de vision. Le monde est appréhendé à travers un cadre, que ce cadre soit théâtre, fenêtre ou tableau. La vision théâtrale du monde est un carcan, une contrainte, elle inscrit l'émotion poétique, la *Stimmung*, dans un schéma qui lui est étranger. Le peintre doit trouver un moyen de mettre en scène cette dimension poétique : ce qui s'ébauche dans *Pavillon des Dames*. À l'intérieur de cette scène, aucune action, au sens classique du terme, ne se déroule, aucun protagoniste n'habite cet espace, le point de vue même semble bouleversé ; le spectateur est plongé dans le décor, il se met à circuler dans cet espace, il se confond avec lui pour en déceler la nature profonde et comme musicale. Là encore, l'idée de circulation est essentielle ; ainsi le regard s'ancre dans les tableaux en des points de repère : arbres rouges sur fond vert. La dialectique motif/fond se double

1. A. Artaud, *Le théâtre et son double*, Paris, Gallimard, 1938, p. 49.

d'une dialectique colorée. La fonction même du décor change, il n'est plus le lieu plus ou moins neutre où se déroulera une action, ce décor est celui d'un état d'âme. Les rideaux phosphorescents sont transparents, derrière eux les arbres semblent émerger comme d'un autre tableau. Ils s'évadent, échappent à la scène à l'italienne et s'inscrivent sur une partition qui apparaît comme en surimpression.

Quel ordre, quelle structure peut régir, ordonner l'instant poétique ? Une structure d'essence musicale. On retrouve l'étymologie du mot *Stimmung*. Le spectacle doit exister musicalement, organiquement, et non à l'intérieur d'une représentation qui n'est en fait qu'une mise à distance. Dans son *Pavillon aux Dames*, Klee traque les données oubliées de toute représentation scénographique, données musicales, tactiles, sons, odeurs, comme s'il s'employait à peindre la matière, la chair, l'odeur, la musique du monde. Foucault a noté dans *Les Mots et les Choses* que l'observation à partir du XVIIe siècle était devenue une connaissance sensible assortie de conditions systématiquement négatives : exclusion du goût et de la saveur, parce qu'avec leur incertitude, avec leur variabilité, ils ne permettent pas une analyse en éléments distincts qui soit universellement acceptable, limitation étroite du toucher à la désignation de quelques oppositions assez évidentes (comme celle du lisse ou du rugueux) ; privilège exclusif enfin de la vue qui est le sens de l'évidence et de l'étendue, et « par conséquent d'une analyse *partes extra partes* admise par tout le Monde[1] ». Pour Klee l'œuvre doit être le lieu où le tout du monde et de l'aperception de l'homme trouve place ; sans le sentir originaire ce monde reste opaque, comme sans tonalité et dans l'éloignement d'une distance trop mesurable. Klee note : « Car la simultanéité de plusieurs thèmes indépendants constitue une réalité qui n'existe pas uniquement en musique – de même que tous les aspects typiques d'une réalité ne sont pas valables qu'en une seule occasion – mais qui trouve son fondement et ses racines dans n'importe quel phénomène partout[2]. » Ainsi s'explique peut-être en transparence l'amour de Klee pour l'opéra, capable d'intoner une situation, de s'envoler de la scène, de fuir le cadre.

Il faut trouver la langue qui manifeste ce sentir, le démultiplie ou le rassemble, afin qu'originairement s'ouvre un monde et que cette ouverture ne se confonde pas avec celle des rideaux de velours d'une scène à l'italienne. « Il importe avant tout qu'à cet instant le poète n'admette rien comme (pré-)

1. S. M. Foucault, *Les Mots et les Choses*, Paris, Gallimard, 1960, p. 144.
2. P. Klee, *La Pensée Créatrice*, p. 296.

donné, qu'il ne parte de rien de positif, que la nature et l'art tels qu'il les connaît comme une leçon [...] il ne les parle pas avant, avant qu'une langue ne soit là pour lui, c'est-à-dire avant que ce qui est maintenant inconnu et innommable dans son monde ne devienne connu et nommable pour avoir été composé et en concordance avec sa *Stimmung*[1]. » Cette phrase de Hölderlin peut dès lors définir le refus, l'angoisse et le projet de Klee. Klee pressent que le langage a affaire avec « l'être » des choses, il le sent apodictiquement et s'emploie à le transcrire à travers un métalangage : théorie, justification, qui souvent devient langage-objet. Les « perspectives » répondent à une telle inquiétude. Son projet n'est plus de mettre en scène une action mais de recréer un état d'harmonie. Il mène donc une enquête sur la théâtralité du monde, monde qui pour lui n'est plus un théâtre. L'homme n'a plus de vision globale des choses. Si le code scénographique lui apparaît, en même temps qu'un mode de représentation, un mode d'appréhension du réel, le réel cependant fuit, ne se livre plus. Le vingtième siècle est un monde de fragments. Le projet de Klee est de recouvrer à partir de fragments l'unité perdue. L'univers ne se dévoile plus d'emblée en tirant les rideaux d'une scène à l'italienne ; nous passons d'un monde théâtre à un monde labyrinthe. À la vision d'ensemble se substitue une réception fragmentaire du réel. En ce sens, il serait captieux de croire que les moments de *Stimmung* vécus par Klee sont inscrits dans de vastes lieux que le peintre, spectateur, du haut d'un promontoire réel et éthique, dominerait. Le sentiment de l'harmonie peut se dévoiler dans le seul spectacle d'une feuille morte, il suffit que le peintre-poète en cette feuille sache lire et reconnaître toute forêt. Ernst Bloch écrit : « ... Si le moi n'est pas très fort, très sûr de sa *couleur*, notre époque ne lui rendra pas sa tâche particulièrement facile. Elle parvient mieux à croire au visible qu'à l'invisible, c'est dans le visible lui-même que le détail, le fragment sont pour elle plus réels que le tout[2]. » Dire le visible, ou plus exactement, le « rendre » visible. L'espace euclidien était le vecteur d'une vision globale de la réalité ; code arbitraire, il se préoccupait peu des fragments. Il faut redire peut-être l'importance de la découverte des gros plans chez un peintre comme Degas, découverte qui conduisit à une vision fragmentaire et rapprochée du monde. Les spéculations de Degas marquaient l'étape ultime d'une approche du réel utilisant la photographie et la sculpture, qui intervenaient comme moyen

1. Hölderlin, *Winkfür des Darstellung und Sprache*, Stuttgarte Ausgabe, IV, 275.
2. E. Bloch, *L'Esprit de l'utopie*, trad. fr. A.-M. Lang et C. Piron-Audard, Paris, Gallimard, 1977, p. 24.

d'analyse ; Degas appréhendait une réalité qui n'était plus figée à l'intérieur d'un théâtre fixe, mais devenait mobile, fugace, *subjective*.

De même pour Klee, le tableau est l'aboutissement d'un cheminement intérieur qui indique une nouvelle façon d'appréhender la réalité. Non seulement l'espace qui doit transcrire le réel n'obéit plus aux lois qui étaient celles de l'espace scénographique, mais c'est la nature même du regard que le peintre porte sur le monde qui se trouve bouleversée. Klee, en un sens, prolonge la découverte spatiale de Degas. Avec Degas, l'art avait découvert le détail autonome, mettant fin à cette règle séculaire qui voulait qu'on ne représentât que des ensembles. Klee affirme que ce qui importe c'est le fragment, le détail, non pas comme parcelle d'un tout, fragment découpé d'une réalité, mais bien comme réalité en soi. Il se propose alors de faire du fragment un univers. Avec Friedrich, la *Stimmung* saisissait l'artiste devant de vastes espaces, panoramas paradigmes du théâtre du monde. Avec Klee, cette *Stimmung* existe en tout lieu, et son objet est chaque objet, chaque détail, chaque nervure de feuille.

Jusqu'à Degas, l'espace avait été perçu, conçu comme un milieu, une

atmosphère dans lesquels baignaient des systèmes d'objets. On ne représentait en quelque sorte l'espace qu'en montrant plusieurs choses rassemblées, ordonnées dans un cadre. À partir de Degas, on accepte l'idée de la représentation du détail. Avec Klee, le détail cesse d'être subordonné à l'espace ; il l'indique, le contient, l'enferme. Exemplaires sont les œuvres regroupées par Grohmann sous le titre de « perspectives ». Elles sont le point de départ de la réflexion de Klee sur l'espace scénographique, elles indiquent une angoisse de la « ruine » plus et mieux que les allégories de l'année 1905, parce que c'est de la ruine des structures de représentation, de pensée qu'elles témoignent plutôt que de la perte d'une symbolique. La pensée que l'important est l'architectonique du tableau trouve ici une formulation très précise. L'espace figuratif « est » architecture. C'est pourquoi dans l'œuvre de Klee où l'on ne rencontre jamais de figuration en perspective, sauf dans les années d'apprentissage, ces œuvres sont comme les caricatures d'un espace devenu obsolète.

Certes dans l'univers de Klee, l'idée de genèse est liée au concept d'organisme, que l'on peut sommairement opposer à celui d'organisation. Or, la perspective euclidienne organise, elle est l'élément taxinomique par excellence. Il faudrait définir précisément cet espace organique et endogène des œuvres entre 1925 et 1933, à quelle fin œuvrent ces perspectives désertées. La perspective scénographique est une loi applicable au réel, aux actions des hommes, elle se doit de tout représenter. Cela, Klee le réfutera toute sa vie. Pour lui, l'espace n'est pas, ne peut en aucun cas avoir de fonction indépendante de celui-ci. Le tableau est un monde en soi et ses règles sont inscrites en sa structure comme les mécanismes du monde, dans le monde. Comment comprendre cette démarche, comment saisir le sens de ces perspectives vides ? *Souvenir de Gersthofen* date de 1918, *Chambre avec habitant, vue perspective*, de 1921, et *Incomposé dans l'espace*, de 1928. D'emblée nous frappe le refus de toute valeur tactile. Cet apparent paradoxe chez un peintre préoccupé de la matière, de la texture des choses, résume en fait le sens de sa démonstration. La perspective euclidienne est carcan mort et inadéquat. Cet espace déserté est « ruine ». Le projet de Klee est alors de dénoncer une convention devenue obsolète, un stratagème caduc, une façon de voir le monde révolue. Le code perspectif qui avait été la règle pendant quatre siècles ne peut plus véhiculer les messages brouillés du monde. Ce monde devenu fragment se met à errer.

Considérant trois dates, trois moments où Klee pense l'inadéquation de l'espace perspectif à son projet de peintre, nous sommes amené à tracer la courbe d'une évolution. À partir d'un problème constant l'on mesure comment évolue une problématique. À travers ces trois œuvres, il convient de dire non seulement la question de l'espace, mais la méthode, la rigueur, la persistance du questionnement, questionnement qui va dans le sens du dénuement afin de poser toujours mieux le problème des structures.

En 1918, dans *Souvenir de Gersthofen* (**6**), le squelette de la perspective est encore habité. Le code spatial est efficient, il transcrit la vie d'une pièce, vie délaissée mais présente. L'espace est ici fait de « coins », d'angles. On parcourt ce cube peuplé d'autres cubes qui longent son pourtour comme des ancrages. L'espace cubique contient d'autres espaces identiques et régis par la même loi. Klee ne se préoccupe que des contours des objets, il les inscrit dans le contour général du lieu ; il importe de montrer qu'une même loi les engendre. La structure figurative du tableau est centrifuge. Ces objets : tables, poêle, etc., encadrent un vide central, le retiennent prisonnier, le menacent. Ce vide existe d'une manière étrange, il semble coller au sol, peser comme une absence. L'œuvre pourrait se lire comme un dessin préparatoire et c'est

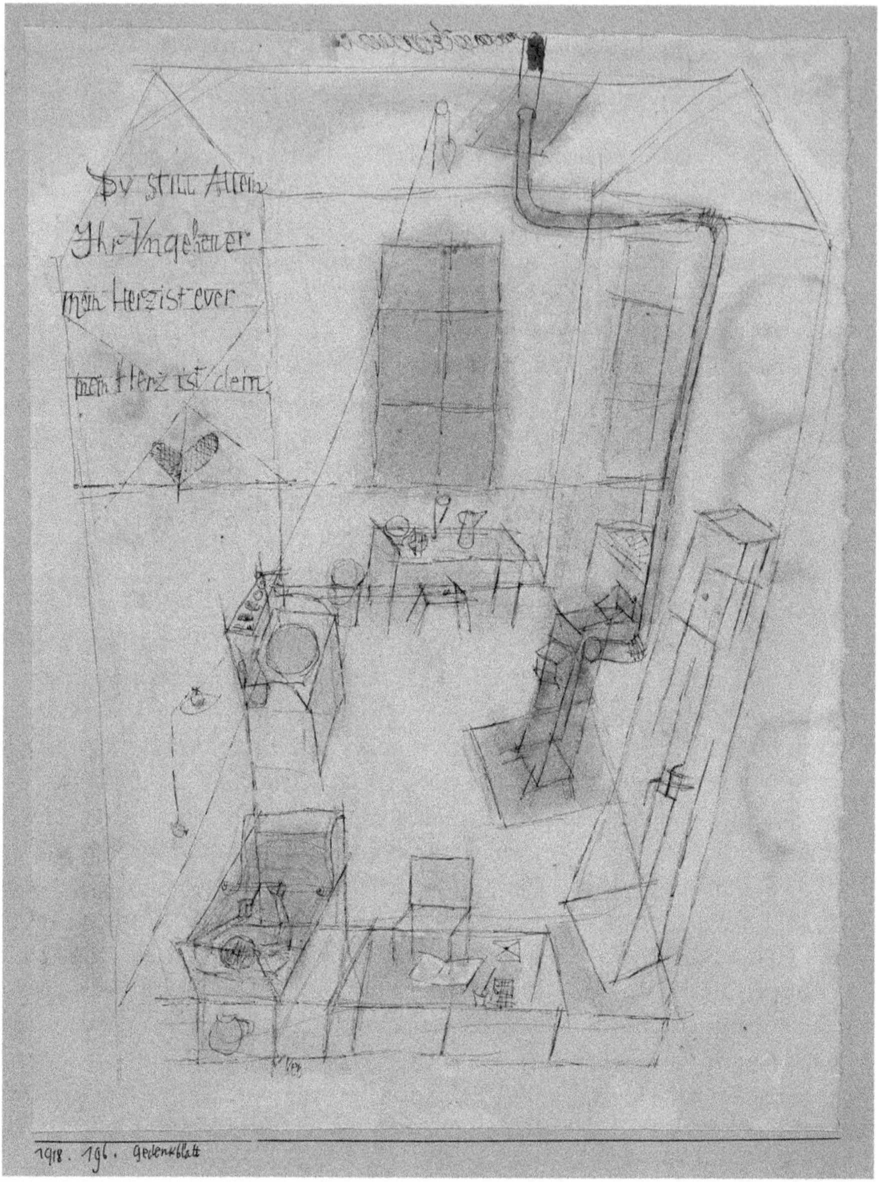

6. *Gedenkblatt / Feuille commémorative*, 1918, Privatbesitz Schweiz, Depositum im Zentrum Paul Klee, Bern.

probablement cette impression que Klee veut consciemment donner. Il démonte le processus d'engendrement d'un tableau classique, trace son ossature. Le tableau pourrait s'intituler « anatomie d'un espace ». Il caractérise la première étape d'une série (il est d'ailleurs à la fois étrange et symptomatique que la notion de série intervienne dans les œuvres de Klee de manière non pas disjonctive mais discontinue). En effet, ces perspectives ne constituent pas une parenthèse dans son œuvre, mais la rythment, et on les trouve à dix ans d'intervalle posant une même interrogation. Cela révèle bien la méthode de Klee : une pensée endogène modulée par les aléas de l'histoire, jamais enfouie cependant, prête à resurgir comme une préoccupation jamais résolue. À l'intérieur de ce tableau intervient un autre élément : la mémoire. En effet, le tableau s'intitule *Souvenir de Gersthofen*. C'est à Gersthofen, localité près d'Augsbourg, que Klee passa les derniers mois de la guerre. Il faisait office de secrétaire des services financiers. Sa vie était alors celle d'un officier payeur, ce qui ne l'empêchait pas de se consacrer à son œuvre, même pendant les heures de service « sous la table[1] », afin de n'être pas surpris. Cette période est celle d'un abandon presque total de la couleur (excepté cinq aquarelles). Klee ne se consacre presque qu'au dessin et c'est, semble-t-il, un portrait de cette période qu'il essaie de dresser en 1918. Nous avons parlé d'anatomie d'un espace et également d'une époque ; il faut essayer de saisir quelles sont les raisons profondes de ce démantèlement de l'espace scénographique. Panofsky écrit : « Pour les Grecs, l'effigie sculptée commémore un homme qui a vécu ; pour les Égyptiens, c'est un corps qui attend d'être rappelé à la vie. Pour les Grecs, l'œuvre d'art existe dans un monde d'idéalité esthétique, pour les Égyptiens, dans un monde de réalité magique. Pour les Grecs, le but de l'art est l'imitation, pour les Égyptiens, la reconstruction[2]. » L'entreprise de Klee se situe à notre sens entre ces deux projets. Il est ontiquement, nous le verrons, du côté de l'art égyptien ; il cherche à reconstruire, et son monde est bien un monde de réalité magique ; l'ambiguïté semble venir du fait que son éducation artistique l'enferme dans cette conception occidentale et scénographique de l'art. La volonté de Klee sera toujours d'échapper à ses habitudes figuratives. On sait que ses intérêts culturels et artistiques le tournaient lors de son voyage en Italie non vers la Renaissance, mais vers les mosaïques de Ravenne ; plus tard, les tropismes spatiaux de Klee le

1. W. Grohmann, *Paul Klee*, p. 57.

2. E. Panofsky, *L'œuvre d'art et ses significations*, trad. fr. M. et B. Teyssèdre, Paris, Gallimard, 1955, p. 63.

mèneront précisément vers l'Égypte. Il fait donc penser l'inadéquation de l'espace hérité à son projet esthétique : ses perspectives manifestent cette inadéquation.

Ce tableau de 1918 se doit en plus de traduire un souvenir. Un souvenir, c'est-à-dire l'état, l'atmosphère, la texture d'un moment d'existence. Klee veut restituer l'intégralité d'une période de sa vie. Il ne s'agit pas ici de l'anamnèse d'un moment privilégié, mais du portrait de toute une époque; non pas de la fulgurance d'un tel moment, mais du rythme des jours. Ce tableau n'est pas celui d'un instant poétique, mais celui d'un quotidien étrange. Quotidien étrange et inquiétant : pièce close au milieu de la guerre, parenthèse au milieu de l'histoire. Quel est cet espace : bureau, chambre? Nous pensons au bureau où Klee passa quelques mois. Dans un angle gauche, un personnage écrasé par la perspective dessine, et semble précisément « dessiner sous la table ». Le reste de la pièce est habité par un ennui proche de l'angoisse. On songe bien sûr à la chambre de Vincent. Ce monde est cependant sans épaisseur; malgré la stéréométrie, aucun volume, aucune matière n'apparaît. Nous sommes en présence d'une architectonique dérisoire, d'une ruine. Ruine qui indique ici un principe architectonique et constructif, et en même temps révèle en filigrane ce qui dans un tel principe dénonce ses propres causes. Dans ce tableau, Klee examine la ruine de l'espace scénographique. Il affirme alors l'inadéquation absolue entre son projet et les habitudes figuratives héritées : ce tableau est aussi un constat. Mais on peut le lire également comme la volonté de mettre en accord une technique, un stratagème figuratif avec un état du monde. Klee en 1918 se souvient du monde étouffant de son bureau, sécurisant par son ordre apparent, mais vidé de matière, de substance. Un univers où ne circulerait plus la sève du monde. En 1915, il écrit dans son *Journal* : « Plus le monde est terrifiant et plus l'art se fait abstrait, tandis qu'un monde fortuné susciterait un art immanent[1]. » Ce tableau n'est pas abstrait, les objets dessinés dans cet espace sont certes reconnaissables, mais semblent appartenir à une autre civilisation, à un autre monde. Ces objets sont doublement absents, absents parce que sans intérêt plastique, sans chair, sans contour, mais absents également parce que décor d'une absence. Ce tableau dessine une prison. Prison artistique, éthique, ontologique.

1. P. Klee, cité par W. Grohmann, *Paul Klee*, p. 56.

En 1918, deux plans se compénétrent encore : indiquer l'inanité d'un code spatial et figuratif certes, mais également traduire un pathos, tracer les contours de l'ennui. Le constat figuratif n'est donc pas absolument net, puisque brouillé par un message, un discours. En 1918, si Klee use de la perspective qu'il pressent comme structure morte pour traduire le souvenir de ce passé, c'est à cause de sa volonté de mettre en accord forme et fond, discours et figure. Le 17 juillet 1917, il écrit précisément de cette pièce : « Tout ce qui se passe n'est que symbole. Ce que nous voyons est proposition, possibilité, expédient. La vérité authentique à la base est d'abord invisible. » De cette vie de 1917, il déduit une proposition picturale et ce n'est pas par hasard si pour dire, signifier cet ennui, cette absence, il use d'un stratagème auquel il n'aurait jamais eu recours pour traduire la fusion avec un monde harmonieux.

Déjà la chambre de Vincent à Arles, celle d'Egon Schiele, *Chambre de l'artiste à Neulengbach* en 1911, posaient la question de l'espace, mais inconsciemment. Le cube scénographique fermé de toutes parts était le huit-clos d'une angoisse, espace schizophrénique sans regard sur le dehors. Pour Van Gogh, la fenêtre n'ouvre sur rien; chez Egon Schiele, elle est absente, l'ennui et l'angoisse seuls habitent cet espace. Les meubles en jouxtent les parois comme pour consolider cet espace intérieur, mieux définir, circonscrire ce « vide central » : espace sans espace, image métonymique de l'angoisse. Nous retrouvons cela dans le souvenir de Klee, à une différence près, mais essentielle : dans les espaces peints par Van Gogh et Schiele, une paroi du cube scénographique manque, celle précisément qui nous ouvre l'espace, nous sommes dans la chambre, collés contre un mur, ombre du peintre. Son angoisse devient la nôtre. Nous pénétrons en un lieu. Notre angoisse n'est pas mitoyenne de celle du peintre, elle devient l'angoisse même. Et cet espace se livre alors comme l'espace de toute angoisse. Le pathos envahit le tableau. Et l'ordonnance de l'espace n'est pas « analyse » mais nécessité ontologique. Dans le tableau de Klee, la paroi de la pièce, du cube, est tracée; en effet, les objets ne balisent pas un couloir, mais encerclent effectivement de toutes parts le vide central. Le point de vue (au double sens pictural et métaphysique) n'est plus le même. Chez Van Gogh et Schiele, nous sommes le dos au mur, habitants uniques d'un huis-clos, l'espace se déroule devant nous vu d'en bas. Nous sommes alors comme accroupis au pied de la quatrième paroi. Chez Klee en revanche, le regard est celui de l'analyse, vue globale, flottante. Le regard semble glisser dans l'espace, balayant le champ du cube. Nous nous situons hors de cet espace, au-dessus de lui. Si chez Van Gogh et Schiele l'espace restait concrètement ouvert, si le tableau était bien cette « fenêtre », image paradigmatique de l'espace euclidien, dans l'œuvre de Klee le stratagème spatial, celui de la fenêtre contre le mur, est totalement démonté. Si le pathos reste présent, ce qui l'intéresse avant tout c'est l'analyse d'un mode de représentation. Cette représentation complète du cube scénographique peut signifier également autre chose : l'espace ici est celui d'une utopie. Si l'on examine la structure du tableau, ce qui frappe d'abord, c'est, bien qu'exécutée en 1918 au lendemain de la guerre, que cette œuvre se lit comme une exclusion systématique de l'histoire. De la guerre, Klee ne retient que le bureau sordide d'une caserne. Ce bureau est un abri, abri réel, mais surtout mental. Ce cube est le huis-clos absolu, celui de l'ennui et d'une certaine angoisse, certes à un moindre degré que chez Van Gogh et Schiele, mais surtout, au milieu de l'histoire devenue déchirure, il symbolise la volonté de se protéger en s'enfermant dans une tâche sans risque et volontairement aveugle à la présence du monde, de s'abriter également dans l'analyse : pure spéculation picturale et métaphysique. L'art prend alors la dimension exemplaire d'une fuite; il est huis-clos et utopie parce qu'exclusion de l'histoire et de ses cauchemars. Il est utopie également dans sa structure figurative.

Étrange utopiste cependant que Paul Klee. Utopiste dans la mesure où il organise sa fuite, la rend réflexive et interroge les modes de cette fuite, contre-utopiste aussi bien, qui, pour se protéger de l'histoire, la nie, et choisira le vital et l'organique. L'exclusion de l'histoire s'impose comme une volonté d'instaurer un huis-clos organique, coquille protectrice. Klee agence, pense son huis-clos. En ces perspectives se joue en terme d'utopie la mise à mort des contraintes qui interdisent l'eutopie à venir. L'eutopie ne sera et ne peut être chez Klee structure gratuite, elle est organique, elle est forme initiale qui se fonde, genèse du monde qui se structure. Elle organise le monde, lentement, à la manière dont croît un arbre. Son projet est de n'accepter aucune convention qui ne soit nécessité profonde, aucun processus qui s'achève en procédé, aucun moyen qui se fasse stratagème, aucune loi qui ne réponde à un besoin, à un désir. Klee conçoit l'espace euclidien comme une cage, une prison dont ne resteraient que les structures portantes et étrangement les barreaux des fenêtres. En d'autres termes, Klee dénonce un système, sa gratuité. L'espace euclidien n'avait été pourtant ni un espace d'utopie, ni l'espace d'une contre-utopie, il était la façon totale de penser l'histoire. Dans sa genèse, cet espace était l'histoire même. Devenu convention, loi, il ne signifie plus pour Klee qu'arbitraire et contrainte. Il n'est plus un instrument pour comprendre et appréhender le monde, mais une convention qui soumet le monde à sa loi géométrique. La ligne droite, les angles, le cube scénographique, au lieu de rendre intelligible le monde, se trouvent investis, aux yeux de Klee, d'une mission contraire : imposer un ordre à la demeure réelle des hommes, un schéma préalable à leur demeure affective. Non seulement l'espace euclidien ne rend plus intelligible le monde, mais au contraire il empêche de le « sentir ». Il n'est plus la demeure rassurante où se meuvent les hommes, il est devenu leur prison. Il est alors l'obstacle le plus absolu à toute *Stimmung*. Dans l'espace euclidien, Klee pressent que l'idée se trouve derrière la phrase comme un objet derrière la vitre, et c'est cette inextricable séparation qu'il n'admet pas. Cet espace reposait sur l'artifice qui consiste à traiter l'écran plastique à la fois comme la vitre transparente d'une fenêtre, donnant un espace en profondeur, et comme le support opaque sur lequel sont inscrites des figures géométriques ayant pouvoir référentiel. Cet espace figuratif signifiait historiquement et sociologiquement. Ce que Klee affirme implicitement, c'est que cet espace de la Renaissance est sorti d'une spéculation très large sur la lumière et sur la position des objets dans la nature. Il faut se souvenir qu'en introduisant dans la peinture la figuration euclidienne de l'espace, les premières tentatives de la Renaissance portaient en elles une foule de possibilités qui n'ont pas été exploitées. Dès l'époque d'Alberti ou de Piero, c'est-à-dire une génération après Brunelleschi, s'est produit un resserrement des horizons. Ce resserrement de la problématique spatiale correspondait d'une manière décisive à une affirmation du rôle de l'homme dans le monde. La spéculation à partir de ce moment se déroule sur un espace strictement limité : l'espace cubique. Les recherches s'orientèrent alors selon trois hypothèses : ce nouvel espace géométrique a la forme d'un cube; toutes les lignes de fuite se rassemblent en un point situé au fond du tableau (c'est-à-dire que l'on pose l'existence d'un point de vue unique). Enfin, on admet que la représentation des formes par les valeurs et par la lumière doit coïncider avec le schème de représentation linéaire, fût-ce au prix de stratagèmes comme le clair-obscur. Ces trois constantes sont saisies de façon presque caricaturale dans ce tableau de Klee peint en 1921 : *Chambre avec habitants* (7). Dès la seconde génération de la Renaissance s'était mise en place une conception moins euclidienne que scénographique de l'espace ou, plus largement, du monde. C'est cette conception que Klee

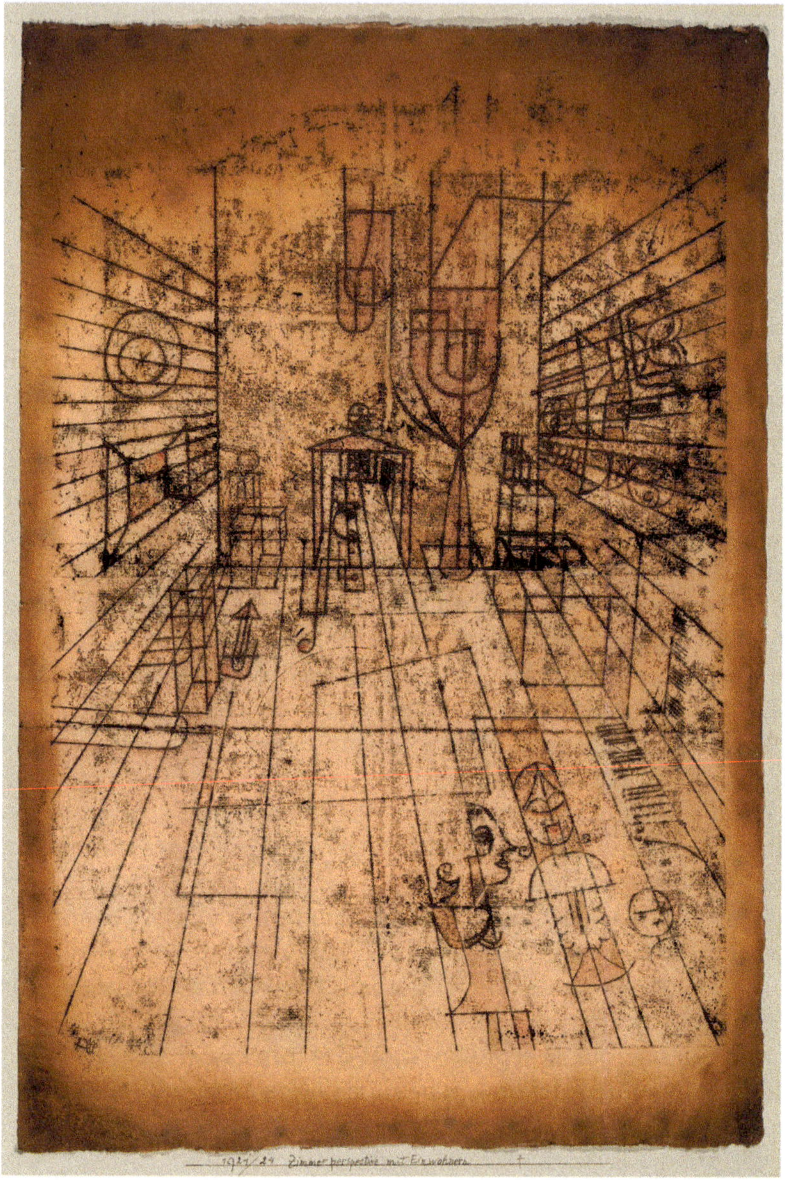

7. *Zimmerperspektive mit Einwohnern / Chambre avec habitants*, 1921, Zentrum Paul Klee, Bern.

dissèque dans son travail de 1921. Pendant quatre siècles, l'homme-acteur s'était déplacé dans l'imagination des hommes sur le théâtre du monde qui avait des proportions cubiques et des plans fixes en nombre limité tout comme une scène à l'italienne. Que signifie donc cette *Chambre avec habitants*? Quelles présences, quels acteurs habitent son espace? L'espace scénographique était la manifestation d'une conception anthropocentrique du monde. Ici, si les habitants « meublent » l'espace, ils n'y évoluent pas librement mais sont les prisonniers des lignes de fuite que Klee a tracées de manière prégnante. Ces lignes de fuite latérales sont comme les barreaux d'une cage, ou les fils d'une toile d'araignée. La profondeur est allongée hors de toute mesure par le premier plan et l'ouverture de la porte. La démonstration de Klee est encore plus apparente et son refus de l'anthropocentrisme se manifeste bien quand on mesure que les meubles sont construits avec exactitude, alors que les figures des habitants sont projetées sans relief, sans réalité, sur le sol et les parois des murs. Au fond de la chambre, une porte dévoilée par des rideaux qui font songer à des rideaux de théâtre; cette porte s'ouvre sur une autre perspective où l'on devine une seconde porte ouvrant un autre espace. Ces pièces en enfilade prennent une dimension initiatique; mais, subvertie, elle ne débouche sur rien. L'espace euclidien est devenu moyen « infiniment machiné » sans fin. Klee combine deux espaces, car la dimension d'épiphanie d'un motif sur le fond semble fonctionner. Mais le motif est alors le squelette perspectif même. Il est remarquable que Klee isole sa démonstration en définissant un *parergon* en dégradé qui fait apparaître le schème perspectif insolite d'une manière fantomatique, diffuse. En effet, cette perspective désancrée, a-topique, a-téléologique, semble émerger du vide. Le schème perspectif ne fonctionne plus comme code, mode de vision, agissant et efficace, mais comme symbole et, qui plus est, symbole de la ruine.

En 1921, la date importe, Klee affirme que les structures du monde s'étant totalement modifiées, il convient de mettre en place des structures d'appréhension du monde en adéquation avec celui-ci. Et cela non seulement en peinture : dans l'angle droit du tableau apparaît le spectre d'un piano manifesté seulement par son clavier et l'espacement des touches blanches et noires (clin d'œil peut-être au dodécaphonisme qui, tout comme Klee rejeta la perspective, avait condamné la gamme traditionnelle). Klee semble dire qu'un art est novateur non pas seulement s'il dit des choses inédites, neuves, mais si le contenu se trouve totalement solidaire de son expression et que « toutes les grandes œuvres d'art, même les plus affirmatives sont *a priori* polémiques[1] ». Adorno écrit : « L'idée d'une œuvre d'art conservatrice contient quelque chose d'absurde. En se séparant de manière emphatique du monde empirique, de leur *autre*, les œuvres d'art témoignent que ce monde lui-même doit devenir autre chose, schémas non conscients de sa transformation[2] ».

Dans ces perspectives obsolètes, dérisoires, Klee pose comme postulat, à travers la nécessité de modifier les structures spatio-figuratives de l'œuvre d'art, l'évidence selon laquelle les schèmes de la société, et plus généralement la situation de l'homme dans le monde, sont bouleversés. Il propose de réajuster l'art au réel, le réel à l'art. Il serait certes spécieux de réduire l'entreprise de Klee à un reflet du contexte social, puisque le projet conscient du peintre est, nous l'avons dit, de bannir l'histoire; mais l'œuvre nous renseigne profondément sur l'état de la société qui l'irrigue. L'art de Klee et tout spécialement les perspectives nous indiquent en creux les modifications structurales de la société, mais il n'est pas un art de journaliste et ce n'est en aucun cas un tissu d'anecdotes qu'il nous livre. Il désigne l'art comme langage, et qui plus est comme langage en évolution, non pas seulement dans ses détails mais dans sa syntaxe et ses structures. Ainsi, à travers une pratique empirique de l'art, semble s'esquisser une philosophie de l'espace. Le rapport de Klee à la perspective euclidienne en 1921 est bien plus qu'un effet de distanciation; il est proposition, et s'impose alors comme la nécessité qu'un langage neuf se constitue. En 1928, *Perspective urbaine* semble être la reprise du même problème posé cette fois avec plus de rigueur : on sent de façon nette l'influence ambiguë du Bauhaus. La perspective euclidienne était née du *hic et nunc*, d'un homme prenant en mains son destin. Nous avons vu qu'en 1921, Klee remettait en cause l'anthropocentrisme; en 1928, dans ce tableau, aucune présence humaine, aucun repère concret, aucune allusion au monde terrestre n'apparaissent. D'évidence, on pense en regardant *Perspective urbaine* à une région céleste impassible et incorruptible comme le supralunaire péripatéticien : nouvel espace pour l'eutopie dont nous avons parlé. Le tableau est abstrait : « Symbole de l'absolu, du nécessaire[3] ». Klee passe ici de la démythification de l'espace perspectif à la création d'un nouvel espace, cousin du premier mais opérant. En effet, l'espace est ici endogène.

1. T.-W Adorno, *Théorie esthétique*, trad. fr. M. Jimenez, Paris, Klincksieck, 1974, p. 235-236.
2. T.-W Adorno, *Théorie esthétique*, p. 236.
3. W. Worringer, *L'Art Gothique*, trad. fr. D. Decourdemanche, Paris, Gallimard, 1967, p. 31.

En l'occurrence, la dialectique motif/fond fonctionne pleinement ; la couleur même accentue l'épiphanie du motif sur un fond indéterminé, « céleste ». Déjà, dans *Chambre avec habitants* (7), nous avions cette impression ; ici le procédé devient système rigoureux et il convient immédiatement de situer ce tableau à un double niveau dans la création de Klee en 1930. Sémantiquement, il est indispensable de rapprocher cette *Perspective urbaine* de *Lieu d'élection* (**3**), et l'on peut comprendre peut-être *Lieu d'élection* comme manifestation de la « sphère céleste ». Si l'on considère la problématique spatiale et figurative, on ne peut s'empêcher de penser aux *Mobiles dans l'espace* qui sont contemporains de *Perspective urbaine* et qui soulignent également l'abandon obligé de l'espace traditionnel. Nous avons alors affaire à des cubes, structures transparentes qui évoquent un pliage ; il suffit de se souvenir de la méthode de Poussin qui situait les scènes à peindre dans un cube de carton. Klee, lui, veut déplier le cube. Implicitement, il se propose de montrer d'une part que l'espace et le temps dans le tableau renvoient non aux structures de l'univers physique, mais à celles de l'imaginaire, et que cet imaginaire, même s'il est endogène, se transforme dans l'histoire.
En 1930, la réflexion de Klee, nous l'avons dit, est liée à la fin de son expérience au Bauhaus (et l'œuvre peut se lire en creux comme le constat de son échec). Les formes, tant celles de la *Perspective urbaine* que celles de *Mobiles dans l'espace*, sont géométriques, comme tracées avec les instruments non plus du peintre artiste, mais avec ceux de l'architecte. Peut-on encore dire que la réflexion de Klee va dans le sens d'un constat de faillite comme dans les deux perspectives précédentes ?

Klee signifie encore de manière polémique que l'art ne peut plus exister selon les structures anciennes. Mais là où les perspectives des années 1920 indiquaient seulement la ruine, la *Perspective urbaine* comme les *Mobiles dans l'espace* de la même année apparaissent comme l'ébauche d'une nouvelle façon de penser l'espace. Klee propose alors que l'espace et le temps figuratifs renvoient aux structures de l'imaginaire, et non aux structures de l'univers physique.

Il ajoute comme scolie que cet imaginaire peut être de nature scientifique, pressentant ainsi que la compréhension des structures physiques du monde se modifie. Il y a là une remise en cause de la notion d'imaginaire trop souvent conçu comme moyen d'une vaticination gratuite, mais surtout se précise la volonté de penser l'univers non plus de façon compartimentée mais globale.

Les structures de *Perspective urbaine* sont exemplairement celles de l'utopie (au sens rigoureux du terme). Klee crée ici une utopie parfaite pour mieux la déconstruire, afin d'accomplir son projet d'eutopie.

La stratégie de l'utopie ne prend place, le plus souvent, que dans l'organisation, l'ordonnance rigoureuses d'un cosmos régi par un modèle mathématique. Il est étrange que l'imaginaire de Klee se soit un instant contenu à l'intérieur de cette rigueur et en ce monde d'angles droits. L'imaginaire de Klee est sinueux, il est fait de promenades et de méandres. Klee l'a souvent dit : le génie, c'est l'erreur dans le système. Si dans cette *Perspective urbaine* s'esquisse la vision rigide et systématique d'une cité, peu faite pour l'humain, c'est là encore, nous le pensons, le fait de la double volonté polémique qui anime Klee. De la même manière que la perspective traditionnelle s'était ruinée parce qu'elle était devenue décalée, inadéquate par rapport à la vie des hommes, la cité utopique que nous propose Klee ne laisse pas de place à l'humain. Gilles Lapouge dit que « le goût des villes parfaites peut aboutir à celui des déserts[1] ». Il arrive que ces sociétés transparentes engendrent des communautés de la nuit et du chagrin.

Et c'est pourquoi, en 1929, Klee peint *Incomposé dans l'espace* dans lequel nous voulons lire l'aveu que toute utopie au sens rigide et didactique du terme est impossible. *Incomposé dans l'espace* semble répondre terme à terme à *Perspective urbaine.* Klee a fait éclater l'espace. Les cubes flottent maintenant dans l'air, décomposés, perdus, et comme pour indiquer que la *perspective urbaine* n'était pas faite pour l'homme, que cet espace était espace d'adéquation abstraite et non d'humanité vivante, Klee place dans l'angle droit de son tableau le corps allongé et comme mort d'un homme de carton, corps allongé flottant dans un espace qu'il n'habite plus.

1. G. Lapouge, *Utopie et civilisations*, Paris, Flammarion, 1978, p. 27.

abstraction et « einfühlung »

Les perspectives et mobiles dans l'espace amènent Klee à la lisière de l'abstraction. *Abstraction et Einfühlung* fut d'abord une thèse de doctorat soutenue en 1907, précisément à Berne. Worringer et Klee semblent penser à travers deux modes d'investigation « le même ». Est-ce pure analogie? Aucune trace, du moins à notre connaissance, n'indique que Klee et Worringer se soient rencontrés. Klee connaissait, c'est plus que probable, ce texte. Il y a dans le texte de Worringer une double dimension – paradoxalement prophétique et aveugle. Worringer semble analyser les styles du passé à la lumière d'une peinture qui n'a pas encore eu lieu. Cécité géniale de Worringer qui rejette également les « ouvrages » des peuples primitifs et les « griffonnages » d'enfants. Rétroactivement, son analyse nous aide à saisir l'œuvre de Klee. Worringer affirme que le désir d'abstraction est « à l'origine de tout art et conserve sa primauté chez certains peuples hautement civilisés, tandis que chez les Grecs par exemple, ou d'autres Occidentaux, il expire lentement pour faire place au besoin d'intuition »[1].

Il est peut-être schématique et péremptoire d'affirmer que la démarche de Klee est au contraire de remonter à l'origine, de recouvrer ce désir d'abstraction, langage pur, langage en soi, non discursif, autonome et puissant.

Il y a cependant chez Klee bien plus qu'une simple nostalgie de l'origine au sens d'un pathos, d'une aspiration mystique, mais bien une trajectoire

1. W. Worringer, *Abstraction et Einfühlung*, trad. fr. E. Martineau, Paris, Klincksieck, 1978, p. 48.

picturale qui se proposerait d'atteindre à la matrice du visible, du réel. C'est ce que Klee entendait lors de la *Conférence de Iéna* en affirmant qu'il fallait remonter « du modèle à la Matrice ». Il s'agit de savoir si l'expression picturale de cette Matrice est, et ne peut être qu'abstraite.

On ne peut que constater que Klee évolue chronologiquement de l'*Einfühlung* à l'abstraction ; de l'allégorie au signe abstrait (les tentatives abstraites inspirées par Delaunay ne doivent être à notre sens interprétées que comme des variations stylistiques, de pures expérimentations). Que le tableau apparaisse ou non comme abstrait, il procède toujours d'une expérience du monde, de cette *Stimmung* qui préside à la genèse de tout tableau. On peut rêver d'établir une corrélation entre *Stimmung* d'une part et abstraction et figuration d'autre part. Il est impossible d'établir une loi générale, toute tentative achoppe sur un contre-exemple. Chaque tableau, figuratif ou abstrait, renvoie à une émotion initiale, mentale, visuelle, ou même tactile ; c'est ce « sentir » qui importe. Nous l'avons dit, en aucun cas l'imaginaire de Klee ne se modifie, mais bien plutôt sa profondeur. Klee mène une quête qui consiste à remonter à l'essence de l'art et du symbolisme. Il nous fait chercher à saisir si le sens de cette quête va de pair avec un déplacement de l'Einfühlung vers

l'abstraction.

Il convient de mettre en parallèle deux évolutions : l'une mentale, de l'*Einfühlung* à l'abstraction, l'autre figurative, de l'allégorie au signe.

Worringer écrit : « L'impulsion artistique originaire n'a rien à voir avec l'initiation de la nature. Elle est en quête de la pure abstraction comme seule possibilité de repos à l'intérieur de la confusion et de l'obscurité de l'image du monde, et elle crée l'abstraction géométrique à partir d'elle – même de façon purement instinctive »[1].

Pour Klee cette impulsion artistique originelle semble enfouie, voilée. Voilée certes par la différence des cultures, et cette tendance à l'abstraction semble être selon Worringer le fait des civilisations orientales ; voilée, enfouie surtout par l'Histoire, le temps qui éloigne l'homme de son impulsion artistique originelle, l'entraînant à créer selon des stéréotypes ou des schémas appris. Il y a donc un regard polémique chez Klee ; d'abord rompre avec la tradition occidentale, et cela Klee le pose comme nécessité quasiment dès le début de son expérience de peintre (que l'on se souvienne des pages de son journal consacrées au voyage en Italie : ce qui le retenait alors, c'est Ravenne et non

1. W. Worringer, *Abstraction et Einfühlung*, p. 75.

pas Rome). Et ses goûts, ses *a priori* l'orientent inconsciemment vers ces styles que Worringer enferme dans la catégorie « abstraction ». Que ce soit lors du voyage en Italie, ou en Tunisie, dans ses choix artistiques ou littéraires, les partis pris artistiques de Klee ont leur source dans une reconnaissance du sacré. Et les expressions artistiques qui le retiennent sont celles qui transcrivent cette dimension numineuse du monde avec le plus d'évidence. Art dont l'espace est bidimensionnel, art proche de l'abstraction, l'Œuvre guide vers une dimension numineuse perdue du monde. La nature profonde de l'art telle que l'affirme inconsciemment Klee dans ses choix est d'être symbolique (transition entre deux niveaux) et d'être dévoilement d'une dimension originelle du monde. L'art en son essence doit « être magique ». Il doit « rendre visible » cette dimension du monde que nous avons perdu. Worringer écrit : « C'est ainsi que l'affaiblissement de l'instinct du monde, que la résignation à s'orienter extérieurement dans l'image du monde, s'accompagne toujours d'un renforcement de la tendance à l'*Einfühlung* qui est présente à l'état latent dans tout homme et qui n'est tempérée que par l'anxiété spatiale, par la tendance à l'abstraction »[1].

Klee est pris dans un monde, dans des habitudes culturelles créatrices, qui semblent avoir oublié ce désir d'abstraction initial, de la même manière que le contact avec l'élément numineux du monde a été perdu. Le projet de Klee est de réinventer le monde dans sa dimension magique. La création de Klee sera un voyage de l'*Einfühlung* vers l'abstraction : mélange étrange et profond qui parfois débouche sur l'abstrait. Klee porte en lui une pulsion vers l'origine comme une volonté d'abstraction. L'une et l'autre s'interpénètrent. Worringer pense l'abstraction et l'*Einfühlung* comme des manifestations antithétiques de deux cultures différentes : Orient, Occident. Le siècle de Klee est celui de la découverte des autres cultures, celui précisément où Paul Valéry affirme que les cultures sont mortelles. De la même manière que l'archéologie avait offert un répertoire des styles où les architectes du XIXe siècle puisèrent sans discernement, l'histoire de la peinture et ses différentes conceptions de l'espace semblent fournir un lieu culturel ouvert pour Klee. Il découvre dans la culture du passé des styles dont la dimension socio-historique recoupe son projet métaphysique. Que Klee écrive dans son *Journal* ses préférences figuratives ou qu'il mène son investigation sur l'espace, tout converge dans son entreprise à transcrire une dimension perdue.

1. *Ibid.*, p. 78.

Lorsque Klee préfère les mosaïques byzantines à Raphaël, il indique la nature de son projet artistique. C'est ce projet qu'on retrouve quand il condamne l'espace scénographique. Worringer écrit : « Ainsi, l'espace est le pire ennemi de tout effort d'abstractif et c'est lui qui devrait être réprimé en premier chef par la présentation artistique. Cette exigence est inséparablement imbriquée avec une autre : circonvenir la troisième dimension, la dimension de profondeur dans la présentation puisque celle-ci est proprement spatiale »[1]. Les investigations que Klee mène sur la ruine de l'espace perspectif euclidien coïncident avec la volonté de retourner aux schémas premiers abstraits. Les perspectives de Klee, ses mobiles dans l'espace, ne sont donc pas une simple réflexion sur la culture, l'espace et le langage pictural que sécrète une société, mais renvoient bien sûr à une dimension métaphysique tout autant que méthodologique : se débarrasser de cet espace perspectif. Circonvenir la « troisième dimension » devient alors le moyen de mettre en adéquation sa nostalgie des origines et un langage, une figuration qui échappent aux phénomènes, à l'inventaire des étants, pour s'attacher à l'essence même du monde, l'exprimer dans sa forme originelle, l'abstraction ne se « voulant pas la copie du limité, mais le symbole de l'absolu, du nécessaire »[2].

Il faut noter l'intérêt que Klee portait à l'Égypte – intérêt confirmé par son voyage de 1928 –; cette influence de l'iconographie égyptienne qui circule dans sa peinture de manière patente, nous permet de mettre en évidence une autre coïncidence entre l'œuvre de Klee et le texte de Worringer. En effet, le style égyptien pour Worringer fonctionne comme l'exemple type de l'abstraction, sa forme paradigmatique. Que Klee se soit intéressé tout spécialement à l'Égypte au moment de sa maturité artistique, est comme un contrepoint à son effort pour remettre en question l'espace scénographique. L'art de l'Égypte, abstractif et premier, semble fournir effectivement à Klee un moyen de passer des rébus, des énigmes et symboles à une écriture, un langage de signes. En même temps que l'espace perd sa troisième dimension, celle de la théâtralité, le fait pictural semble prendre une forme essentielle, celle effective d'autonomie d'un langage. Idéogrammes, pictogrammes désordonnés semblent à ce moment se constituer en hiéroglyphes, presque en alphabet. Pour mieux comprendre, il faut connaître l'importance du style

1. W. Worringer, *Abstraction et Einfühlung*, p. 82.
2. W. Worringer, *L'Art Gothique*, p. 29.

égyptien, non seulement dans l'esthétique de Worringer, mais également pour ses maîtres directs : Riegl en particulier.
Le style égyptien fournissait à Riegl l'exemple type d'espace s'opposant terme à terme à l'espace optique de la Renaissance; cet espace, Riegl le nomme haptique (propre au toucher). Cet espace conçoit et appréhende les formes en un contour qui enserre une figure unique bien définie, comme collée sur un fond immobile, cet espace doit être « tâté du regard ». On reconnaît à travers ces caractéristiques désignées par Riegl, les composantes essentielles du processus spatial qu'utilise Klee dans ses tableaux. En effet, presque toujours la dialectique motif/fond se double d'une composante tactile qui met l'accent sur la chosalité de l'œuvre, mais surtout insiste sur la matérialité poétique de chaque objet du monde. L'objet du monde, senti, doit être livré dans sa matière originaire. En ce sentir il s'agit de restituer la chair des choses, leur substance.
Mais au-delà de cette ressemblance évidente entre l'espace égyptien, tel que l'aborde Worringer, et celui de Klee, interviendraient d'autres similitudes. En premier lieu, la façon dont ces deux espaces haptiques fonctionnent comme la mise en ordre, la syntaxe de deux langages fondés sur le signe ou l'hiéroglyphe. Cette confusion entre figuration et écriture prend d'ailleurs sa formulation précise chez Klee probablement avec la découverte et l'assimilation de l'Égypte. L'œuvre est alors pénétrée d'écriture. L'espace haptique s'oppose à l'espace perspectif que Riegl qualifie d'optique comme l'Orient s'oppose à la Grèce et à Rome (et par extension à la Renaissance).
Il est difficile d'assimiler totalement les conceptions de Riegl et celles de Worringer; ces deux théoriciens, cependant, posent un problème que Klee, très inconsciemment, reprend à l'intérieur de son expérience de peintre. Spéculations théoriciennes et quelque peu taxinomiques, ou intuition de peintre, les questions soulevées semblent identiques. Worringer reprend le binôme optique/haptique posé par Riegl afin d'illustrer son argument d'une opposition fondamentale entre deux pôles de l'Art : l'*Einfühlung* et l'abstraction.
Worringer définit un espace intermédiaire, l'art byzantin, qui pour lui relève à la fois des deux catégories. À la fois optique et tactile, il concilie la tradition grecque et l'élément numineux issu du premier art chrétien. Pour lui, l'art byzantin accomplirait un passage entre l'art hellénistique et l'art médiéval. Son caractère transitoire nous permet de définir ce qui dans la démarche de Klee est hybride, certes, mais toujours organique. L'art de Klee manifeste

une évolution de l'*Einfühlung* à l'abstraction, un passage de l'optique à l'haptique. Ainsi, il convient de poser chez Klee, non pas sans nuance *un* espace, mais *des* espaces évoluant progressivement à l'intérieur d'une extrême cohérence vers la définition de son espace (cet espace, toujours déjà là, qui se précise lentement, dialectiquement, et dont le motif et l'*Umgebung* jouent comme des invariants). Le voyage de Klee ressemble à un cheminement à l'intérieur des espaces, des systèmes langagiers de l'histoire de l'art. Klee cherche un espace originel comme on cherche sa langue, une langue adamique, son identité première. Klee part en effet de l'*Einfühlung* vécue dans une forme paroxystique, monstrueusement déformée, grossie, devenue presque caricature : le romantisme finissant et l'expressionnisme. Cette manifestation de l'*Einfühlung* a lieu à l'intérieur de l'espace optique, vécu également dans sa forme exaspérée : l'espace perspectif expressionniste, distendu, éclaté. C'est là le point de départ de son trajet, de sa réflexion. Dans un premier temps, c'est grâce à la couleur que Klee apparemment réussit à se dégager de l'espace optique. On pourrait alléguer les influences mêlées du voyage en Italie, de sa découverte de Ravenne et de ce voyage tunisien, mise à jour de la couleur et d'un nouvel espace. Il y a une cohérence inconsciente, un cheminement logique du goût de Klee pour les mosaïques byzantines à son engouement pour les couleurs de Tunisie. Otto Demus écrit à propos de l'art byzantin :

> L'image n'est pas séparée du spectateur par la vitre imaginaire du plan pictural derrière lequel commencerait une peinture illusionniste. Elle s'ouvre dans l'espace réel dans lequel le spectateur vit et se meut… Les images qui décorent l'église byzantine sont reliées l'une à l'autre et soudées en un tout unitaire non seulement par des concepts théologiques et iconographiques, mais aussi par une pensée des formes qui crée une unité optique homogène embrassant tout[1].

Les principes optiques utilisés dans cette intention tendent à l'élimination des raccourcis et déformations de la perspective. Ces deux affirmations caractérisent exactement un moment de transition de l'art de Klee : celui précisément qui a lieu entre son voyage en Italie et son voyage en Tunisie, lente maturation mais étape fondamentale. Dans un premier temps se pose la nécessité d'être dans le tableau, de circuler à l'intérieur de celui-ci, afin que « la vitre imaginaire du plan pictural saute ». Transition et non rupture, les stratagèmes scénographiques que Klee invente ne rompent pas

1. O. Demus, *The mosaic of roman Sicily*, Londres, 1950, p. 35.

définitivement avec l'espace euclidien mais le déforment et le distendent suffisamment pour rendre tout retour à l'ancien stratagème impossible. Cette redéfinition de l'espace, ces premières spéculations annoncent les mobiles dans l'espace et les perspectives aboutissent à cerner cette préoccupation : évoluer de l'*Einfühlung* vers l'abstrait, aller de l'optique vers l'haptique, d'un espace exogène à un espace endogène. Ces spéculations qu'on pourrait trop vite prendre pour un pur ludisme sont en fait les jalons qui amènent à une seconde transition majeure : passage qui verra Klee aller de l'espace hybride, entrevu comme proche de l'espace byzantin, à un espace réellement abstrait, inscrit totalement dans la mouvance des caractéristiques présentées par Worringer comme celles de l'art égyptien. Et il est confondant que ce soit précisément au moment où Klee s'intéresse à l'Égypte, y voyage, que cette transition s'accomplisse.

Les différences stylistiques qui interviennent dans le travail de Klee sont articulées par les modifications d'un espace qualitativement diversifié selon un trajet pictural mais également métaphysique : retrouver l'origine. Origine, genèse des formes, épiphanie de celles-ci dans un espace numineux, genèse du sens. Genèse enfin d'un langage symbolique toujours plus épuré, toujours plus essentiel, toujours plus près des premiers temps du monde. Nous pensons que les modifications d'espaces dans le travail de Klee correspondent à une évolution à l'intérieur de son symbolisme. En dernière analyse, aux différentes strates où se sédimente sa réflexion sur l'espace – de l'espace scénographique optique à l'espace haptique –, correspondent des niveaux symboliques allant de l'allégorie à l'archétype (dont l'expression plastique serait hiéroglyphe, ectype, signe nu).

Ainsi s'accomplit un cheminement vers un espace qui est bien plus qu'un espace, mais à la fois l'accomplissement d'une métaphysique et une *Weltanschauung*. C'est en ce sens qu'il faut interpréter les variations stylistiques qui jalonnent les travaux de Klee, non seulement les perspectives ou mobiles dans l'espace, mais également les phases *pointillistes*. Le moment où Klee a recours à la technique pointilliste est bien sûr plus qu'un simple jeu, un simple emprunt à Seurat. Si effectivement Klee se sert de cette méthode pour saisir un certain type de lumière, il utilise également ce procédé comme pour mieux s'approcher de la nature, parcourir l'espace entier de la toile, lentement, méthodiquement, en ne laissant rien au hasard. Plus qu'une investigation de la lumière, cette méthode est la concrétisation parfaite de la manière dont Klee s'oriente vers un espace haptique et ce pointillisme est très proche de la mosaïque. Transitions entre son goût pour Ravenne et sa passion pour l'Égypte, ses tableaux pointillistes font penser aux mosaïques byzantines, tout en traitant d'une thématique égyptienne. *Ad Parnassum* (1932) (**8**) en est le témoignage exemplaire. Ces années trente sont celles où la notion de style, comme donnée interchangeable, est la plus manifeste : les retours à l'ordre en témoignent. Tout au contraire de cet éclectisme, de ce carnaval des styles, Klee n'emprunte pas, ne juxtapose pas ; c'est son projet métaphysique et pictural qui subordonne sa culture et ses investigations et les informations allogènes. Aux mêmes dates où un Christian Schad par exemple se tourne vers l'Italie pour « mieux peindre », où Picasso, Severini, Carra, Rotchenko et d'autres déchiffrent les styles du passé comme alibis d'un retour à l'ordre, Klee au contraire assimile Ravenne et l'Égypte parce qu'elles s'inscrivent en son projet. Et si Klee semble accéder définitivement à cet espace haptique, tactile, c'est que la préoccupation omniprésente d'atteindre à la matière, la substance des choses, de livrer cette substance dans le tableau en ne lui laissant perdre aucune de ses caractéristiques, aucun grain, aucune couleur, l'obsède. Le projet de Klee est ainsi d'établir une homothétie entre la chair du monde et la chair du tableau. Le substrat philosophique que transcrit cette volonté d'atteindre à l'espace défini par Worringer, Plotin nous aide à le cerner (parce que l'influence de Plotin a été déterminante sur l'art paléo-chrétien dont nous avons mesuré la coïncidence avec l'entreprise de Klee ; mais surtout parce que la pensée de Plotin aide à comprendre la nature de tout symbolisme). Plotin, dans le traité six de la *Première Ennéade* (commenté par M. de Gandillac), écrit : « C'est pour ainsi dire un lieu commun que la symétrie des parties les unes par rapport aux autres, et par rapport au tout, et l'adjonction d'une telle coloration produisent la beauté sensible au regard, et que pour ces beautés visibles comme pour toutes les autres, ce qui les rend belles, c'est leur symétrie et leur mesure. Dans cette perspective, le beau n'appartiendra aucunement au simple, mais de toute nécessité au composé, et c'est le tout qui sera beau, tandis que les éléments ne possèdent en soi aucune beauté ; en sorte que, pour qu'il y ait beauté, il faudra qu'ils se joignent en vue de former un ensemble harmonieux. Et pourtant, si tout est beau, il faut bien que les parties aussi soient belles, car ce qui est beau n'est certes pas fait d'éléments lourds, mais tout ce qu'il contient est beau. Et les belles couleurs qui reçoivent les objets, et par exemple la lumière solaire, n'auraient rien qui les rende belles, étant simples et ne pouvant emprunter leur beauté à la symétrie de leurs éléments. Et l'or,

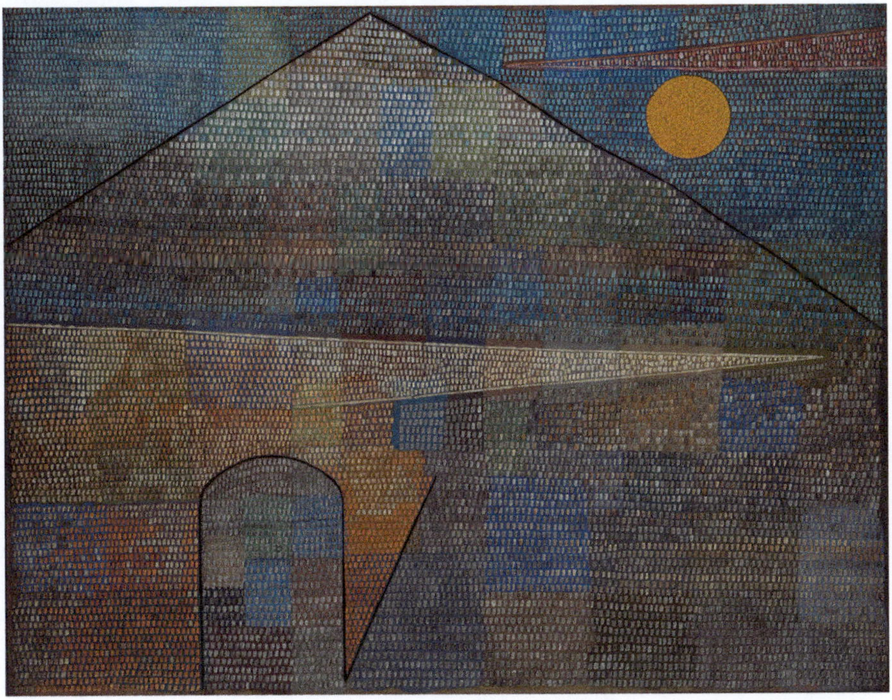

8. *Ad Parnassum*, 1932, Kunstmuseum, Bern, Dauerleihgabe des Vereins der Freunde des Kunstmuseums Bern.

d'où viendra sa beauté ? Et l'éclair ou les astres, comment se pourra-t-il qu'il soit beau de les voir dans la nuit ? Et de même pour les sons, il faudra que le son simple soit privé de beauté, alors que souvent chacun de ceux qui appartiennent à un bel ensemble est beau par lui-même ». Chaque détail, chaque forme d'un tout signifie en elle-même, est belle en soi. Ainsi dans les « tableaux en signes graphiques », une écriture, un langage ou une figuration signifient globalement certes, mais chaque signe, chaque forme porte en soi sa beauté, son sens.

Cette dimension est omniprésente dans le travail de Klee, qu'il s'agisse de rébus ou d'énigmes où chaque détail signifie en tant qu'entité avant de signifier globalement à l'intérieur d'un agencement, de même que dans l'écriture, hiéroglyphes, pictogrammes signifient en eux-mêmes avant d'être composés dans une unité. C'est également ce qu'en musique affirmera le dodécaphonisme. En ce sens, il convient de comprendre la structure des « tableaux en signes graphiques » comme l'étape succédant aux énigmes. De *Divagation sur fond vert* à *Écriture secrète* (1934), les symboles se sont sédimentés en signes : les formes reconnaissables sont devenues hiéroglyphes, pictogrammes, et l'agencement discursif du récit est devenu écriture. Trois

tableaux, appartenant à trois époques distinctes, témoignent de la dimension créatrice qui les imprègne, la dévoilant chaque fois selon un mode plus essentiel, sinon plus systématique. Dans *Ermitage* de 1918, les symboles sont soumis à un récit lui-même soumis à un pathos. La composition conspire à un accord dont chaque signe est une indication, un ancrage, un indice allusif : la croix, le soleil noir. Dans *Divagation sur fond vert* (1931), l'ordre d'agencement est inversé : ce n'est pas le tout de la *Stimmung*, ou d'un récit ouvert qui subordonne les symboles, et les fait éclater comme en un feu d'artifice infiniment organisé, mais l'inverse : les éléments fonctionnent de manière autonome ; signifiants en eux-mêmes, ils sont les indispensables pièces d'une énigme qui ne peut se comprendre qu'à partir d'eux. En 1918, c'est le pathos de l'accord qui dictait la présence des symboles ; en 1931, les symboles existent en eux-mêmes, insufflent un sens ; ils sont déjà les signes d'une langue de l'accord, les éléments d'un alphabet originaire. En 1918, le soleil noir, ou la croix de l'ermitage émergeaient d'un fond qui les contenait : épiphanie d'un moment privilégié. En 1931, les éléments de *Divagation sur fond vert* s'organisent comme s'organisent les signes d'une écriture. Ils sont les éléments d'un récit qui n'existe que par eux. En 1934, avec *Écriture*, ces éléments sont devenus hiéroglyphes, ectypes sacrés. L'énigme s'est faite écriture, indéchiffrable. Ainsi s'esquisse une archéologie de l'art de Klee. L'on s'achemine vers le premier, vers l'originaire (formes archétypiques et langage adamique). Cette démarche nous conduit du pathos à l'essence ; de l'anecdote à la structure, de la forme à la fonction, du visible vers l'invisible. L'objet (1918) devient symbole (1931) *puis* signe ou hiéroglyphe (1934). Le signe ou l'hiéroglyphe est le squelette du visible : structure cachée, fonction originaire. Cet itinéraire, balisé par les trois exemples brièvement notés, aboutit à la constitution d'un espace dont la rigueur syntaxique est bien plus grande. À mesure que Klee se rapproche d'un langage archétypique, l'espace se stratifie et sa fonction se clarifie. Ce trajet va donc bien de l'*Einfühlung* à l'abstraction. Le pathos qui habitait encore l'*Ermitage* était la manifestation de cette *Einfühlung.* Dans *Écriture*, l'abstraction est la seule loi. L'art, au lieu de suggérer l'illusion de la troisième dimension en subordonnant l'ordre du tableau à la volonté de représentation et en liant sa couleur au ton local, aboutit au déploiement d'un fond bidimensionnel où s'inscrit un sens symbolique ; l'intonation de l'œuvre en même temps se dérégionalise. Les symboles puis les signes deviennent, dans la rigueur d'un langage, ce qu'étaient déjà insconsciemment les couleurs dans les tableaux tunisiens : ces couleurs étaient pures vibrations musicales. Les signes deviennent les notes d'une partition. Chaque signe comme chaque note signifient en soi avant d'être l'indispensable partie d'un tout. La Renaissance (forme exemplaire de l'*Einfühlung*) avait fait de la notion de *symétrie* le principe fondamental de la représentation et la perspective scénographique avait fait fi de l'autonomie du détail. Klee s'intéresse non seulement à la valeur tactile de chaque détail, de chaque symbole, de chaque signe, mais à sa valeur organique. Par organique, entendons non seulement la chair du symbole, sa matière, mais sa fonction, son fondement originaire. C'est dans cette préoccupation constante que s'accomplit le passage de l'énigme à l'écriture, du symbole à l'ectype, le passage de l'*Einfühlung* et de ses dernières séquelles à l'abstraction. Worringer montrait que, par opposition, l'art de la Renaissance était centré sur la vision du spectateur reconstruite à partir du schème de la perpective. Klee se défait progressivement d'une vision éloignée, pour entrer toujours plus profondément au cœur des choses, saisir leur substance et leur structure. De la mimésis reste un narcisse comme fossilisé en signe de sa légende.

écritures

> Plus le travail graphique est épuré, c'est-à-dire plus il donne d'importance aux éléments formels qui sont sous-jacents à la représentation graphique, moins il sera armé pour la représentation réaliste des choses visibles.
> Les éléments formels de l'art graphique sont des points et des énergies linéaires, planes et spatiales. Exemple d'élément plan qui ne se compose pas d'unités subordonnées : l'énergie produite par un crayon à pointe large avec ou sans modulation. Exemple d'élément spatial : une tache vaporeuse et ressemblant à des nuages, produites par un pinceau saturé[1].

L'écriture sera signe. En 1918, Klee définit ces signes comme avec le pressentiment qu'ils deviendront l'alphabet d'une écriture, les éléments d'un langage. Ce texte est pressentiment, il affirme d'emblée la volonté du peintre d'accéder à un langage et de donner à ce langage la rigueur d'un code. Une rigueur qui ne soit ni prison ni carcan, mais principe de pensée, désir.
En 1924, Klee peint *Égypte détruite*. Nous disons peint mais nous pourrions aussi bien dire écrit. Inquiétant tableau qui mêle hiéroghyphes et écriture cunéiforme, signes et formes géométriques, lettres de notre alphabet et simple tache. Klee ne visite réellement l'Égypte qu'en 1928. Là encore, il devance le réel, le pressent, le crée avant de le connaître. Il y a quatre ans entre le texte de la *Confession du créateur* et l'application graphique de ce texte. De même quatre années s'écoulent entre l'indéchiffrable texte *Égypte*

1. P. Klee, *La Pensée Créatrice*, p. 371.

détruite et la découverte réelle, tactile des hiéroglyphes. Le projet entier semble se déployer comme des cercles concentriques de façon organique ; ainsi cette volonté d'alphabet, ce désir d'écriture, cette fièvre de langage nous renvoient encore à l'idée de genèse. Comme Klee dans ses thèmes définissait une eutopie, un monde réinventé non localisable, il lui adjoint son langage adamique, parole atopique, écriture indéchiffrable.
Il est péremptoire d'affirmer qu'en ce sens l'art de Klee est initiatique, mais pourtant, réaccomplir son parcours, comprendre sa démarche, c'est tracer la courbe d'un trajet qui va de l'apparence à l'essence, du visible à l'invisible, et en dernier recours, des bruits du jour à la nuit de l'être.

C'est en ce sens qu'il faut comprendre cette volonté d'écriture : ces idéogrammes, ces cryptogrammes, ces hiéroglyphes, qui deviennent dès 1924 une des obsessions de Klee. Dans la *Stimmung*, le monde soudain nous parle, « résonne en nous ». Les hiéroglyphes de Klee sont en quelque manière la tentative méthodique pour écrire cette parole. En 1914, ces signes sont présents, mais, dès 1924, s'affranchissent de toute association naturaliste ; le signe se départit de tout référent concret, Klee découvre l'arbitraire qui est aussi celui de l'écriture.
E. Cassirer écrit : « Le signal est une partie du monde physique de l'Étant (*being*), un symbole est une partie du monde humain de la signification (*meaning*) »[1].
La conscience dispose de deux modes pour se représenter le monde : l'un direct dans lequel la chose elle-même se représente à l'esprit ; ce monde est celui de la perception de la sensation, pour Klee, il est celui intense de la *Stimmung*. L'autre mode indirect intervient lorsque la chose ne peut se représenter concrètement à la sensibilité. L'objet est re-présenté alors par une *image* au sens très large du terme. Le langage, les signes dont nous parlons maintenant sont la forme probablement la plus élaborée de cette transcription et, en ce sens, Ch. Geelhaar a tout à fait à fait tort d'écrire que c'est à force de se détourner des données concrètes que le peintre aboutit à un langage par signes[2].
Dans les tableaux des années 1914 à 1920, on décelait de façon plus ou moins prononcée mot, signe, lettre ; déjà des signes mais conventionnels, admis culturellement et induisant des connotations claires. En 1924, les signes groupés dans une écriture préviennent simplement de la présence de

1. E. Cassirer, *An Essay on man*, Londres, 1944, p. 32.
2. Ch. Geelhaar, *Klee et le Bauhaus*, p. 89.

l'objet qu'ils représentent; ils ne le décrivent pas, mais le signalent. Klee entre dans le monde de l'arbitraire. Les signes ne sont pas en retrait par rapport au concret, mais la dernière opération d'une approche du réel, son ultime mode de représentation. Deux exemples posés brièvement permettent de saisir ce rétrécissement du mode de représentation, d'indication. Dans *Chameau dans un paysage d'ombre* de 1920, Klee trace des lignes, comme les lignes d'un cahier d'écolier, ou mieux, il inscrit ces lignes comme celles d'une portée de musique. Les arbres se disposent alors sur ces lignes comme sur celles d'une portée de musique. L'arbre déjà est presque signe, sa forme se réduit à une barre verticale pour le tronc, et à un rond coloré pour les branches et les feuilles. Seules varient la longueur du tronc et celle des branches. Les arbres deviennent les lettres d'un alphabet. Sur ces lignes d'écolier, et comme superposé à ces lettres-arbres, le chameau s'inscrit en prisonnier du code ainsi établi. Klee essaie d'« écrire » le chameau, de le faire devenir signe ou combinaison de signes mais l'animal, élément allogène à la composition, échappe à cette loi : ses yeux sont bien des cercles colorés qui rappellent la ramure des arbres. Mais l'animal est trop vivant et ses bosses ne peuvent s'insérer dans ce paysage qu'en devenant deux collines. Chaque arbre est différent, mais tous obéissent aux mêmes lois; ces arbres peuvent alors s'écrire sur les lignes de cet étrange tableau. Klee pose inconsciemment les pouvoirs et les limites de toute écriture, de tout code. Ainsi, dès 1920, il invente une écriture, mais une écriture pour les arbres, uniquement susceptible de transcrire ceux-ci, de les imaginer. Le mécanisme spatial cependant était posé : lignes d'écolier dans le tableau et signes disposés horizontalement, linéairement comme les mots d'une phrase. Cependant les signes, les mots, malgré leur absolue singularité (indiquée par la couleur, l'épaisseur et la longueur) indiquaient très nettement leur référent concret, réel. En 1924, dès *Ara, Brise fraîche dans un jardin de la zone torride* (**9**), Klee utilise le même stratagème spatial qui désigne clairement sa volonté d'*écrire* le paysage, de l'écrire horizontalement, ligne après ligne, et de droite à gauche, en utilisant des signes qui auraient la valeur de lettres ou de mots. De même que pour Rimbaud chaque voyelle était une couleur, chaque signe de ce travail devient l'indication, cette fois *arbitraire*, d'une présence. Présence d'arbres, de plantes et des formes régulières de ce jardin, présences écrites ligne après ligne comme un enfant exécute au rythme de la fatigue ou de la distraction une même lettre (ou encore comme poussent des plants de tomates plantés sur une même rangée).

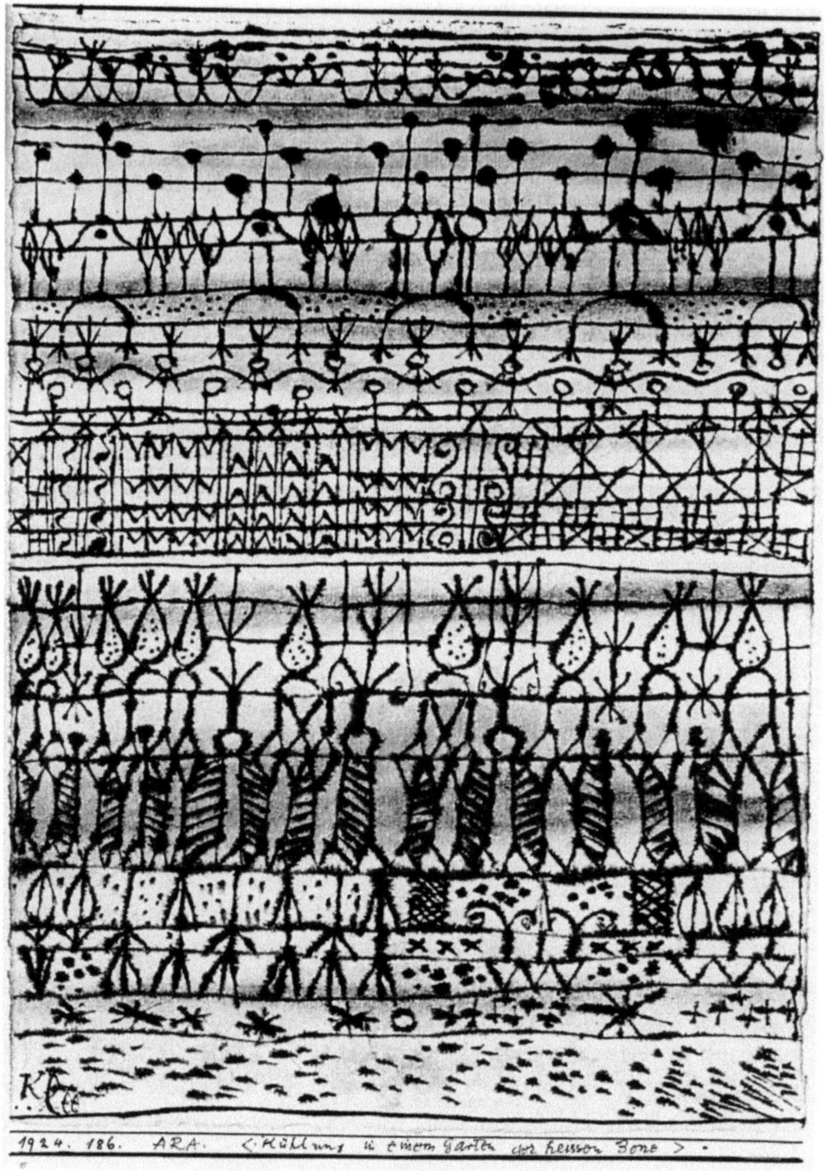

9. *ARA (Kühlung in einem Garten der heissen Zone) / ARA (Rafraîchissement dans un jardin de la zone torride)*, 1924, Kunstmuseum Basel, Kupferstichkabinett, Legat Richard Doetsche-Benziger.

Il est saisissant de découvrir sur la première ligne les mêmes arbres que dans le tableau de 1920. L'analogie, la comparaison que nous établissons n'est donc pas gratuite. Les autres lignes se peuplent de signes qui rappellent de manière lointaine des formes de plantes. Simples semis ou arbustes : derrière l'arbitraire de ces yeux, notre imagination enferme ce qu'elle veut. Cette géométrie de signes, cette écriture horizontale vient probablement d'une mémoire de l'Islam : des tapis par exemple pour se souvenir de la Tunisie ; pour *écrire* ce souvenir, Klee adopte un stratagème issu de cette culture. Forme et fond, anecdote et structure sont ici une fois de plus indissociablement entrelacés. Le *Kunstwollen* de Klee est de trouver le moyen d'écrire le monde en mettant le langage en totale adéquation avec l'objet signifié, avec la structure, la fibre, l'essence de cet objet. La représentation des arbres dans le tableau de 1920 était à mi-chemin entre la description naturaliste et le signe. On sentait, latente, mais obsédante, la volonté de dépasser la représentation, d'indiquer l'arbre, puis la singularité de chaque arbre à travers un mode de représentation spécifique ; on discerne là une volonté d'écriture ; cette volonté apparaît au grand jour en 1924 et les signes qui habitent les lignes horizontales font plus que prévenir de la présence spécifique des plantes qu'ils désignent sans les représenter, qu'ils indiquent sans les décrire.
Dans ces deux tableaux, nous assistons à une évolution qui nous conduit de la représentation au pictogramme, de la même manière qu'au niveau sémantique nous passons du symbole à l'archétype. En 1924, Klee est sur le point d'accéder au dernier stade du symbolisme : l'archétype, tout comme il est à « l'orbe » d'accéder, sur le plan strictement graphique, au signe dont l'arbitraire est paradigmatiquement l'empreinte du créateur. Son évolution, au niveau sémantique comme au niveau graphique, le conduit vers l'*origine*. En 1924, Klee est irrémédiablement engagé sur cette voie qui le conduit vers le totémique, l'originaire, l'essence des formes et des significations. Ce chemin débute avec la volonté de construire un langage en soi, qui est celui de la genèse. Et l'instauration de ce langage passe par la volonté d'établir une écriture. Une écriture, c'est-à-dire un graphisme susceptible d'être décrypté, décodé. Klee nous dit clairement que les signes isolés n'ont de sens qu'insérés dans un contexte. Nous accédons alors à la troisième étape de cette constitution d'une écriture.

Le tableau de 1920 disait l'accès au signe, à sa singularité. *Ara* de 1924 posait sur différentes lignes différents signes et les reproduisait, nous l'avons dit, comme un enfant fait une ligne de A ou de B. L'étape suivante est écriture en soi, c'est-à-dire que Klee garde la structure des lignes horizontales, de même qu'il conserve certains signes posés dans *Ara*, mais il les compose, les construit en rythmes graphiques; les lignes qui dans *Ara* répétaient le même motif sont ici rythmées par différents signes composés comme dans un code ou une langue inconnue.

Nous sommes donc en présence de trois étapes qui correspondent aux trois temps de l'apprentissage, de l'exécution ou de la lecture. Découverte de la lettre (ou du signe), expérimentation des différentes lettres selon une structure spatiale définie, enfin, agencement des signes entre eux afin de livrer un message dont le contenu, s'il prodigue le sens, le produit grâce à un rythme (à ce moment de la démarche de Klee, les composantes graphiques, sémantiques et musicales, rythmiques, se compénétrent). Klee affirme alors clairement le sens de sa démarche : les trois œuvres que nous avons mentionnées se lisent alors comme un triptyque et indiquent ce sens.

Klee, en 1924 toujours, peint un étrange tableau : tentative d'écriture qui fait volontairement penser à l'inscription d'une langue ancienne et perdue, proche de l'écriture égyptienne mais cependant différente, et où le rythme au sens strictement musical semble être la seule syntaxe. Cette œuvre une

fois exécutée, achevée, « écoutée », il la soumet à un étrange rituel. Le peintre partage alors la feuille en trois parties selon les lignes horizontales et les intitule : *Pirla – Pal* et *Entre Pirla et Pal.* Il indique, par le titre, un sens de composition. On ne peut alors s'empêcher de penser à trois fragments perdus d'un même texte, texte dont l'écriture ne deviendrait compréhensible que saisie dans la totalité de l'inscription initiale. Dans une écriture hiéroglyphique ou cunéiforme un fragment peut renseigner sur la totalité, même si c'est seulement grâce à l'ensemble, c'est-à-dire au maximum de signes et de combinaisons possibles que la syntaxe et le sens d'une telle écriture se manifestent. Ici, le décryptage n'est supposé possible qu'en présence de l'œuvre dans sa totalité, du texte reconstitué; les signes isolés et les séries structurelles n'ont donc un sens précis que situés dans un contexte. Mais bien plus profondément Klee met l'accent sur l'idée que le tableau est un *tout.* C'est le *parergon* du tableau : clôture spatiale et sémantique qui confère à l'écriture sa dimension globale et signifiante. Décrypter un code, c'est saisir sa syntaxe, et, nous l'avons dit, la syntaxe de toute œuvre pour Klee est *espace.* La syntaxe des écritures de Klee est inscrite dans l'espace clos du tableau, dans ce va-et-vient *rythmique* qui circule de gauche à droite, revient à la ligne et recommence. Mais Klee nous fait alors comprendre que la

lecture peut devenir verticale. Là encore, l'œil circule dans le tableau; cet œil devenu girovague suit un rythme, en découvre de nouveaux.
De la même manière que l'œil découvrait entre les objets des natures mortes des parentés toujours nouvelles, les assemblait selon différentes propriétés, ici, l'œil lit cette écriture non pas seulement par pictogramme isolé et horizontalement, mais peut lire par groupe de pictogrammes, par ensemble groupé en carré ou en rectangle, par série de 18 ou 15 motifs.
Pirla, Pal et *Entre Pirla et Pal* forment donc une seule et même œuvre, un seul et même texte, une seule musique. Le sens n'existe que dans l'œuvre reconstituée, car son rythme n'existe qu'à l'intérieur de son périmètre d'engendrement, son lieu de genèse.
Ce partage est encore l'aveu de l'imagination symbolique de Klee; pour les Grecs, le symbole se résumait en ce signe de reconnaissance, *sumbolon*, formé par les fragments d'un objet brisé, rapprochés au cours d'une nouvelle rencontre par ceux qui les avaient conservés. Mais si dans le symbole, l'emboîtement fait disparaître les fragments en un tout qui les contient, si les deux morceaux d'une pierre ou d'une stèle portent une inscription ou un signe, il reste à en décrypter le sens. Au cœur du symbole le signe règne. L'écriture se présente bien alors comme la dimension ultime du symbolisme, son stade le plus achevé et en même temps le plus complexe.
Klee écrivait à propos de moyens conceptuels : « Ils ne sont pas exempts de matière, car ils doivent permettre d'écrire; si j'écris le mot vin avec de l'encre, ce n'est pas l'encre qui joue le rôle essentiel, mais elle permet de fixer la notion de vin d'une façon durable. Autrement dit, l'encre aide le mot vin à obtenir une permanence. *Écriture et image, c'est-à-dire l'acte d'écrire et l'acte de représenter, sont à la base une seule et même chose*[1]. Cette identité de l'écriture et de l'image, cette volonté de lecture ouverte mêlant signes arbitraires et motifs réels apparaît exemplairement dans *Villas Florentines.* Le tableau traduit l'ambivalence de la tentative de Klee; en haut le tableau commence comme une page d'écriture; le va-et-vient des motifs de gauche à droite trouve sa géographie dans la partie supérieure du tableau : les connotations ouraniennes sont évidentes : nuages, étoiles; le ciel, élément transcendant et absent, s'écrit grâce à l'arbitraire des signes. Le domaine du transcendant trouve son expression dans l'abstrait. Une frise vierge peuplée seulement des ombres d'arbres sépare les deux mondes, l'ouranien et le chtonien. À

1. P. Klee, *La Pensée Créatrice*, p. 17 (c'est nous qui soulignons).

partir de cette barre, les frises se succèdent, deviennent en allant vers le bas de plus en plus figuratives. La première frise est à moitié absente, les lignes de signes encadrent une façade de villa où les fenêtres deviennent également signes, mais cette fois allusivement reconnaissables. Les lignes qui se succèdent en descendant composent les façades de maisons ou de palais, chaque ligne semble correspondre à un ordre architectural.

Ici notre lecture ne se fait plus par ligne mais par ensemble signifiant : carré coloré ou façade d'immeuble. La couleur ajoute un aspect tactile à la composition. En regardant de plus près le tableau, on identifie les structures abstraites séparant les façades d'immeubles comme étant des jardins. Dans la composition des rythmes interviennent : rythmes colorés, de texture, rythmes graphiques. L'écriture devient tableau, le tableau est écriture.

aventures de lignes

Ces tentatives pour instaurer une langue originaire sont comme les calques successifs d'une même quête. La plus rigoureuse de ces tentatives (après les écritures), nous l'avons intitulée « Aventures de lignes », reprenant en le déformant, comme le fit Henri Michaux, le titre d'un dessin à la plume de 1928 : *Aventure marine.* D'emblée, ce qui frappe dans cette strate du travail de Klee, c'est l'adéquation toujours plus nette d'un thème ou d'un motif (la mer) à un stratagème technique : la ligne dépossédée de son caractère spontané, la ligne habitée par la géométrie, excluant l'élément sensuel qu'est la couleur. Les titres mêmes des tableaux renvoient presque systématiquement à l'élément marin : épisodes de la mer orchestrés par la géométrie des lignes. Pointes limites du projet de Klee, ces œuvres donnent au chaos un ordre, fixent le mouvement en statique qui soit en même temps le centre de gravité d'une vision ou d'une pensée, et le point d'arrêt d'une entropie.

Dans ces aventures de lignes se profile sans conteste l'ambition de Klee : atteindre « un froid romantisme sans pathos ». Ce n'est pas un hasard si Klee choisit l'élément marin, le plus fugace, le moins saisissable comme support à son projet. La géométrie, la ligne fictivement non naturelle auront pour mission d'ordonner ce qui du visible est le plus difficile à maîtriser : creux des vagues, tangage des navires, et autres aventures marines. Ce monde qui est exemplairement celui du mouvement, de la courbe, de l'ondulation, Klee va en tracer non les modifications mais la fixité; non le caractère insaisissable, mais ce qui à l'intérieur de l'insaisissable « ancre » en nous le visible. Ici, cet ordre du visible est structure linéaire géométrique et la couleur n'intervient que rarement. Ces architectures de lignes, ces squelettes d'épisodes maritimes ont le rôle de motifs qui, émergeant du fond, constituent par la manifestation de leur présence des repères visuels, accents métaphoriques du visible. Le trajet d'un motif à l'autre ou la structure même d'un motif central définissaient une architecture du visible. Architecture qui était, au creux de la mémoire, le moyen tangible de réactualiser la *Stimmung*, d'en savoir à nouveau la matrice à travers des repères concrets, indices de réalité. Klee vivait l'accord et la création de l'œuvre comme un trajet où, pour retrouver son chemin, le peintre devait choisir des repères. Dans les aventures marines que dessine Klee en ces années, le mot repère prend un sens encore plus évident. Klee n'aborde bien sûr pas le thème de la mer et des aventures qui s'y déroulent sous l'angle de l'anecdote, de la narration ou du pittoresque. Loin du romantisme des tempêtes d'Horace Vernet, le thème, comme un pointage, est d'autant plus gravement précis que la couleur se retire. Ces dessins se jouent sur le silence blanc d'un espace comme les allégories de 1905, mais le poids de ce silence n'est pas le même. Klee choisit étrangement le thème du flou, de la confusion, du fugace, peut-être de l'intempérie pour le subvertir. Il ne disparaît pas dans l'œuvre comme le peintre chinois[1] mais semble s'enfermer dans sa cabine pour prendre les mesures d'un changement de cap. Le 15 septembre 1928, il écrit à Will Grohmann : « Qu'il est pénible après chaque voyage de vacances de recommencer ici à Dessau. On ne sait plus pourquoi on enseigne et même la peinture ne marche plus très fort. La tâche d'enseigner devient de plus en plus contraignante mais on s'en acquitte. Une obligation suffit toutefois, et on ne peint pas. C'est une sorte de liberté que de ne pas peindre ». Klee use alors quasiment des instruments de navigation pour dessiner : équerre, tés ou règles qui situent plus sûrement la position du navire ou la situation de l'œuvre que la coque, les voiles ou les remous. Ces dessins cherchent le point d'équilibre d'une fable marine comme le marin un instant cherche sa position. En ces années où la tendance fonctionnaliste se cristallise au Bauhaus, Klee rêve avec ironie et froideur de voyages et en même temps engrange toute trouvaille technique; ces dessins laissent avant tout le sentiment d'une ambiguïté.

1. W. Benjamin, « La Commerelle », dans *Enfance Berlinoise*, Paris, Nadeau, 1978, p. 72, et M. Yourcenar, « Comment Wang Fo fut sauvé », dans *Nouvelles orientales*, Paris, Gallimard, 1977, p. 17.

Moholy-Nagy écrit : « Hier encore, on leur opposait l'argument que seul importait en art l'œuvre de la main, de l'artiste, de l'écriture *personnelle.* Aujourd'hui, on est en pleine bataille. Demain, ils triompheront. Après demain, leur emploi deviendra si évident qu'on ne se donnera plus la peine d'en parler. Le coup de pinceau, la manière personnelle de l'artiste disparaîtront sans doute, mais en revanche, la pureté de ces nouvelles conceptions s'élèvera, s'élèvera à un état presque immatériel, à une luminosité des interdépendances, une précision suprême, une loyauté triomphante qui feront oublier toutes les équivoques de prétendue originalité ».

Certaines œuvres semblent alors se rétracter; la logique du huis-clos s'accentue encore. Elle se durcit et le tracé sec enferme l'œuvre en elle-même. Klee, toujours hanté par cette volonté de mettre en adéquation les instruments de figuration à la chose figurée, semble alléguer que la précision du dessin et l'absence de couleur s'apparentent au repérage qu'accomplit le navigateur. Ces tracés qui représentent des épisodes marins semblent réduits aux signes les indiquant. Rien dans la figuration n'est superflu. Klee désigne en quelques traits le bateau, la vague, le poisson, comme si l'équerre, le té ou le compas étaient devenus autonomes. Tout tracé de hasard disparaît, mais également tout tracé subjectif : peu de hachures, pas de semis, de points. Tout se passe comme si Klee mettait en scène les *situations* d'épisodes maritimes. Anecdotes sans narration dont seule la localisation des éléments les uns par rapport aux autres importe. Toute précision sur le climat psychologique dans lequel se déroule la scène semble exclue. La décalque à l'huile, comme la technique de « l'humide dans l'humide » qui estompe les contours sont abandonnées. Klee congédie l'aléatoire : le dessin se réduit à une ligne précise, nette et mesurable.

Il convient de mettre en parallèle une telle démarche avec un texte intitulé « Nous ne recherchons pas la forme mais la fonction » qui constitue l'essentiel d'un essai publié précisément en 1928, *Recherches exactes dans le domaine de l'art.* Klee affirme :

> La relation entre l'œuvre et sa propre loi est équivalente à celle entre la création et son créateur. L'œuvre évolue selon un modèle qui lui est propre, d'après des lois générales et universelles, mais elle n'est pas elle-même une règle; elle n'a pas *a priori* une existence universelle. L'œuvre n'est pas la loi, *elle se situe au-dessus de la loi.* En tant que projection, phénomène, elle commence et se termine. Elle a cependant le même caractère enfin que la règle générale parce qu'il est malgré tout impossible d'en fixer les limites avec précision.

Klee continue :

> Le formalisme est une forme dépourvue de fonction. *Aujourd'hui nous voyons autour de nous toutes sortes de formes exactes ; qu'il le veuille ou non, l'œil dévore carrés, cercles et toutes sortes de formes nées du monde industriel* : fils entre poteaux, tringles sur des barres, cercles sur des leviers, cylindres, sphères, coupoles, cubes plus ou moins distincts aux combinaisons les plus variées… L'initié pressent le point originel de la vie ; il possède un petit nombre d'atomes vivants, cinq pigments vivants sous forme de concepts qui rendent possible l'acte de la création ; il connaît un petit point gris qui permet de faire le saut du chaos à l'ordre[1].

Il convient de retenir de cela deux choses : dans un premier temps, Klee affirme polémiquement que les méthodes de création, ligne et géométrie, ne sont qu'un moyen et en aucun cas une fin. L'œuvre n'est pas réductible à la loi qui la régit. En ce sens, la géométrie de ces tableaux doit être considérée comme condition de l'œuvre, et non essence de la création, de la même manière que les instruments de cartographie marine ne sont que les moyens de repérage facilitant la navigation, et non l'essence de l'acte de naviguer. La seconde assertion contenue dans cet essai met l'accent sur l'importance

prise par les formes géométriques dans notre société. Observant que les formes géométriques sont liées à une fonction tangible, Klee esquisse un parallèle avec le monde de l'art, *le point gris* : point mathématique, origine de toute ligne et aboutissement de la rencontre de deux lignes, ce qui seul permet de faire de l'ordre dans le chaos. Ainsi, grâce à la géométrie, Klee se propose de dominer l'hypothétique tempête des aventures marines. Les formes des navires disent dans leur géométrie essentielle leur fonction, maîtriser les éléments, et lorsque Klee appelle l'accentuation de la ligne médiane « accentuation linéaire du nerf », il pose bien l'évidence que sa quête est celle de la fonction, que son projet est de transcrire la structure, mais de la manière la plus organique qui soit. Il est une œuvre de Klee un peu antérieure qui anticipe bien ce projet : *Perpendiculaire*, de 1925. Le tableau se divise en deux zones. Dans la zone supérieure, une série de lignes désorganisées, groupées par deux selon un angle de 90° ; dans la zone inférieure, comme flottant sur un axe horizontal, ces structures binaires qui irrésistiblement font penser à des navires, la coque étant stylisée par la barre horizontale, le mât par la barre verticale. L'art de Klee est le passage du niveau désorganisé, ici le niveau supérieur, celui de l'inconsistant, de l'élément

1. P. Klee, *La Pensée Créatrice*, p. 59-60 (c'est nous qui soulignons).

fuyant, l'air, au niveau inférieur, celui d'une résistance de la matière. L'étrange flottille semble alors s'être organisée, et la géométrie, *la loi* n'en est donc pas la seule cause. L'œuvre effectivement n'existe que par *le vouloir*, le pouvoir organisateur de l'artiste.

Les perpendiculaires incarnent donc mieux que n'importe quelle œuvre l'opposition entre le chaos et l'ordre. La transition du monde, où les perpendiculaires flottent en état d'apesanteur à un monde où la *gravitation* rétablit le sens est celle-là même qu'opère l'art de Klee. Art qui est en dernière analyse celui de la recherche d'un centre de gravité.

Trois ans plus tard, Klee reprend ainsi cette idée, du moins un stratagème plastique qui l'habitait : *Perpendiculaire à la vague*, qui, dans sa structure comme dans son attachement à la texture de l'œuvre, se présente comme un des projets les plus aboutis de Klee. Quatre voiliers, ou quatre perpendiculaires semblent soumis au rythme des vagues. Ces vagues sont tracées comme au compas, les navires avec un té, et cependant sur cet ensemble se superpose une lumière, une couleur. Le contraste est alors saisissant entre la structure linéaire de l'épisode figuratif et l'atmosphère qui le baigne. Les taches rouges, bleues, de cette étrange météorologie délocalisent, à la manière de Turner, et définitivement, l'œuvre ; en l'indistinction et l'évanescence de ces masses, l'*Umgebung* avoue l'imminence d'une fin ou l'imminence d'un commencement. L'opposition entre lignes et couleur, entre la stabilité de l'anecdote rendue par un jeu linéaire et l'insaisissable atmosphère que traduit la lumière des couleurs résume l'art de Klee : mettre en ordre au creux même du lyrisme ; trouver au milieu d'une intempérie (qu'elle soit lumineuse ou réelle) le point de tangence qui fait qu'un instant le roulis du temps s'immobilise.

monument à la limite du pays fertile

Klee passe des *Aventures marines* à un monde chtonien, statique et immobile ; le langage de Klee se stratifie, se minéralise. De 1927 à 929, le mode d'analyse fondé sur la rigueur géométrique ne change pas, mais l'objet analysé sécrète des stratagèmes neufs. La pensée plastique de Klee se sédimente. Il fait un voyage en Égypte du 17 décembre au 17 janvier 1929. Changement d'horizon. Les *Aventures marines* avaient perdu le réel, la texture du réel de vue. Klee retrouve la réalité nue du monde. Aux épisodes fictifs de 1927 succède l'expérience concrète d'un réel lourd, architectural, parfois accablant. À l'écriture abstraite de la ligne succède la couleur conçue ici non comme mouvement ou nuance, mais comme valeur architecturale, élément quasi géologique. Tout se passe comme si le mode d'approche de Klee se trouvait inversé. Sa volonté abstractrice, réflexive et quasi mathématique trouvait dans l'épisode marin et les recherches linéaires un double support, anecdotique et figuratif. Ici, c'est l'aspect minéral, lumineux et coloré du monde qui semble sécréter de lui-même un nouveau langage. Les titres des tableaux indiquent cette préoccupation, *Architecture en Orient*, *Montagne au désert*, *Soir en Égypte* ou *La lumière effleure la plaine*, et traduisent cette volonté de construction, d'architecture où la lumière veut tenir le premier rôle. Nous avions lu les allégories de 1905 comme ruines, comme l'achèvement d'un cycle ; en leur abstraction radicale, ces œuvres sont : « construire ». Dans ces premiers tableaux, Klee définit d'emblée les modalités de son langage :

un schéma de stries colorées obéissant à une progression quasi mathématique, mais cette structure est parasitée par une verticale, une oblique, un angle ou une courbe qui décalent le linéament horizontal d'une demi-largeur vers le haut ou le bas.

Ce rétrécissement des formes, cet intérêt toujours plus grand pour les structures se poursuit en des tableaux qui nous livrent une structure vierge, intacte, exempte de toute anecdote. Ces œuvres disent moins l'approche du visible que la découverte de sa structure profonde, structure qui, en Égypte, semble être toute minérale, presque géologique. Klee, dans ses aventures de lignes, s'était fait navigateur, les instruments de son art étaient devenus ceux d'un marin. Dans ce monde chtonien par excellence, Klee devient géologue et son mode d'approche est bien celui qui envisage le réel non dans son apparence, mais dans sa structure profonde ; en Égypte, elle est bien évidemment minérale. À n'en pas douter, le géologue-peintre se double chez Klee d'un archéologue. Klee esquisse dans ses tableaux d'Égypte une archéologie du visible et la conclusion qu'il tire est celle, étrange, qui nous dit la pérennité du visible, de la lumière et du temps. Étrange archéologie qui s'emploie à effacer l'histoire et ses traces. Aucun dépôt, aucun indice.

L'archéologie du visible n'indique que l'éternel recommencement de cet écrasement de l'homme dans un monde minéral et lumineux. Chaque strate est une couleur, une lumière chaque fois différente, chaque fois recommencée. Des œuvres comme *Monument à la limite du pays fertile* nous livrent une structure pure, ou plutôt épurée. Tout accident, toute anecdote en sont bannis. Le géologue est tout autant un anachorète.

À droite, le terrain s'organise en couches horizontales. Ces stries incarnent la norme. La structure initiale sur laquelle vont jouer verticales et obliques, failles d'accidents dont on ne sait si leur origine est géologique, lumineuse ou psychologique. En allant vers la gauche, ces couches intactes vont rencontrer des verticales et des obliques qui vont les démultiplier. Chaque rencontre provoque une bissection de telle sorte que la norme se décompose en quatre épisodes, quatre quarts, puis huit huitièmes, seize seizièmes enfin, la couleur rythmant ces subdivisions.

Celle-ci traduit l'essence d'un endroit, sa sécheresse, sa lumière pondéreuse. Klee nous offre une coupe du réel, autant que de l'accord qui nous unit en un instant à ce monde minéral. Il nous enseigne comment en nous le visible s'imprègne. Klee disait lui-même de ces œuvres : « Le fait intéressant malgré tant d'abstraction, la chose demeure concrète parfois, on pourrait presque penser qu'il s'agit d'une peinture d'après nature, pour ainsi dire d'après modèle »[1]. Le sentiment d'être en présence d'un paysage réel nous saisit mais en même temps l'anatomie profonde se structure, se dévoile, nous retient. Mais nous sommes aussi à une frontière, le titre ne l'indique-t-il pas ? Celle peut-être d'une telle abstraction qui, si elle rend si parfaitement l'accord, ne le rend que parce qu'elle est à la limite de le perdre. Le risque survient que l'eutopie en perdant son site s'utopise.

Mais la structure géométrique n'est ni un carcan, ni un schème gratuit superposable au réel, mais bien la structure issue de la réalité égyptienne. Cette abstraction extrême qui permet à Klee de capter la lumière nous conduit bien évidemment à nous référer encore à Worringer. Qu'il s'agisse de signes-hiéroglyphes ou de la structure même de l'espace, jamais l'analogie ne se perd. Klee pense et peint l'Égypte en termes abstraits. On ne peut rêver en 1928 écho plus saisissant aux affirmations formulées vingt ans auparavant par l'élève de Riegl.

Klee vit et recrée l'Égypte comme Worringer lit et comprend l'art égyptien. E. Panofsky, dans un texte intitulé « L'évolution d'un schème structural », montrait comment les procédés des Égyptiens anciens reflétaient clairement leur *Kunstwollen* : « Le réseau quadrillé des Égyptiens n'a pas une fonction de transfert, mais de *construction* »[2]. Le système de quadrillage auquel l'artiste égyptien avait recours pour toute représentation fait obligatoirement penser aux œuvres peintes par Klee en 1929. Le procédé (réseau quadrillé) se retrouve et semble avoir une fin identique : construire, reconstruire. Le *Kunstwollen* de Klee n'est pas éloigné de celui des Égyptiens anciens ; l'analogie ne joue pas seulement entre des structures figuratives homothétiques, mais dans une appréhension du réel inscrite essentiellement dans la nature de ce réel. Ces tableaux de 1929 nous disent l'Égypte en ce qu'elle a d'anhistorique : son caractère minéral, désertique. Peindre ainsi l'Égypte, c'est probablement fuir l'histoire, se situer au centre d'un désert intérieur où la fusion ne rencontrerait aucun obstacle.

Feu le soir de 1929 et *Mesure indivisualisée des couches* de 1930 présentent une structure figurative quasi identique. Le premier, grâce à son système coloré, renvoie explicitement à une *Erlebnis*, un instant vécu, réel, celui

1. P. Klee, cité par Ch. Geelhaar, *Klee et le Bauhaus*, p. 120.
2. E. Panofsky, *L'œuvre d'art et ses significations*, p. 62.

d'une fusion. Le carré rouge presque central et qui semble central parce que rouge, habite le tableau en jouant le rôle d'ancrage visuel. Sa forme et sa couleur, contrastent avec le reste de la composition, attirent le regard comme un feu, concentrant l'attention, la vision, la pensée. Ce rouge semble contenir, comme le dit Goehe, toutes les autres couleurs et rivaliser ainsi avec le gris qui s'obtient en faisant tourner le cercle chromatique en son entier. Feu ou cendre, le rouge est le *pyros*, l'incandescent, l'excès de visible. Ce carré central est le lieu qui dans le tableau/mémoire de Klee concrétise, figure la fusion, livre à la fois sa dimension d'*Augenblick*, de lumière et de brûlure. Il est exemplairement le moteur de l'œuvre, son motif ; *Mesure individualisée des couches* s'abstractifie encore plus ; dans le tableau de 1929, la couleur, de manière musicale, tonale, inclinait notre pensée vers un référent tangible. Ici c'est la dimension haptique de l'œuvre qui lui donne son titre, chaque strate s'individualise de façon matérique et singulière.

Dans *Le courant, six rapides, Rapide agité ou Remous aux écluses*, Klee utilise le stratagème plastique que nous venons d'examiner pour peindre le mouvement. Nous avions oublié que l'Égypte était certes le pays du désert mais aussi celui du Nil ; Klee nous le rappelle. Le passage du statique au dynamique, puis l'accélération de la vitesse (*Dans le courant, six rapides*) produisent une subdivision des couches de l'unité au seizième, exactement comme dans *Monument à la limite d'un pays fertile.* L'accélération de la mesure (c'est-à-dire la démultiplication des couches) se traduit par une diminution chromatique des valeurs. Une métallurgie des couleurs rend à la fois l'énergie du courant, sa vitesse immobile, comme si le rapide lui-même devenait minéral. « On a vu que la ligne égyptienne ne connaît en général que la rigueur. La *sophrosunè* s'y convertit en géométrie, dans la mesure où dans la pierre on a pensé non à la chair, mais uniquement à la pierre, conformément à l'esprit du matériau qui est l'esprit du désert »[1].

1. E. Bloch, *L'esprit de l'utopie*, p. 36 : « L'Égypte, c'est la saisie de la pierre, c'est l'esprit de la tombe, l'esprit de la forme totale, de la constructivité totale de la base du matériau : c'est le signe formel parfaitement descriptif d'une autre clarté parfaite, celle de l'oppression de la mort. C'est la coïncidence de l'art avec l'espace des morts et le mythe astral. Le gothique au contraire, c'est la saisie de la vie, c'est l'esprit de la résurrection, l'esprit de la forme utile, de la construction fragmentaire rabaissée au rang de simple détermination inférieure de l'objet. C'est le signe-sceau (*Siegelzeichen*) imparfait, description et expression à la fois du mystère imparfait de nous et du fondement, d'une ornementation et d'une symbolique en soi qui fermente en elle-même imparfaite, fonctionnelle ; c'est l'indication par l'art de l'espace de la vie, de l'orageux problème de Nous comme de toute approche du mythe du logos ».

En 1930 si Klee produit deux types d'œuvres en apparence opposées, il leur confère cependant un titre commun : *Polyphonie.* Le jeu musical de l'entrecroisement des lignes *y* est apparemment dissemblable et cerne cependant une même harmonie. Les polyphonies en couleur semblent liées à l'architecture et à ses rigueurs, et rappellent sans conteste *Mesure individualisée des couches* sans pour autant répondre au même projet.
Les polyphonies de lignes sont tout au contraire liées à l'humain, à ses aléas, à ses hasards. L'écriture qui exclut la couleur fait songer aux aventures de lignes, à ceci près qu'ici, la courbe domine. Dans *Polyphonies dynamiques,* la ligne devenue folle est l'élément lyrique.
Dans les *Polyphonies dynamiques* (**10**), il s'agit de saisir en l'entrelacs des lignes qui vagabondent une présence fuyante. Klee, dans sa *Conférence à Iéna,* écrit : « Il faut avouer du reste qu'on est ravi le cas échéant de voir comme de soi-même émerger du tableau un visage familier ». Les *Polyphonies de couleur* enferment l'essence de la lumière, son principe originel; les *Polyphonies dynamiques* gravent l'éphémère mouvement des êtres et des choses. Dans ces œuvres, Klee emploie les lignes continues et il exécute son dessin d'un seul trait sans jamais lever son crayon. Les courbes s'entrelacent et le linéament suggère des formes abstraites ou des figures reconnaissables qui toutes traduisent un déplacement ou une fuite. *Polyphonies mouvementées ou Vibration polyphonique* qui sont abstraites, ou *Petit fou en transe* disent la volonté du peintre de retenir l'instant : comme le vol d'un oiseau. Klee trace de la même manière *Sous la garde des anges ou Ailé.*
De telles œuvres sont l'aveu du projet de Klee : enfermer l'envol, saisir le sens de la médiation, le déplacement du médiateur (l'ange), circonscrire ce mouvement en lignes qui dans leur parcours ininterrompu cerneraient l'infini du mouvement. Ces lignes qui enferment une figure pour revenir sur elles-mêmes sont boucles, nœuds, déplacement de la pensée; elles suivent l'envol d'un ange qui est, n'en doutons pas, le symbole de l'accord, centre de gravité de l'âme, mais surtout médiation entre le visible et l'invisible. L'ange est la présence matérialisée de toute épiphanie, et l'ange fabriqué de cet entrelacs est sur le mode linéaire l'homologue du carré blanc des polyphonies colorées.
Les polyphonies en couleur de 1930 (*Blanc serti en polyphonie*) semblent procéder des œuvres abstraites de 1929; la coïncidence formelle pourtant ne dit pas forcément l'identité du projet.

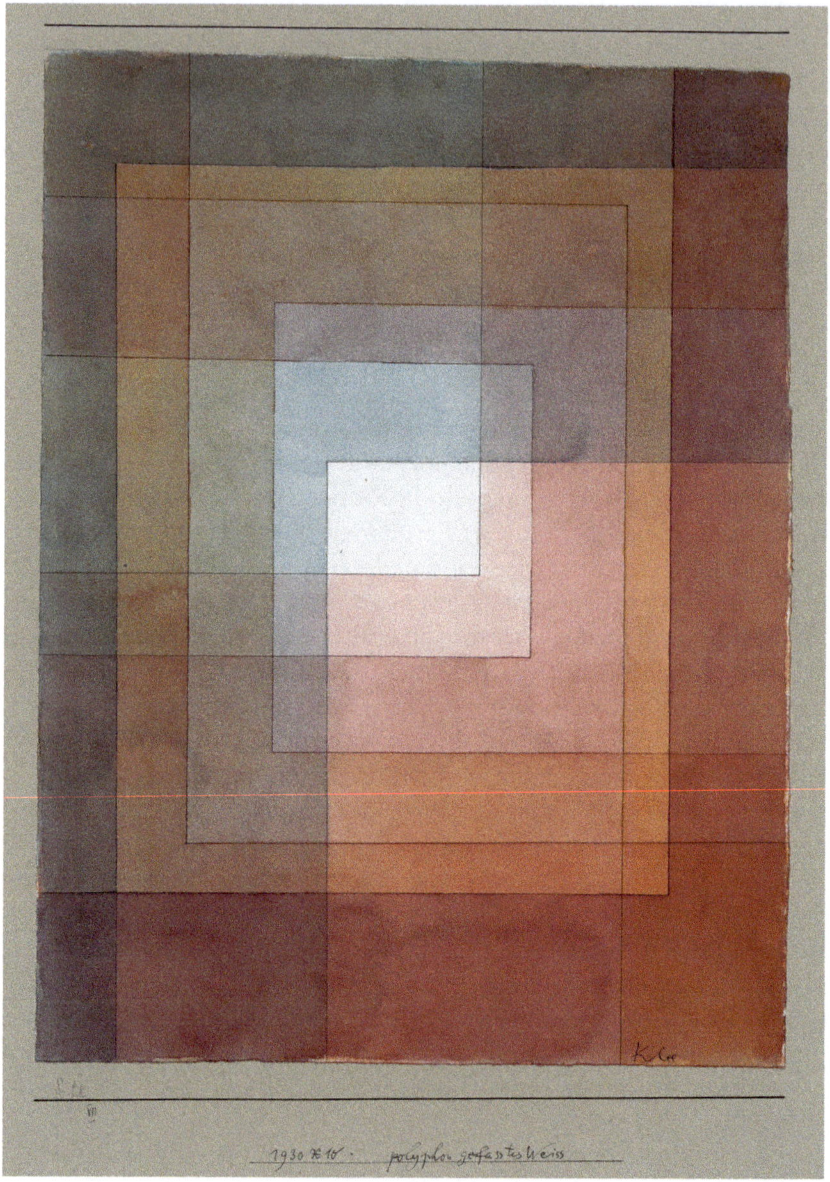

10. *Polyphon gefasstes Weiss / Blanc serti en polyphonie*, 1930, Zentrum Paul Klee, Bern.

Il conviendrait de penser *Polyphonies en couleur* comme corollaire de *Mesure individualisée des couches.* Klee abandonne la texture du monde égyptien pour ne s'intéresser qu'à la mise en évidence de la lumière dans le tableau. *Feu le soir* mêlait ces deux postulations : structure du paysage égyptien et intensité d'une lumière. *Blanc serti en polyphonie* abandonne tout référent concret et vécu pour ne s'intéresser qu'à la lumière. Dans ce tableau, tout référent est banni. Le héros en est ce carré blanc lumineux central. Toute la structure converge vers lui et semble n'être organisée que pour rendre son épiphanie plus évidente. L'architecture du tableau est au service de la lumière. Effectivement, la plupart des titres de ces œuvres renvoient à l'idée de construction : *Maison, intérieur et extérieur* (1930), *Maison au bord de l'eau* (1930), *Construction* (1930). On ne peut s'empêcher de penser au plan ouvert que Mies Van der Rohe et Gropius mettaient au point dans ces mêmes années.

Klee joue sur la transparence et l'opacité. Toutes les lignes, toute la construction de la surface conspirent à enfermer une lumière centrale : rectangle lumineux déterminé par la superposition ou l'emboîtement des différentes figures géométriques qui composent le tableau. Cette lumière blanche et aveuglante issue de la superposition des couleurs est « l'éblouissement » d'un accord que seule la peinture prodigue.

Comme le prisme des couleurs en son accélération aboutit au blanc, ainsi le mouvement immobile des couleurs conduit au blanc central. Toute lumière et toute couleur renvoient à ce blanc originaire; il est à la fois la métaphore de l'aboutissement de la vision et du recommencement de celle-ci. Centre de gravité du visible, il est moins un possible, structure géométrique vierge à l'intérieur du tableau, que l'impossible enfin cerné. Peindre l'éblouissement, l'épiphanie à l'instant où elle est le motif d'elle-même est plus encore que peindre le vide. Cette lumière qui se révèle et se manifeste est motif, motion sans objet, et en cette rupture du binôme noético-noématique s'accomplit un aveuglement où l'invisible règne en silence.

troisième partie

soleil noir

À partir de 1933, la flèche, qui si souvent indiquait le mouvement, est pointée vers le bas ; elle inscrit l'œuvre sous le sceau de la chute. Cette perte historiale d'équilibre se confond alors avec une quête de l'originaire où les signes, squelettes des formes figeant « une panique de mort », plus que jamais appellent l'Être. L'œuvre est alors anamnèse de cette peur originelle enfouie très profondément, et dans l'irrémissible fissure entre la fugacité de l'image et la pérennité du sens des archétypes qui affirment cette peur, s'engouffre la culture entière saisie en ses origines.

Rudolf Otto a défini la genèse du numineux dans le *mysterium tremendum* (le mystère qui fait frissonner), et l'élément essentiel du *tremendum* comme *l'effroi* mystique, ce *tremor* qui en soi veut dire peur et qui est en réalité bien autre chose que la peur. En hébreu l'expression *Emât Jahveh*, la frayeur de Dieu, que Jahveh peut répandre et même envoyer comme il le ferait d'un démon, frayeur qui pénètre les membres de l'homme et le paralyse ; en grec, ou pour les premiers chrétiens, le mot *sebastos*, définit ce sentiment et en même temps démontrent son universalité. C'est cette peur qui forme le soubassement du sentiment numineux, et la dernière phase de Klee procède de la découverte de cette peur. Ou plutôt d'une double peur : peur de l'hydre, peur du fascisme ; peur de la maladie, peur de la mort.

Cette conscience soudaine est, en quelque manière, le catalyseur qui fait que des propositions déjà formulées atteignent leur phase ultime. La volonté de langage devient cri. Les lignes s'arc-boutent contre la mort.

Comme le Lenz de Büchner dit, en un instant de voyance, à Oberlin : « Hiéroglyphes, hiéroglyphes », visant alors cet impensé de la pensée, jusqu'au lieu où fuse à travers lui, en l'invisible, la fulgurante mais tremblante venue à soi de l'être, Klee après 1933 et jusqu'aux dernières œuvres désigne comme en une faille cette venue. Cet Être est hiéroglyphe, non plus au sens connotatif du voyage en Égypte, mais signe de l'Être. En cette fissure, Klee convoque un monde qui n'est plus un assemblage d'étants mais le faire monde de ce qui est monde; cette faille en l'œuvre est le lieu où se joue entre les étants et l'être une scène où l'être alors comparaît. Ainsi le signe déchirant l'œuvre serait le site devenu silencieux où la « différence ontologique » se manifeste. Le déplacement de l'écriture vers le plus originaire, que jamais ne dément le parcours de Klee (allégories de 1905, symboles, énigmes, signes enfin), ne peut s'entendre qu'en ce souci qui envahit l'œuvre, qui ne semble plus répondre alors en une urgence définitive qu'à une logique du sursis. L'ontophanie, enjeu déjà des œuvres de la genèse, a lieu si impérativement qu'il nous est alors parfois donné de reconnaître en l'immobilité un instant vertigineux de cette faille : l'Être. Cette ontophanie est en un premier temps contrariée; l'éclipse totale puis partielle est alors le premier mode de l'ontophanie. Peu avant Noël 1933, Klee fuit l'Allemagne et son exil le conduit paradoxalement dans sa ville natale. Klee fuit à Berne chassé par les nazis. En 1937, l'exposition de l'Art dégénéré qui s'ouvre à Munich présente dix-sept œuvres de Klee, cent deux œuvres propriétés publiques seront vendues à l'encan.

L'Histoire tant exclue est une intruse. Cette intrusion crée en l'œuvre une brèche, une fissure où l'histoire joue en l'œuvre puisque l'œuvre fixe alors l'histoire. Klee produit alors des tableaux qui sont des cris d'alarme.

Les premiers symptômes de sa maladie le condamnent à vivre une situation qui lui était douloureuse, mais cependant distante, comme intérieure.

À cette date tout se passe comme si sa maladie et la maladie dont souffre l'Europe se confondaient. Est-ce dire que l'exil de Berne le coupe du monde? Klee vit à Berne dans un appartement de trois pièces. La plus grande sert d'atelier, le piano à queue et le violon habitent une autre pièce; la cuisine suffit aux autres fonctions. L'espace qu'habite Klee résume l'espace de sa vie. Un immense continent pour l'expérimentation picturale; une île pour la musique, l'un et l'autre communiquant. L'espace vital de Klee se rétrécit, se condense, devient plus essentiel, et cela même matériellement. Jamais plus qu'ici l'intimité des formats n'aura eu son sens. Observant le monde de ce huis-clos intérieur et réel, il va dans son atelier le disséquer. Et ce petit appartement laboratoire est surtout le lieu de cette expérience, décrite par Bataille, qui est en dernier recours celle de tout créateur : « Cet état de nudité, de supplication sans réponse, où j'aperçois néanmoins ceci : qu'il tient à l'élusion des faux-fuyants. En sorte que les connaissances particulières demeurant telles, seul le sol, leur fondement se dérobant, je saisis en sombrant que la seule vérité de l'homme enfin entrevue est d'être une supplication sans réponse »[1]. On peut dire des œuvres entre 1933 en 1940 qu'elles sont un anathème, une dénonciation, un cri d'alerte. Tout cela est vrai, mais d'abord elles *sont* cette supplication.

Qu'il s'agisse de l'*Épouvantail* de 1935, de *Pays dévasté* (1934) ou de *Hâte* (1938), ces œuvres sont l'aveu d'une détresse comme d'une impuissance. En apparence dissemblables, elles témoignent cependant en l'œuvre de cette violence de l'histoire à laquelle l'œuvre précisément semblait si peu préparée. Qu'entendre par intrusion? Intrusion délétère de l'histoire, bien sûr; l'introduction d'un élément allogène, hostile, qui fissure et fait éclater la structure eutopique qu'était devenue le tableau. Il est évident que la nature de l'intrusion est claire, du moins en 1933 : le nazisme, la conscience que l'Europe va à sa perte. En 1936, nous l'avons dit, cette conscience se doublera d'une peur ontologique, celle de la finitude. Cette intrusion se manifeste picturalement : la structure du huis-clos se disloque.

L'intrusion de l'histoire va se manifester d'abord par une modification thématique. Ce n'est qu'après qu'elle engendrera une évolution stylistique notable. *L'homme à venir (Der Künftige)* précisément date de 1933.

Klee reprend alors le stratagème plastique qu'il a utilisé dans ses « polyphonies dynamiques » : lignes ininterrompues qui se croisent, s'entrecroisent. Ici la ligne est devenue incisive, agressive, comme ciselant un métal, et précisément Klee habille le corps dessiné par cette ligne d'écailles qui rappellent une cuirasse métallique. Cet *Homme à venir* (**11**) a l'apparence d'un guerrier. Aucun emblème ne nous indique sa fonction. Elle réside tout entière dans sa nature, dans sa substance qui est peinture, ligne et matière.

Une ligne qui semble délimiter une cuirasse et une matière qui en a la rugosité. Deux indices corroborent l'angoisse que cette présence augure : la tête de cet *Homme à venir* est composée d'un demi cercle : la calotte crânienne est absente. La ligne s'interrompt. La tête, lieu traditionnel de la psychologie,

1. G. Bataille, *L'Expérience intérieure*, Paris, Gallimard, 1978, p. 25.

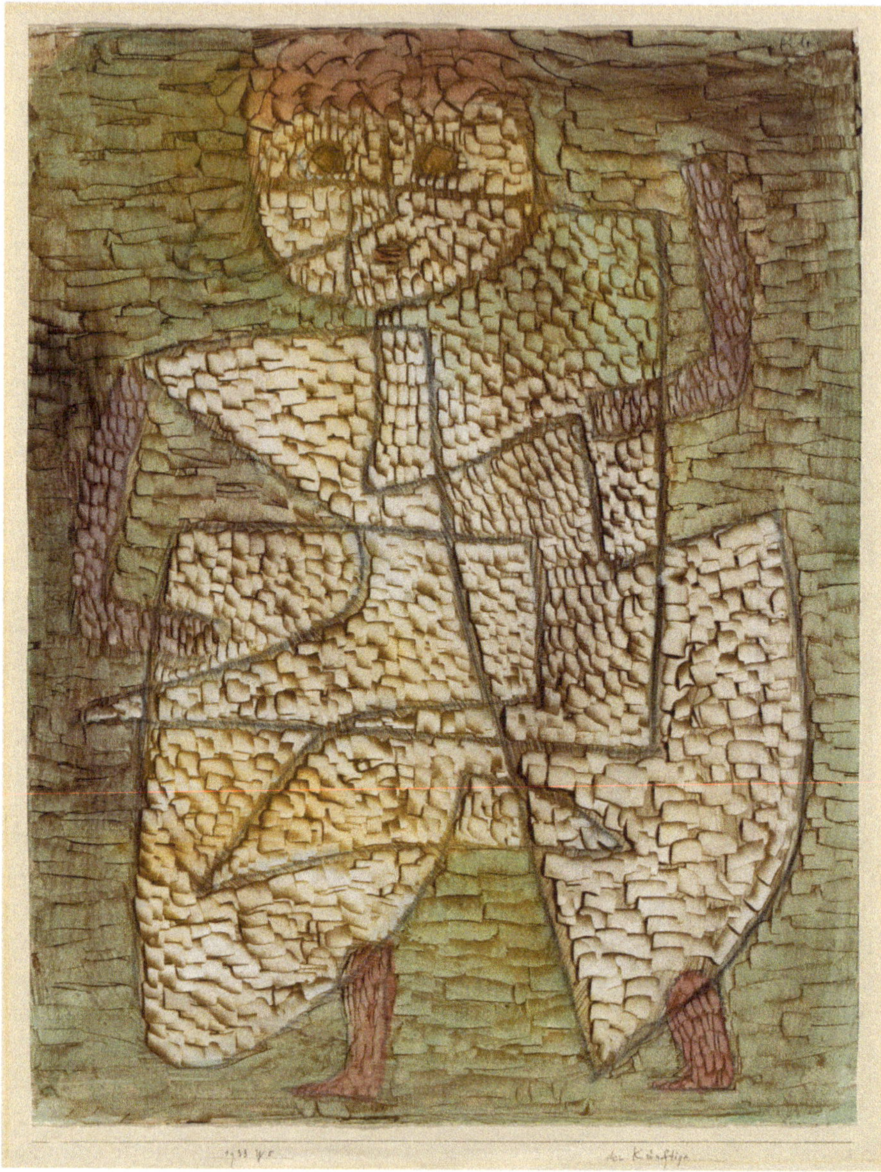

11. *Der Künftige / L'homme à venir*, 1933, Zentrum Paul Klee, Bern.

est devenue récipient creux et sa fonction n'est plus cognitive, ni délibérante. Le visage est constitué de la même écorce que le reste du corps. Cet homme dont la calotte crânienne est ouverte n'est plus qu'un automate. Ses bras et ses jambes semblent ajoutés à sa cuirasse corporelle, et si l'on a l'impression de mouvement, de déplacement, c'est bien de la marche d'un automate qu'il s'agit. Ici, l'intrusion est claire, Klee reprend un schème figuratif, mais il le perturbe, le détourne de sa fin initiale.

La ligne souple et musicale devient agressive et anguleuse. La matière, aérienne se fait pondéreuse, coupante, rugueuse ; les membres enfin, surajoutés, sont devenus les rouages d'un inéluctable mécanisme, mécanisme qui nous fait penser que cet homme à lui seul est une foule. Il avance comme ces automates qui, placés sur une table, n'ont conscience ni des limites de leur parcours, ni de l'ampleur de leur chute.

Le plus étrange, ce que Klee n'ignorait pas, c'est qu'une fois tombés, le mouvement de ces automates continue dans le vide. Klee n'a pas oublié le premier conflit mondial, cet engrenage monstrueux de la folie des hommes. L'histoire lui paraît alors être un tragique recommencement, mais cette fois c'est l'homme tout entier, dans ses structures, dans son comportement, qui sera contaminé. Comment dire mieux cette contamination qu'en reprenant la structure figurative qui servait à dire le bonheur des lignes, le plaisir quasi-surréaliste qui faisait naître d'elles une apparence reconnue ? Ici l'apparence est hostile et la structure linéaire se livre à nous comme malade, purulente même, si la cuirasse de *L'homme à venir* est une peau de requin.

C'est donc là le premier mode d'intrusion, celui qui fait qu'une structure figurative qui disait l'eutopie, le bonheur de créer un monde se met à véhiculer la terreur du monde réel. Nous sommes en 1933. C'est probablement la première brèche dans le système et indéniablement l'intrusion se déroule selon un mode expressionniste. C'est dans cette même ligne que se situe *Pays Dévasté* de 1934. On ne peut pas s'empêcher de rapprocher ce tableau de *Pays détruit* qui datait de 1920 et qui était habité par le souffle d'un romantisme lyrique. Il matérialise exactement cette volonté d'une mise en adéquation de la matière du monde à la matière de l'œuvre.

Au delà de toutes les connotations langagières, de tous les jeux de mots possibles (qui n'ont pas forcément leur écho en allemand) : monde en lambeau ou histoire rapiécée, nous frappe le profond désespoir qui habite cette œuvre. Désespoir d'homme ou désespoir de peintre, les deux se confondent. Décomposition du monde et décomposition de l'art vont de pair : sur un lambeau d'étoffe bleue on devine ce qui fut un paysage. Ce lambeau d'étoffe distendu, déchiqueté, est à la fois la métaphore de la ruine réelle des paysages du monde et de l'échec de Klee d'avoir voulu recréer le monde, ce monde de jardin et de paysages qui vivait en lui, dans sa mémoire. Sur ce lambeau de vie, sur ce lambeau de peinture, à droite une fenêtre, quelques taches passées qui évoquent les fleurs d'un jardin. L'intrusion, ici, est plus meurtrière encore que dans le tableau précédent. Nous n'avons plus affaire à une structure pervertie mais à une structure déchiquetée. De plus, ce n'est pas le stratagème figuratif qui se trouve détourné de sa fin première, mais le support même de la création qui se trouve décomposé. La mémoire, le temps de la mémoire, est lacéré par le présent. À quoi sert de recréer d'anciens instants de fusion dans un monde où toute fusion est devenue impossible? Ce présent sans avenir ruine le passé et sa mémoire. Toute nostalgie devient dérisoire, toute odeur d'enfance se dissout dans les fumées de l'histoire. Sur ce premier lambeau de toile bleue, sur ce vestige de toile, Klee colle un second morceau d'étoffe : blanc, et sur ce quadrilatère en damas reposant sur sa pointe Klee inscrit une croix, lui ajoute deux jambes. Cette énigmatique présence blanche se livre alors à nous comme le fantôme de l'histoire. Sa marche est inéluctable. On retrouve très souvent cette idée de l'avancée de l'histoire, incontrôlable, dans les tableaux de cette période. Les jambes, simples barres raides, en sont les indices. On les avait notées dans *L'homme à venir*, on les retrouve dans l'*Épouvantail* (de 1935) ou dans *À droite, à gauche* de 1938. Ici donc l'intrusion est plus que manifeste, elle est blessure. L'ancienne toile, définitivement abîmée, n'offre que la rumeur d'un monde bleu et le carré d'étoffe blanc collé en travers qui aurait pu se donner comme l'espoir d'un monde à venir, toile vierge d'un monde à reconstruire, devient fantôme, voile inquiétante gonflée par le vent de l'histoire.

L'intrusion donc se manifeste par la perversion du matériau. Ce type d'intrusion, Klee le concrétise dans une œuvre comme l'*Épouvantail* de 1935. Ici, les connotations historiques se précisent encore. Le monde de *Pays dévasté* était celui de la guerre naissante, celui de l'*Épouvantail* dit la naissance de la peur. Ici il n'y a même plus la mémoire du passé : le lambeau d'étoffe collé sur le support a l'aspect rébarbatif d'une jute usée. Une tache blanche pour la tête; quatre barres pour les jambes et les bras qui semblent tendre, retenir la pièce d'étoffe. Quelle étrange image de la crucifixion que celle-ci : sans Christ, sans présence humaine; cette crucifixion, c'est celle de la paix.

Cet épouvantail sans visage a l'expression de notre angoisse. Peut-on encore parler d'intrusion ? Ou doit-on parler de destruction ? À tout le moins, l'*Épouvantail a la* dimension archétypique, des tableaux de 1939, du *Timbalier, ou* d'*Enlacement.*

1935, c'est la date fatidique, c'est aussi l'année où Klee aurait pu s'arrêter de peindre. La toile grise de l'épouvantail est aussi une toile vierge, sans motif, sans espoir. Le vide de cet espace resté vierge est celui de la peur qui devient impuissance. L'intrusion atteint ici son stade limite, qui est celui de la paralysie. Comme si l'étant dissimulait en sa trop massive évidence la venue en présence à laquelle en fait est relatif son être présent. La logique de l'*Umgebung* s'accentue alors et la toile de l'*Épouvantail* affirme une *Grundstimmung où* l'angoisse se donne bien comme situation originaire d'une telle mise en présence. L'étant rugueux et sombre en son épouvante empêche radicalement toute ontophanie et ainsi nous la désigne. Le pouvoir déictique de l'œuvre joue premièrement ainsi sur le manque.

Dans l'*Épouvantail*, l'espace est celui du vide, du néant glacé de la peur, et cet épouvantail garde cette peur, la surveille, en est la sentinelle. Jamais la dialectique motif/fond n'a été aussi présente que dans ce tableau, et l'épouvantail dressé contre ce fond noir est bien manifestation de l'angoisse : « Sans la nuit personne n'aurait à décider, mais dans une fausse lumière, à subir »[1].

La décision est ce qui naît devant le pire et surmonte. Cette nuit du fond est celle de la conscience. L'épiphanie traditionnelle du motif s'inverse, le motif et la lumière sont mis en berne et c'est l'obscurité opaque, silencieuse et terrifiante de leur sens qui apparaît. Si les trois tableaux que nous venons d'analyser s'inscrivaient dans une cohérence chronologique et éthique, d'autres œuvres nous manifestent également ce principe intrusif qui corrompt la structure initiale des œuvres de Klee. Nous avons vu que l'intrusion pouvait se manifester dans une mutation de structure, dans une altération de matériau, avec pour support un changement thématique. *Pays dévasté*, l'*Épouvantail*, *L'homme à venir* avaient comme point commun une insistance polémique sur le thème. Au contraire dans *Jardin du Sud* de 1936 ou *Jardin Oriental* de 1937, l'intrusion se manifeste par le simple ajout d'un motif pictural qui se glisse dans la structure générale comme une tumeur. Cette tumeur, c'est le Soleil Noir de ces deux jardins, ce soleil qui nous aveugle, qui bloque notre regard au point de nous empêcher de voir les couleurs qui

1. G. Bataille, *L'Expérience intérieure*, p. 39.

règnent dans ces tableaux. Dans son *Zarathoustra*, Nietzsche écrivait : « La nuit est aussi un soleil »; Klee semble nous dire : « Le soleil devient une nuit ».

Ce soleil noir, placé à l'intersection des diagonales, au centre même du tableau dans *Jardin du Sud* est le centre de gravité de toute la composition, mais il est surtout la métaphore de la mort, tache noire au centre de la vie appelée à grandir, à devenir béance, à nous engloutir. Nous sommes en 1936 : il reste à Klee quatre ans à vivre. « Cette scorie noire et calcinée qui tombe dans la mer »[1] est bien, comme dans le conte de Novalis, l'image du déroulement de l'histoire universelle. Des constellations qui peuplaient les tableaux de Klee, pluie d'astres de couleurs, il ne reste que ce point noir inquiétant. À la conception böhmiste de Klee d'une matière astrale donnée comme le tissu des forces spirituelles qui font vivre le monde, succède l'obsédante présence de cet astre solitaire. À la conception böhmiste également que du *Centrum* naît l'amour, cet amour force de cohésion unissant chaque être et l'univers, succède l'idée d'un centre noir, présence délétère qui semble rendre désormais l'état de fusion entre l'homme et le monde, non pas impossible, mais dangereux, pathogène.

C'est bien cet astre noir qui donne à l'ensemble du paysage cristallin sa clarté, sa luminosité inouïes, une lumière qui cogne dans notre tête comme un regret. À cette heure la *Stimmung* ne pourra plus jamais être entendue comme harmonie; l'intonation de l'œuvre est alors et à jamais celle du souci, d'une angoisse dont ce soleil noir témoigne.

Cet astre noir, c'est bien l'intrusion de l'inquiétude dans un monde édénique de lumière, intrusion du mal, intrusion de l'histoire dans le paradis de Klee. En 1918 Klee avait peint *Fleurs Nocturnes* qu'il sous-titrait *Paysage englouti sur gouache bleue*, où apparaissait déjà au centre de la composition ce « soleil noir ». Mais à gauche brillait une lune d'argent et en bas s'ouvrait une fenêtre. Cet astre noir sur ce fond bleu encore gros d'une guerre semblait se résorber, se dissoudre dans l'infini bleu du monde, comme le souvenir d'un cauchemar. Les plantes et les fleurs placées sur le pourtour du tableau semblaient l'entourer, l'envahir, le dévorer. Le tableau se refermait sur lui. Tout au contraire, dans *Jardin du Sud*, le soleil noir semble venir du fond du tableau et les plantes rouges et vertes qui parsèment la surface sont animées d'un mouvement centrifuge : le soleil noir les chasse du tableau. Il est l'image paradigmatique de l'intrusif, mais il est aussi la figure emblématique de la

1. Novalis, cité par M. Besset, *Novalis et la pensée mystique*, p. 187.

récurrence de l'histoire. Cette année 1936, Klee n'exécuta que vingt-cinq œuvres et il semble difficile de nier que ce soleil noir soit la traduction picturale de la mort.

L'année suivante, Klee peint *Jardin oriental* qui – *mutatis mutandis* – succède au *Jardin du sud* comme l'*Épouvantail* succédait *à Pays dévasté.* Cet étrange tableau, où le soleil noir réapparaît comme une rumeur, présente une texture singulière. Le tracé de lignes géométriques presque hiéroglyphiques nous donne l'indication allusive d'anciennes formes. Ce tableau se donne comme l'ultime image de la mémoire, l'ultime réminiscence d'un souvenir. Les couleurs en sont crépusculaires, la surface est partagée en champs rectangulaires, pastels, fanés, dont les nuances semblent aller vers le gris. Les lignes qui nous font penser à un escalier, à un porche, à un arbre, dans leur pure géométrie, renvoient au principe originel de la peinture et, en ce sens, le soleil noir, fabriqué de la même manière que les grandes lignes géométriques du tableau, nous fait penser au point gris, base et fondement pour Klee de toute réflexion figurative. On pourrait dire qu'en termes géométriques il est le dieu-point, générateur du cercle infini et origine de toute forme. Le réseau de connotations est alors facile à établir et ce n'est pas pur jeu intellectuel de dire que si ce point noir est une image mortifère, toute forme qui en procède porte le sceau de l'inquiétude.

Ces lignes ascendantes noires et épaisses préfigurent les grandes formes totémiques de 1940, comme si Klee mettait en place l'alphabet d'un langage fait pour dire l'angoisse. L'émotion que nous ressentons, l'excitation de notre sensibilité est, comme le dit Böhme, *Schall.*

L'évidence musicale du tableau procède de sa géométrie. Klee rejoint implicitement la tradition germanique et romantique qui disait que la musique est la vie même de l'univers, que la musique est mathématique. Ces formes sont déjà des hiéroglyphes ; Klee là encore achève une tradition romantique : l'idée de l'origine orientale de la civilisation était courante depuis Herder et son *Indische Heimat.* Crépuscule d'une civilisation, l'œuvre est, en tout cas, l'aveu de Klee que l'image du paradis s'estompe, et la figure terrifiante d'*Enlacement* sera faite de la même matière, du même tracé que l'escalier de ce jardin oriental. *Pays dévasté* disait l'intrusion d'un élément mortifère et l'*Épouvantail* en était la conclusion. *Jardin du Sud* traduisait la naissance de l'inquiétude, *Jardin oriental* achève un état de contagion. La matière du soleil noir envahit les lignes, les faisant accéder au statut de hiéroglyphes. Mais ces hiéroglyphes sont ceux de l'angoisse, qui en l'Histoire trouvent leur espace.

Une telle intrusion apparaît sous divers modes et le tableau inachevé (**12**), autrement désigné « sans titre » ou plus banalement « composition au fruits » en est la synthèse.

Les figures qui le peuplent sont faites de la même texture dont *Jardin oriental* était tissé : des traits épais, sourds, purement géométriques. Et Klee reprend le stratagème qu'il avait employé dans ses « écritures » : il ordonne ses hiéroglyphes, figures anthropomorphes et zoomorphes d'automates marchant au pas cadencé selon une structure figurative empruntée directement aux stèles égyptiennes, où on lit une écriture à partir du sens indiqué par la figure animée. Ici les figures sont girovagues, comme rendues folles, atopiques. Les flèches ou les signes nous indiquent dans le tableau les directions contradictoires et cependant l'impression globale qui émane du tableau est une impression d'ordre. Il semble que les figures avancent de la gauche vers la droite du tableau puis reviennent. Des bribes de forme semblent sorties du fond du tableau comme si cette progression devait se continuer, comme si l'œuvre n'était que le fragment d'un immense et absurde défilé. Klee nous indique cela en redéfinissant son *parergon.* Il trace une marge en bas et à gauche du tableau comme si celui-ci était la pièce géométrique d'un puzzle.

Le tableau se prolonge en bas, le tableau se prolonge à gauche. Ce défilé n'a pas de fin.

Dans ses projets d'écriture, Klee voulait établir un ordre, un langage. Ici, à l'intérieur d'une structure pourtant rigide, c'est le désordre qui règne. Comment ne pas penser une image du nazisme : une structure rigide, des mots d'ordre, des slogans, qui enferment les individus devenus fous et les entraînent malgré eux dans un sens qu'ils n'ont pas choisi ? Chacun voudrait avancer à sa guise, à droite, à gauche, mais l'écriture de l'histoire l'entraîne. Parmi ces hiéroglyphes, on retrouve la figure de *L'homme à venir*, avec sa tête en demi-cercle et ses gestes d'automate, mais surtout, en bas du tableau, on découvre l'étrange figure d'un oiseau dont le corps est fait d'un œil qui est exactement celui des anciens Égyptiens.

Cet oiseau, affublé de pattes (on pense aux jambes de l'*Épouvantail* et aux pattes du fantôme de *Pays dévasté*) semble pourtant immobile ; l'œil fixe qui compose son corps nous regarde, alors que le mouvement de ses jambes semble l'emporter dans le sens général du tableau.

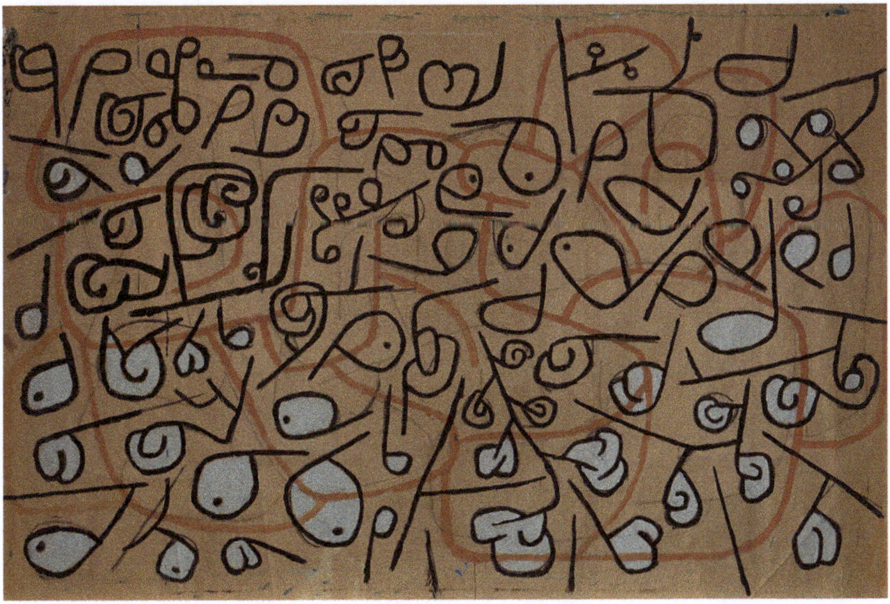

12. *Ohne Titel (Komposition mit den Früchten) / Sans titre (Composition aux fruits)*, vers 1940, Zentrum Paul Klee, Bern, Donation Livia Klee.

On repense alors à ce que Walter Benjamin écrivait de l'*Angelus Novus* : « Image de la conscience emportée par le vent de l'histoire ». Ce tableau est l'exemple même de ces œuvres où l'intrusion corrompt une structure eutopique : structure eutopique de l'écriture corrompue par la folie de ses signes, structure thématique corrompue par la folie de l'histoire.

Klee peint *Hâte.* Nous sommes en 1938, et ce qui n'était qu'intrusif, allogène et délétère en 1933 est devenu envahissant et a comme dévoré son espace. Nous avons dit que le processus spatial s'articulait selon une dialectique motif/fond. Cette dialectique ici n'a pas changé, mais l'intrusion de l'histoire a lieu sur les deux plans. Le fond est une feuille de journal, collée sur un carton et recouverte d'un enduit blanc, transparent. Le fond même de l'œuvre de Klee, celui qui servait autrefois d'atmosphère, de climat au développement de la *Stimmung*, est devenu l'actualité, l'histoire. L'histoire sous sa forme la plus banale, la plus quotidienne, la plus prosaïque. Cette feuille de journal qui sert de support à l'acte créateur est l'incarnation même de l'intrusion de l'histoire dans l'imaginaire de Klee; l'histoire est devenue l'arrière-fond, le support de cet imaginaire. L'*Umgebung* est l'actualité.

Se hâter surtout en face de la mort : Klee sent le temps qui lui reste à vivre

et à créer s'amenuiser chaque jour. Il écrit « Eile » sur son tableau comme un slogan, comme un appel à l'aide et la feuille du journal qui lui sert de support est comme la métonymie de tous les murs de toutes les villes d'Europe.

Sur ce journal couvert d'un enduit blanc, l'on distingue en bas à gauche comme l'image d'un lampadaire ou d'un lampion, en haut à droite un signe fait penser à un balcon, une tache noire au milieu nous rappelle l'embrasure d'une fenêtre ouverte, des taches jaunâtres ou grises enfin parsèment la surface. L'ensemble des signes qui recouvrent cette surface fait penser aux quelconques murs d'une ville et ce mur est construit par l'actualité, nous disons construit au double sens du terme. En effet, si le journal est un support idéologique connotatif, les articles découpés en rubrique, qui apparaissent en transparence sous l'enduit blanc, sont comme l'appareil d'un mur que l'on devine sous un mince crépi. Le mur sur lequel Klee trace son slogan est celui de l'histoire obsédante, chaque jour sur chaque feuille de journal, à chaque angle de rue.

Que dire alors de ces lignes diagonales qui coupent le tableau en deux? Comment les interpréter? L'élément reste polysémique.

En haut, le mot « Hâte » et cette tache noire, comme une béance. Le bas du tableau animé par la volute encore harmonieuse de la diagonale ascendante semble plus serein; et seule l'image du lampadaire qui dans sa forme a quelque chose de sacral, intermédiaire entre le ciboire et le calice, habite cette moitié du tableau. *Das Heile* ne signifie-t-il pas aussi l'indemne, ce qui demeure intact, inaccessible à tout projet d'arraisonnement? Ces diagonales qui se rencontrent au centre du tableau sont comme la rencontre de l'histoire et du créateur, de l'actualité et du rêve. La première ligne ascensionnelle, qui se termine en volute et délimite l'angle serein du tableau, serait la métaphore du créateur. La seconde ligne diagonale, descendante, qui se termine comme un crochet de boucherie, soutient la partie supérieure du tableau, inquiétant et presque tragique, serait la métaphore de l'histoire. Et l'on peut lire ces deux lignes en leur effleurement et leur esquive comme l'ébauche d'un tableau qui n'a pas eu *lieu*, qui n'a pas eu de lieu.

En effet derrière le noir de chaque ligne, de chaque forme, apparaît, comme mal recouverte, une surface ocre, jaune : image solaire recouverte par la nuit de l'histoire. La symbolique des couleurs rejoindrait alors la symbolique du soleil noir esquissée plus haut. Éclipse de l'être.

Le tableau se présente à nous sous une forme volontairement sale, rébarbative.
On reconnaît là cette volonté de mettre en adéquation l'expression plastique au sujet traité et l'intrusion principale qu'il nous faut discerner dans ce tableau est bien dans son caractère bâclé. Pour dire l'urgence et la panique, Klee transmue ses hiéroglyphes en graffiti, l'harmonie de ses couleurs en agressivité, l'*Umgebung* en un tissu volontairement sale. Tout se passe comme si Klee se jetait dans l'Histoire et les deux volutes diagonales sont peut-être simplement la rambarde d'un balcon, fenêtre de son monde qui a cessé d'être un abri.

L'on comprend alors que si l'Être ne se dit pas seulement à une époque, il se dit cependant historiquement et que toute l'Histoire est en fait investie de l'Être s'y éclaircissant. Cette éclipse de l'être en l'Histoire nous permet de le fixer et comme jamais mieux qu'en une éclipse nous n'avons conscience de l'astre qui se refuse à nous, nous saisissons que la seule vérité de l'œuvre est un nom de l'Être.

l'envoi des couleurs

Si après ce tournant, 1933, la pensée de l'œuvre selon l'histoire du don de l'être s'impose si impérativement, c'est bien sûr parce que la mort, en une sourde diplopie, est présente en l'œuvre ; c'est aussi parce qu'il semble que le mode de donation de l'être ne soit plus simplement un dévoilement. Si l'Être se dispense à penser, il ne peut se mettre lui-même en jeu. Puisque l'Être n'est pas un étant, il ne peut se mettre en présence qu'en envoyant l'étant. Nous disons envoyer l'étant au sens ici pleinement requis d'envoyer les couleurs : faire voir selon une modalité entendue ce qui précisément ne saurait en aucune façon se montrer parce que restant essentiellement *invisible.* L'*Umgebung* dans la pensée créatrice de Klee est la condition de possibilité d'un tel envoi et le motif – cet envoi des couleurs – le site où se manifeste très précisément l'invisible de l'Être, en cette lumière où l'étant nous est donné comme alors chargé d'une présence. L'invisible est ainsi manifesté par la présence de ce qui témoigne de lui en un visible enfin restitué (« rendre visible »). L'emboîtement visible-invisible ne s'accomplit pas cependant selon le mode simple de tout symbolisme. L'invisible que traque Klee est plus que la face cachée du visible (les racines des branches) mais ce qui, ne pouvant se mettre soi-même en jeu, joue en l'étant en l'envoyant. Nous lisons cet invisible comme un nom de l'Être. Après 1933, le dévoilement en l'étant ayant charge de cet invisible s'accomplit certes encore, mais en une rumeur différente. Il semble que ce n'est plus l'épiphanie d'un motif où l'Être nous serait désigné qui scande alors l'œuvre, mais bien le don douloureux de l'Être, le fait que l'Être se donne. Parfois, nous venons de le voir, l'étant masque en une éclipse plus ou moins achevée cette présence qui s'impose comme venant de derrière lui ; parfois, la lumière de cet invisible éblouit en cet étant et le fissure, fissure l'œuvre jusqu'à l'obscurité dont témoigne ultimement *Enlacement*. En d'autres tableaux il semble que cet « envoi des couleurs » ait encore lieu, en cela, et l'identité des thèmes le confirme, il prolonge la genèse : mais cet envoi se joue en un ciel et un temps où l'assaut à venir comme l'orage qui gagne le rendent ultime et crépusculaire.

Tout se passe comme si le thème et son expression picturale se rétractaient devant la présence de l'histoire. La structure semble alors se consolider devant une agression allogène; les œuvres, se défendre en se durcissant. Un tableau peut servir de transition entre les œuvres ressortissant à l'intrusion et celles-ci. Le *Savant* que Klee peint dès 1933 est exactement contemporain de *L'homme à venir*. Le savant est l'homme d'hier, un humaniste, l'exact contrepoint de *L'homme à venir*, son homologue et son opposé. L'un et

l'autre se regardent, ou, plus exactement, *L'homme à venir* avance vers le *Savant* avec sa force brutale et sommaire, sa puissance de destruction. Le *Savant*, figé dans une expression d'inquiétude, regarde impuissant l'inéluctable progression de l'histoire et de la barbarie.

L'image du *Savant* s'oppose à celle de *L'homme à venir* comme l'image de la conscience s'oppose à l'instinct grégaire, à la déshumanisation de l'homme. Ce *Savant* est, n'en doutons pas, un autoportrait, mais il est aussi le portrait d'une époque qui s'achève, une époque qui se recroqueville sur elle-même, sans panique mais avec inquiétude.

Le monde d'hier se confond avec l'image du savant qui pourrait être celle, emblématique, de bien des intellectuels en 1933. L'histoire est donc présente dans le tableau; elle ne modifie cependant ni le thème ni son expression figurative, mais le thème comme la formulation plastique *se rétractent*, comme on fronce d'inquiétude les sourcils. Le visage du *Savant* reste le lieu d'une psychologie, mais cette psychologie est simplifiée à l'extrême. L'inquiétude est vécue de l'intérieur, retenue et non exprimée. *L'homme à venir* ou l'*Épouvantail* exprimaient directement le péril, le *Savant* en traduit les conséquences sur le monde intérieur de Klee. Rien dans l'ordre figuratif du tableau n'est compromis, mais les formes se simplifient, les éléments figuratifs se dépouillent, réduits à l'essentiel. L'écriture de Klee se raidit, devient à la fois plus précise, plus nette et plus essentielle, et de l'agencement figuratif du tableau émane une impression de crispation que corrobore la compréhension du thème.

Le *Savant* est très proche dans sa facture de *Divagation sur fond vert* (la ligne des sourcils semble un emprunt direct), mais en 1933 Klee s'est débarrassé de tout ludisme, de toute anecdote, de toute polysémie. Le tableau se livre maintenant dans une nudité qui est celle de la conscience, et dans une évidence qui est celle de l'urgence. L'image du *Savant* reprend bien celle de *Divagation sur fond vert*, image de l'équilibre rompu ; cette fois, c'est de l'équilibre du monde dont il est question.

Ce tableau était pour Klee un symbole, symbole de son exil et de sa conscience, et dans son atelier à Berne en 1939, il occupait contre un mur une place centrale.

Avant de se réfugier à Berne, Klee fit un voyage à Venise qui, un an plus tard, lui fera tracer les lignes d'un étrange souvenir, avec *Chambrette à Venise* qui date de 1933, un des derniers exemples d'anamnèse que Klee nous offre. Venise en 1932 portait cependant les stigmates du fascisme ; cela, Klee ne le vit pas. Il ne retint de Venise que son aspect mythique ; Venise est son dernier voyage vers le Sud, vers l'espoir. Mais Venise, c'est aussi, et Klee le sait, ce monde limitrophe entre la vie et la mort, entre la terre et l'eau, entre l'Occident et l'Orient. Monde précaire et merveilleux où Klee trouve un instant refuge, et *Chambrette à Venise* se présente bien comme l'image paradigmatique de l'asile, du huis clos intérieur, de l'immobilité un instant sereine. *Une sérénité crispée* pourrait être le sous-titre de ce tableau. Étrange paradoxe que ce monde cosmopolite, monde des départs, soit pour Klee celui de l'intériorité retrouvée. On ne peut se dessaisir des connotations liées à Venise. Venise, c'est la porte sur l'Orient, et ce tableau est un peu comme la métaphore des rêves perdus. Toutes les images réelles et irréelles du passé viennent se confondre dans la brume bleutée d'horizons lointains. *Chambrette à Venise* contient toute la mémoire poétique du monde. Elle est ce huis clos intérieur à partir duquel Klee a recréé le monde, son monde poétique, transparent et voilé. Et la lumière du crépuscule de l'œuvre est comme l'intonation fondamentale d'un accord sur le point de se perdre à jamais. En 1933, ce tableau est le portrait de tous les souvenirs mêlés, ceux du premier et du dernier voyage. Venise, de Barrès à Thomas Mann, de Wagner à Stravinski, est le lieu de l'arrêt momentané, du point d'équilibre. Kafka écrivait : « Je trouve ici la hache qui brise la mer gelée en moi ». Klee y retrouve une dernière fois la chambre bleue d'une enfance du monde.

En 1933, ce tableau est le portrait d'un monde perdu, celui de l'intériorité, et est exemplaire de ce durcissement dont nous avons parlé. Le poids de l'histoire est prégnant, mais au dehors et dans le tableau il n'apparaît que dans la fixité inquiète de deux yeux. La structure globale du tableau par ailleurs est celle d'un enfermement. Le tableau avait toujours *été* pour Klee le huis clos, la transposition d'un monde intérieur ; ici, c'est l'idée d'enfermement qui domine, l'idée d'un rétrécissement de l'espace alentour comme si l'espace vital, l'espace poétique habité par Klee s'amenuisait d'instant en instant. L'image de l'eutopie se rétracte, se rétrécit, se condense, et l'eutopie est double, comme réfugiée en elle-même : Venise, ville mythique, ville rêvée, ville refuge. Une chambrette, monde intérieur, monde clos. L'espace du tableau semble se rétrécir, se centrer en ce regard intérieur qui épie le monde, qui fait entrer le monde en lui. L'intérieur et l'extérieur se confondent ; à l'intérieur du cadre règne, entre deux rideaux roses, une fenêtre, ces deux yeux enfin, et, ce qui est remarquable, c'est que ces deux yeux sont encerclés à l'intérieur d'un symbole qui est celui, mathématique, de l'infini. L'infini du monde est comme à l'intérieur de ce regard.

Cette structure figurative de la fenêtre apparaissait souvent, mais ici l'attention du spectateur est centrée sur elle-même. Ces rideaux roses encadrent notre attention, ils sont les rideaux d'un théâtre intérieur et l'on pense à cet « espace du dedans » cher à Henri Michaux. Klee ne représente plus, ne transpose plus une vision poétique, un objet du monde, mais l'intensité de son regard. Ce regard, qui circulait auparavant dans le tableau, l'habite maintenant de manière fixe et centrale. Le peintre est dans le tableau, mais l'immobilité de son regard est inquiétante. Le monde est entré en lui sous la forme d'une résonance feutrée. La magie des couleurs, seule, nous restitue l'ensemble de ce monde. Klee saisit l'essence de Venise : ses couleurs, sa lumière ; mais surtout l'infini de Venise qui n'est plus un objet et que l'on aimerait retenir comme la dernière lueur du jour. Et ces teintes crépusculaires de l'œuvre, comme éclairées de l'intérieur, sont bien un ultime « envoi des couleurs ». L'œuvre s'intone en un accord ultime, est anamnèse, mais se recroqueville. L'anamnèse de cette ultime fusion débouche sur un brouillard coloré, et un repli à la fois fané et incandescent. En ce regard il y a la fixité tendue de celui qui cherche à saisir une dernière fois l'image de l'équilibre et du bonheur. Klee a saisi l'essence de Venise, tout comme Turner l'avait saisie, et en a gardé l'idée d'infini, mais d'un infini qui n'a rien d'atmosphérique. Sa palette se rapproche de la sienne, mais avec une nuance crépusculaire, et ce portrait de Venise est vraiment celui d'un monde finissant. Pris dans ce crépuscule, et protégé par cette fenêtre, en ces yeux fixes a lieu cependant un avènement. Ces yeux, nous les retrouverons dans *Enlacement*; ils sont plus que deux yeux : le regard des yeux qui toujours demeure invisible. Si nous voyons un corps, un visage, des yeux, l'iris, jamais nous ne pouvons voir le regard puisqu'il naît de la pupille, trou noir en l'œil, invisible comme tel. L'invisible ici en ce regard nous est donc moins donné que déjà il se donne, comme la fenêtre, lieu traditionnellement ouvert sur le monde, ne nous donne plus rien à voir d'autre que ce regard. Selon Alberti la « tabella plana » est comme une fenêtre, une fenêtre qui sépare deux espaces et cette fenêtre albertine est un mode du « vouloir montrer » : il s'agit de viser à travers elle. Nous nous enfonçons alors en l'œuvre comme en un monde qu'une telle visée parcourt. Ici au contraire, cette fenêtre, qui semble avancer vers nous plutôt que nous visons en elle, s'affronte à notre regard en ne lui donnant à viser que l'invisible qui en ce regard nous fixe. Si la fenêtre était bien le mode exemplaire de la mimésis ou de la comparaison, en cet étrange retournement dont l'invisible est le protagoniste, nous passons à une esthétique de la comparution dont l'être est l'enjeu. Deux signes veillent sur cet avènement : un cercle à gauche, une croix à droite. Forme brisée d'une coupole byzantine, ils gardent le mystère. Ils sont les squelettes de symboles dont nous avons perdu l'origine, mais dont nous savons qu'ils signifient un passage.

Dans un tableau de 1939, *Dans la forêt profonde*, nous retrouvons cette atmosphère de crépuscule. Ce tableau est vert, et uniquement vert; aucune autre couleur ne s'y mêle. Il est le lieu d'une méditation profonde qui n'est entachée par rien, aucun élément discursif, aucune anecdote. Les connotations liées à cette forêt profonde sont bien sûr propres à l'érémitisme. Et en ce sens, la thématique est bien la même que celle de la *Chambrette à Venise* : un espace intérieur, un huis clos au fond du monde. Et si la *Chambrette à Venise* gardait un « regard », *Tiefim Wald* est l'image de l'enfermement, du monde qui se resserre. La profondeur de la nature la plus reculée, la plus lointaine, seule peut encore nous protéger. On touche là à l'*Urgrund* d'une pensée ancienne, enfouie, celle qui représente le Chevalier d'Altdorfer perdu dans une nature immensément verte et étouffante. Cette nature était au Moyen Âge à conquérir, à déchiffrer et la civilisation, liée aux défricheurs. Klee semble reprendre ce vieux thème pour l'inverser. Le seul lieu qui peut nous garder civilisés, humains en 1939 semble être la profondeur d'une forêt dont les plantes et les arbres se referment comme pour nous protéger. Les écrits des intellectuels qui parlent de cette époque la définissent comme un Moyen Âge. Le Moyen Âge, même en sa barbarie, était époque d'essai, d'envol d'une civilisation. L'Europe de 1939 est sans espoir, le fond de la forêt n'est plus un espace à conquérir mais devient l'ultime recoin où se blottir, où échapper à la folie des hommes. Ce tableau de Klee fait écho à la question formulée par Ostwald Spengler dans *Le déclin de l'Occident* :

> Vu sous ce jour, le déclin de l'Occident ne signifie rien de moins que le problème de la civilisation. Nous sommes ici en face d'une des questions fondamentales de toute histoire supérieure. Qu'est-ce que la civilisation considérée comme la conséquence organique d'une culture, comme son achèvement et sa fin ?[1]

Les civilisations sont mortelles. Et ce tableau semble être comme un retour aux origines : forêt profonde d'une Europe non encore défrichée. Pavois d'une dernière et assourdie levée des couleurs.

Thématiquement, ce tableau est exemplaire d'un durcissement. Huis clos intérieur et nostalgie de l'origine s'y conjuguent avec d'autant plus de force qu'en 1939 le péril est devenu catastrophe. Et cette image de l'enfermement apparaît également extraordinairement bien dans la structure figurative : la végétation qui habite cette forêt se situe sur le pourtour du *parergon*, comme dans de nombreux tableaux de Klee des années sereines. Dans *Ad marginem* de 1932, les oiseaux et les plantes occupaient le pourtour du tableau, laissant existe un vide central, espace de vagabondage. Ici, les plantes semblent croître vers le centre comme pour l'emprisonner, l'écraser. L'espace vital, respirable, s'épuise. Subjectivement, nous pensons que ce refuge est synonyme de mort, que la couleur verte est la couleur de la mort et que l'image de la végétation est également liée à la mort. Ces plantes n'ont pas fini de croître. Le huis clos a la couleur de l'étouffement et en l'invisible qui s'amenuise, comme encerclée, l'œuvre devient alors silencieuse en son propre silence qui est la respiration a-tone de l'Être. Nous retrouvons le même schéma dans le *Jardin sous-marin* qui date de la même année. Le schème figuratif et le prétexte thématique traduisent de la même manière une conscience qui se rétracte en elle-même, un huis clos qui s'amenuise, un espace qui se resserre. Au milieu d'une flore marine entrecoupée de rochers anguleux, un poisson semble figé dans une peur sourde. Ses yeux vides, immobiles, nous regardent, trou noir où l'invisible traqué règne. L'être, comme pris en chasse, a trouvé un refuge précaire. Ici ce n'est pas une éclipse qui nous livre l'être, mais une poursuite où, comme affolé, il s'échappe de l'étant qui en avait charge. Son regard est placé à l'exacte intersection des diagonales du tableau.

1. O. Spengler, *Le Déclin de l'Occident*, 1re partie, trad. fr. M. Tazerout, Paris, Gallimard, 1948, p. 114.

Plantes inquiétantes et rochers coupants sont disposés sur le pourtour du tableau et semblent écraser l'animal. Cette cachette ultime est exiguë et inquiétante : on pense naturellement au *Poisson rouge* de 1925 qui régnait sur un espace infini, celui de la découverte, celui de la connaissance. Le *Jardin sous-marin* de 1939 se referme sur le poisson, le condamnant à l'immobilité. Ce jardin est à la fois un refuge et une prison et semble devoir grandir encore, étouffant toujours un peu plus son unique habitant. On est saisi par la manière dont l'espace de ce tableau de Klee devient chaque instant plus exigu. À l'intérieur de tableaux de formats habituellement grands, l'espace habitable, l'espace de genèse et d'eutopie, semble dérisoire, comme dévoré. L'espace des tableaux de Klee rythme le temps qui lui reste à vivre, et le périmètre dérisoire que peut parcourir le poisson répond aux quelques mois qu'il reste à vivre au peintre.

Le monde devenu hostile ne peut plus être exploré. Toutes les ressources créatrices sont à chercher à l'intérieur de soi, ou encore dans la thématique ancienne d'anciens tableaux. L'accord a fui le monde, et l'*Umgebung* métaphoriquement hostile n'offre plus un motif, mais bien l'invisible comme tel auquel répond le silence central qu'il instaure.

Et ce poisson qui réapparaît quatorze ans après le *Poisson rouge* est plus que l'image d'une nostalgie brisée, presque perdue. Le monde, celui de la *Stimmung*, celui de la fusion avec la nature est devenu opaque, anguleux et hostile. Il faut au peintre puiser ses ressources créatrices dans l'espace intime de son exil intérieur, travestir les vieux thèmes pour se donner l'illusion qu'une part du monde est sauve : cet espace intérieur, rongé par l'angoisse et la maladie. Les thèmes anciens se sédimentent, couverts des alluvions de l'histoire, et laissent à peine le peintre respirer. Et même si ces thèmes sont encore ceux d'une eutopie, l'impression qui en ressort est celle d'un étouffement, ou alors d'une nostalgie de l'enfance, de l'origine toute proche de la mort. La logique de l'*Umgebung* est conservée ; ce qui donne est cependant devenu pathogène et ce qui est donné autre qu'une « levée des couleurs ». Furtive, la donation de l'être a lieu en un temps de détresse. En ce temps de détresse, Klee dessine l'*Ange encore laid*. Le tracé de l'ange est volontairement brouillé par des hachures de crayon. Tracé faussement maladroit qui indique la double nature de l'ange. Celui-ci porte comme stigmate de sa condition inachevée le signe moins, le même signe que nous trouvions dans *Chambrette à Venise*.

Ce même ange, nous allons le retrouver dans une nature morte que très longtemps on a tenue pour le dernier tableau de Klee (**13**). Sans doute parce qu'il a à la fois la valeur d'un manifeste et d'un testament. Le processus d'engendrement spatial est le même que celui qui présidait à une grande partie des œuvres avant 1933 : épiphanie d'objets et de couleurs sur un fond neutre. Le fond est ici uniformément sombre, et des objets flottent comme sculptés dans une matière à la fois lumineuse, minérale, et légère. L'astre jaune qui éclate sur le fond sombre n'est plus qu'un objet parmi d'autres. Statuette, cafetière semblent *a priori* désimprégnées de leur sens commun et investis d'une dimension numineuse. Magiques et inquiétants, ces objets quotidiens deviennent vivants, visibles. Dans cette nuit, chacun s'éclaire de sa propre lumière. Flottantes et immobiles, ces présences ont quelque chose de hiératique. Statuette, lune, cafetière, et autres objets familiers assistent à une étrange veillée. Dans le coin gauche du tableau gît « l'ange encore laid », mais le miracle a eu lieu, les lignes ont trouvé leur équilibre, la main gauche de l'ange, son quatrième doigt et le signe moins est devenu un plus. L'« ange encore laid » confirmé en gloire est devenu l'ange de l'œuvre. Mort heureuse ou naissance. Ses mains se resserrent. La lune jaune l'éclaire et l'ange semble dire : « Cette soirée est profondément inscrite en moi pour toujours. Maint lever de la blonde lune du Nord, tel un reflet atténué, m'exhortera en silence, ne cessera de m'exhorter et cette image sera mon épouse, sera un autre moi. Le stimulant peut me trouver moi-même ; cependant je suis la lune du Sud à son lever »[1].

Les fleurs qui jonchent le plateau orange où sont posées la cafetière et la statuette viennent d'être coupées et se recroquevillent d'un reste de vie et de lumière, de ce recroquevillement qui régnait dans *Forêt profonde* ou *Chambrette à Venise*. Ces fleurs sont des larmes échappées des objets. Elles sont les signes de l'étrange alphabet qui attend de former un langage, signes en quête de leur sens. Mais en haut du tableau à gauche, comme plantées dans le pot bleu, deux fleurs ont retrouvé l'éternité et, pourvues d'étranges racines, elles vivent d'une lumière rouge, unique et définitive[2].

1. P. Klee, *Journal*, p. 274.

2. Le dernier tableau, d'un format étonnamment grand, bien postérieur à cette nature morte, est inachevé. Sur une forme massive, ébauchée par une ligne rouge, gisent ces mêmes fleurs qui se confondent avec des notes de musique, signes de cet alphabet magique que Klee toute sa vie essaya de redécouvrir. En haut du tableau, presque invisible, est écrit au crayon de papier cette épitaphe : « *Sollte alles denn gewusst sein ? Ach ich glaube nein* ».

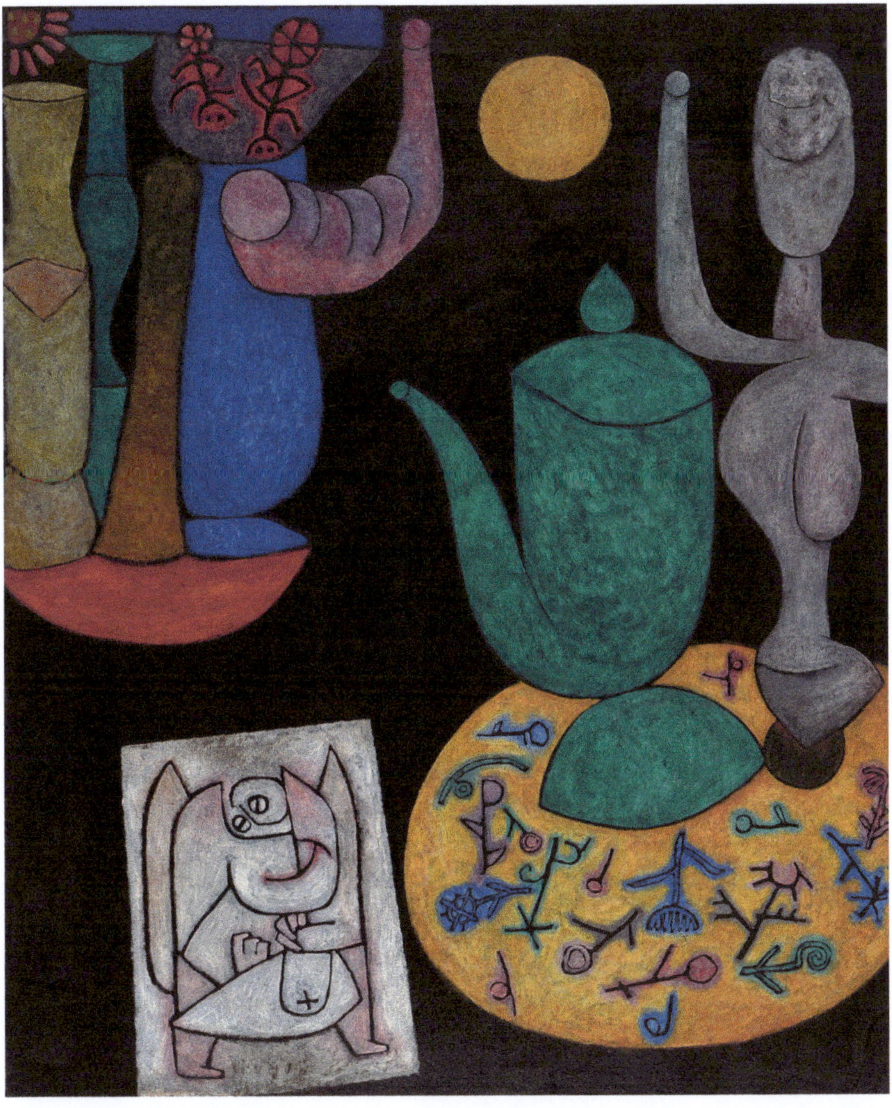

13. *Ohne Titel (Letzes Stilleben) / Sans titre (Dernière nature morte)*, 1940, Zentrum Paul Klee, Bern, Donation Livia Klee.

l'œil en trop

À partir de 1939, la mort se dégage de l'Histoire ; elle est vécue nuement, et envahit l'œuvre, la fissure. Cette brèche est aussi le lieu où l'Être, dessein de l'œuvre entier de Klee, se donne.

De *Cloporte enclos* à *La mort et le feu*, tous les objets du monde à peindre vont porter le sceau de la peur et de la fin. Les œuvres qui traduisaient « l'intrusion » portaient une inscription historique précise. D'un portrait de Hitler de 1932 intitulé *Encore lui* à *Intoxication* de 1939, les thèmes semblent perdre leur précision historique. La catastrophe à venir échappe lentement à son contexte ; elle devient le symbole de toute catastrophe, désancrée de ses causes premières, détachée de son univers sociopolitique ; cette catastrophe devient en 1940 l'image d'une apocalypse. Et, en ce sens, les thèmes qui indiquaient clairement leur référent réel concret prennent un caractère universel.

À mesure que Klee se détache du contexte historique, ses œuvres accèdent à la dimension d'archétype. Pourquoi avons-nous le sentiment que le *Prisonnier* n'est pas spécifiquement celui muré dans les camps d'Hitler, mais bien la figure de tous les prisonniers, de toutes les prisons, de toutes les injustices ? La mort d'un monde s'est confondue avec celle du peintre ; l'apocalypse à venir a la couleur de sa propre fin.

Comme des prisons, ces lignes épaisses tracées sur un fond neutre exprimant des figures dans leur nudité la plus absolue sont comme les images d'un

cauchemar dont la réalité opaque entraverait l'accès à l'ancien monde, celui de l'équilibre, du bonheur. La *Stimmung a* perdu définitivement sa connotation romantique d'harmonie : elle est angoisse et intone toute œuvre à l'aune de ce souci. À mesure que la menace devient plus concrète, elle semble perdre son ancrage historique et devenir le symbole de toute menace, de toute angoisse, de toute peur. Les derniers tableaux sont les images d'une peur archaïque comme ressurgie du fond des âges. Ces lignes noires tracent la figure désordonnée de l'angoisse sur des surfaces vierges ou blêmies.
Klee accède à la dimension primitive totémique et archétypale de tout art. Musil écrit :

> L'image représentait toujours intégralement son objet. Quiconque crevait l'objet ou perçait le cœur d'une image tuait la personne qu'il représentait… Quelque chose au cours des temps s'est donc scindé en deux. L'ensemble s'est dégradé en superstition, tandis qu'un fragment se haussait à la sèche dignité de la photographie, de la géométrie ou d'autres images analogues… Songe aux poupées de ton enfance, d'autant plus passionnément aimées qu'elles étaient plus simples et plus éloignées de toute ressemblance humaine. Tu t'apercevras que ce n'est pas l'apparence qui importe et tu en reviendras au totem, en forme de poteau qui figure une divinité[1].

Les formes terrifiantes que peint Klee sont comme les cris ultimes pour le délivrer de sa peur. L'aspect totémique, primitif, de ses dernières œuvres nous conduit aux origines même de la peur, de toute peur.
Deux séries de dessins qui rythment les derniers mois de la vie de Klee illustrent cela ; leur titre a la valeur d'un testament : *Passion détaillée* et *Eidola. Eidos* signifie idée, archétype. Si l'étant paraît selon son *eidos*, la série des *eidola* dit bien, implicitement, cette émergence de l'*eidos* comme désencombré de l'étant, du moins un tel projet. Le *Timbalier*, que nous analyserons plus loin, est l'exemple le plus parfait de ces *eidola.*
Klee semble atteindre à la matrice de son imaginaire, ou mieux, de sa cosmologie. Picturalement, cet accès à la dimension archétypique du monde se traduit par une radicalisation de la dialectique *Umgebung* / motif, où le motif saisi originairement semble déchirer l'*Umgebung* ou l'obstruer, en une économie où la frontière, la lisière, le pourtour revêtent une dimension métaphysique singulière. Comment ne pas songer encore à la philosophie de l'époque romantique, celle d'un Friedrich von Hardenberg en particulier, qui voyait le moi séparé de son environnement par un contour sphérique

1. R. Musil, *L'Homme sans qualités*, t. 1, p. 404.

dont la surface externe était tournée vers le dehors et la surface interne reliée au moi. On discerne aisément dans la plupart des figures de ces années ce cercle générateur, comme englobant; les lignes noires des dessins ou des tableaux comme le *Timbalier* semblent définir une frontière, une limite tranchante entre un monde et un autre. La dialectique spatiale motif/fond se double ainsi d'une dialectique spirituelle entre l'intérieur et l'extérieur.
En cette logique de la fissure s'affirme la nudité d'un assaut : du cri au silence, de la lumière à la nuit, nuit troublée d'une seule présence. Ces motifs d'inquiétude tracés comme les hiéroglyphes de Lenz sur un fond neutre volontairement muet, sont actes ou plus exactement gestes originaires. Les « Barres » des années 1938, celles de *Clef brisée*, sont régulières. Leur épaisseur, certes accusée, répond cependant à la précision du geste, canalisé par les normes d'un graphisme appris, encore culturel. En 1940, dans *Timbalier* ou *Enlacement*, ces barres ont un aspect rugueux, spontané et comme délivré du poids de l'acquis. En l'espace de deux années, un même projet figuratif va dans le sens d'un dessaisissement de la culture. Klee semble se désimprégner des normes figuratives pour laisser au geste son évidence première, retrouvée. Ce passage est celui de la parole au cri, du conditionnement social et artistique au geste qui conquiert sa force originaire.

Si l'on compare *Clef brisée* et *Blessé* qui lui est de deux ans postérieur, la structure figurative des tableaux semble identique : même tracé noir et épais de hiéroglyphes inquiétants sur un fond neutre. Cependant, en 1938, l'ordonnance graphique semble préméditée, le tracé raisonné et maîtrisé se déploie selon un projet initial, un plan imaginal. En 1940, *Blessé* semble naître spontanément d'un geste presque inconscient, incontrôlé, comme pulsionnel. Cette puissance originaire du geste coïncide alors avec la mise à jour et à nu d'archétypes fondamentaux. Une peur immense met à jour ces formes qui sommeillent au tréfonds de l'être, voilées par l'écorce du moi social. Ces formes totémiques qui s'inscrivent dans les œuvres de Klee sont les squelettes tout à la fois des grands archétypes de la peur historique qui gisent dans l'inconscient collectif, et en même temps les spectres des pulsions innées que la peur de la maladie et de la mort mettent à nu. Dans le remaniement que Freud fait de sa théorie de l'angoisse en écrivant en 1926 « Inhibition, symptôme et angoisse », il introduit l'expression d'« angoisse automatique » qui serait une réponse spontanée de l'organisme à une situation traumatique. Ainsi se confondent les grandes figures archétypiques de la peur collective et les images d'un imaginaire écorché.

Il ne s'agit plus de parler d'une mise en adéquation volontaire de la formulation plastique au contenu du tableau. Ici, le tracé est comme l'expression spontanée d'une évidence ; il ne véhicule pas au sens d'un moyen une idée, mais est l'idée. Le geste *est* l'idée. Et l'idée est ici peut-être un nom de l'Être. L'entreprise de Klee va vers une quête de l'origine et semble tracer étape par étape un projet symbolique, mais à rebours. Klee part de la manifestation la plus culturelle, la plus historiquement ancrée, l'allégorie, forme pétrifiée du mythe, puis accède au symbole pour arriver au signe et enfin, en tout dernier lieu, au geste. Klee peint ou dessine comme l'on tend les bras pour prévenir une chute, comme l'on protège son visage devant une agression, comme l'on trace dans le vide un geste de crainte, comme l'on se blottit ou se protège. Et ces barres noires hâtivement tracées sont comme d'ultimes remparts devant la terreur, comme l'écorce arrachée de l'angoisse. *Enlacement*, le *Timbalier*, le *Prisonnier*, et *La Mort et le Feu* s'organisent, au-delà de leur chronologie, en une synopsis de l'angoisse, où à l'alarme qui annonce le désastre succède le désastre, puis la panique sourde et immobile d'*Enlacement.* Le *Timbalier* fait retentir la dernière mesure de la sixième symphonie de Mahler, – ce coup de timbale final qui fait songer à un rideau de fer qui, irréparablement, tombe. Autour du *Timbalier* s'assemble un archipel de dessins où l'on retrouve le monde de la musique cher à Klee. Mélodique et harmonieux, ce monde est devenu la cacophonie désordonnée du monde trop réel de l'histoire. *Feu le harpiste* (**14**), *Feu le Timbalier Knaueros* (**15**), *Feu le pianiste*, qui datent tous de 1940, disent la mort de ce qui était pour Klee la dimension exemplaire de l'accord : la musique. Ces hommes, parce que blessés, sont devenus des anges musiciens, des « anges visibles ».

Du *Harpiste*, Klee retient le mouvement crispé d'une main, du *Timbalier*, sa position de combattant agenouillé, ployant sous une force qu'il ne sait maîtriser. Du *Pianiste* enfin, dont les mains pendent comme écrasées, l'idée d'une harmonie perdue. C'est peu dire que le monde de la musique s'est modifié ; les figures de ces artistes déchus, morts, symbolisaient la mort du monde, Anges visibles parce que meurtris. L'harmonie, *l'accord* entre l'homme (le musicien) et le monde est à jamais perdu, et l'œil fixe qui gît au centre de ce tableau rouge, noir et blanc semble regarder le déploiement dans l'espace, l'écho de la dernière mesure. L'accord et le deuil se lient et en son accomplissement, le deuil, comme en dépouillant les étants, fait apparaître « en vrai » ce qui les orchestre. Dans l'orchestre moderne la timbale est le plus efficace des membranophones, c'est le seul que l'on puisse accorder à

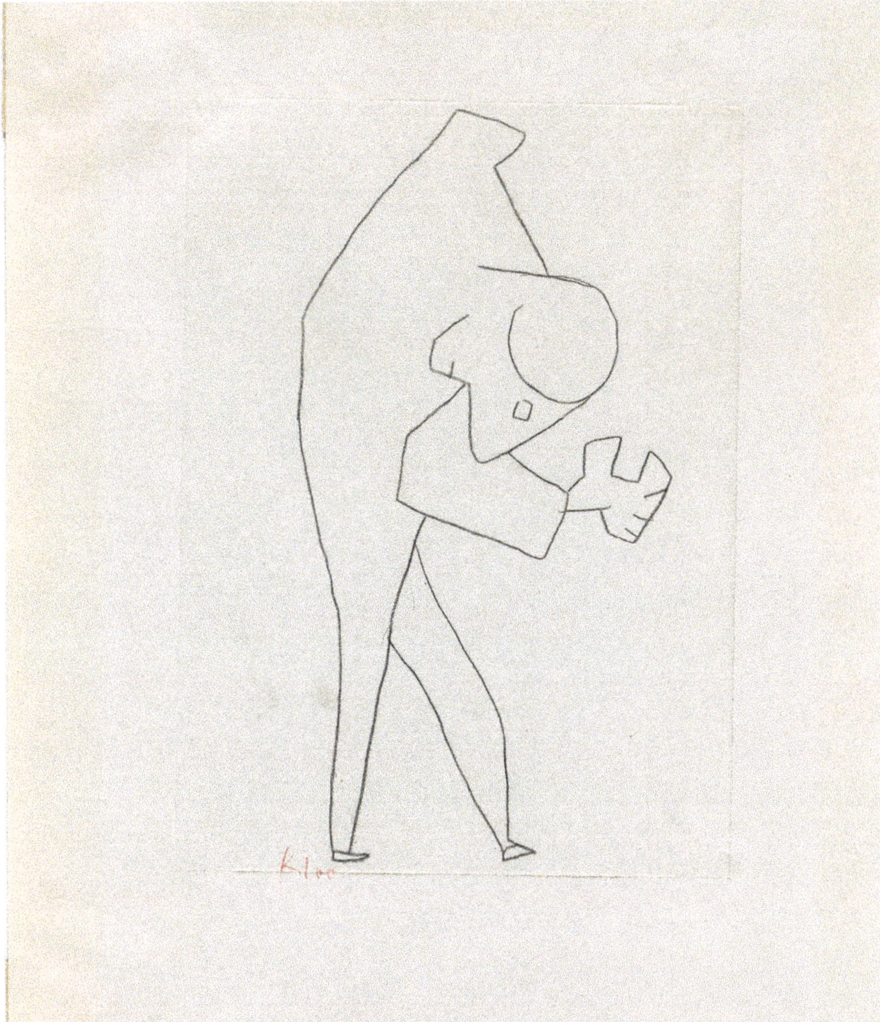

14. *EIDOLA : weiland Harfner / EIDOLA : ex-harpiste*, 1940, Zentrum Paul Klee, Bern.

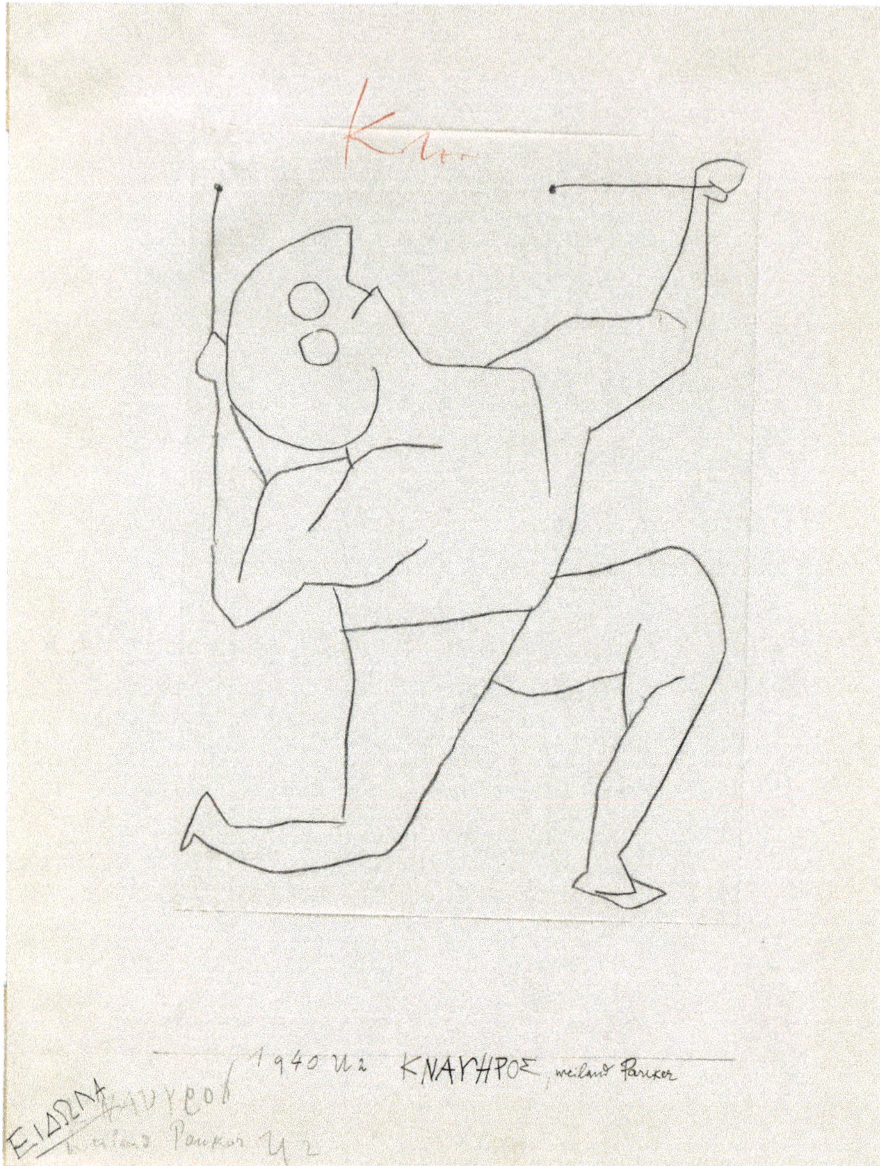

15. *EIDOLA : KNAYEROS, Weiland Pauker / EIDOLA : KNAYEROS, ex-timbalier,* 1940, Zentrum Paul Klee, Bern.

tout moment et qui soit capable de moduler avec les autres instruments. La structure du tableau est en adéquation avec la structure même de l'instrument. Le fond blanchâtre rappelle la peau tendue sur laquelle deux mailloches viennent cogner. Ici, ces bâtons de bois dur prolongés d'une tête sont devenus des mains coupées, bras même du *Timbalier.* Le musicien est devenu son instrument. Le *Timbalier* (**16**) marque le passage d'une tonalité à l'autre, d'un monde à l'autre, et le son qu'il produit est une alarme. Le tableau se réduit presque à ces deux bras/instruments. Dans un cercle imparfait, un œil nous regarde : visage du timbalier, disque solaire orné de l'œil de Râ, qui est le glyphe du soleil dans l'Égypte ancienne. Les théurgistes regardaient le disque solaire et l'œil de Râ comme beaucoup plus qu'une représentation du soleil physique. Ils y voyaient un signe du soleil derrière le soleil, de la force spirituelle dont le feu solaire n'était pour eux qu'une manifestation. Dans le tableau de Klee, la couleur rouge que couvre ce glyphe est feu, brillance, brûlure. Ce visage du *Timbalier* est le soleil couchant d'un monde qui meurt, un feu solaire qui rougeoie avant de s'éteindre, la force spirituelle du soleil, de la vie à son crépuscule. L'ultime bruit des timbales qui se continue dans le silence répond au dernier rougeoiement d'un ciel devenu vide.

Le *Prisonnier est* considéré comme une œuvre posthume. Ni catalogué, ni daté, nous ne savons si Klee considérait le tableau comme achevé. Sur ce carré de jute dont les franges, les bords avouent le caractère rugueux et presque ingrat, se déploient des formes inquiétantes de barres entrelacées, grille d'une prison d'où émerge un visage borgne. Cette grimace de vie se déploie sur un fond sale et qui laisse deviner sa teinte initiale : bleu. Mais ce lambeau de tissu est d'abord l'uniforme rayé d'un condamné et le ciel est perdu. La structure en hémisphère de la tête du prisonnier signifie explicitement que la prison est double : réelle et mentale. Le trait horizontal qui semble scalper la tête, enlevant la calotte crânienne, coupant toute liberté d'expression et de conscience, cette ligne horizontale, à elle seule, dirait la prison. C'est ce visage hagard que nous retrouvons très exactement dans *Enlacement* : visage en hémisphère amputé de sa liberté, de son espoir et de sa vie. Le *Prisonnier* n'a plus de corps. Une ligne seule dit à jamais son immobilité. Nous l'avons dit, le prisonnier est borgne et l'œil qui lui reste est tourné en lui-même. Stérilité suppliante de cet œil exorbité, tourné au-dedans par pure contrainte, puisque le monde s'est vidé du monde, qu'aucun emblème, pas même un rat ou des menaces séculaires, ne guette.

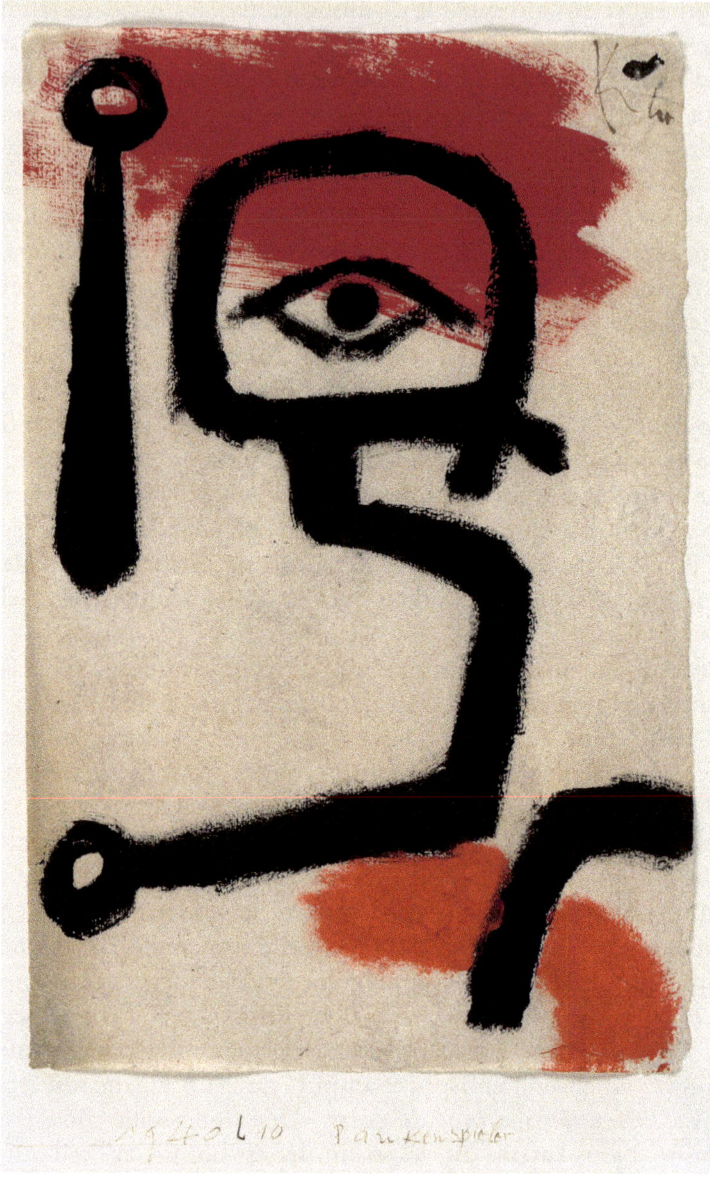

16. *Paukenspieler / Timbalier*, 1940, Zentrum Paul Klee, Bern.

Tout est accompli. Une panique de mort règne. Le prisonnier est muet. Un trait horizontal qui reprend figurativement le trait qui amputait la calotte crânienne scande son silence. À droite, des barres entrelacées en tous sens disent l'ubiquité de la prison : horizontale, verticale, diagonale. La prison est partout ; elle est un monde. À gauche, on distingue le spectre de deux arbres dont la structure entremêlée reprend étrangement celle des barreaux. Ces arbres sont devenus des croix grecques, sans feuilles, sans vie, sans racines ; ils n'existent que pour une éventuelle crucifixion. La croix était mythiquement la base de tous les symboles d'orientation. Le symbole perd ici tout son sens : le monde du prisonnier est un monde sans points cardinaux. Le *Timbalier* voyait et avait des bras ; en ce *Prisonnier*, la paralysie gagne. *La Mort et le Feu* (**17**) est l'image terminale du cycle thématique de Klee. Elle est exemplairement l'image de l'apocalypse. Les thèmes de la genèse qui s'étaient consolidés, comme sédimentés lors du durcissement, sont ici totalement balayés. Il ne s'agit même plus de chute ou de prophétie millénariste ; le tableau nous plonge dans un enfer de feu et de mort. Cet enfer cependant est terrestre, résurgence d'un thème qui rappelle les danses macabres du douzième siècle. Klee retrouve les forces premières qui dans l'inconscient collectif manifestent la peur : la mort et le feu. Catastrophe
universelle, principe inversé, le feu et la mort sont les images archétypiques d'une catastrophe qui ici n'est pas qu'immanente. L'apocalypse n'est plus signe de Dieu, elle reste cependant *dies irae*, mais plus encore jour de folie. La guerre, l'horreur du fascisme : image contemporaine de l'apocalypse. Au centre du tableau, le masque grimaçant de la mort, ce crâne blanc dans cet éclatement de couleurs, est l'ultime parousie du médiateur dans l'art de Klee. Pour Rilke, l'ange symbolisait la créature dans laquelle se lisait, déjà réalisée, la transformation du visible en invisible que nous accomplissons ; ici, l'ange s'est fait dévastateur, le visible est appelé à devenir cendre. « L'ange de l'œuvre » est cette mort qui tient une boule qui ne roule pas : cercle de feu en équilibre. Avant-dernière étape de cette synopsis de la destruction, nous lisons *La Mort et le Feu* comme l'image de la mort historique, celle d'une civilisation, d'une culture, d'un espoir. Le décalage entre ce titre d'apocalypse et ces couleurs vibrantes, ces formes de vie à leur paroxysme, définit un espace qui est celui de la métaphore du tableau en nous-mêmes. Le tableau renvoie aux feux des tableaux de Jérôme Bosch. Cette analogie n'est peut-être pas gratuite. Un dessin intitulé *Ils essaient de le railler* (**18**), tracé quatre jours avant la mort du peintre, reprend explicitement la structure

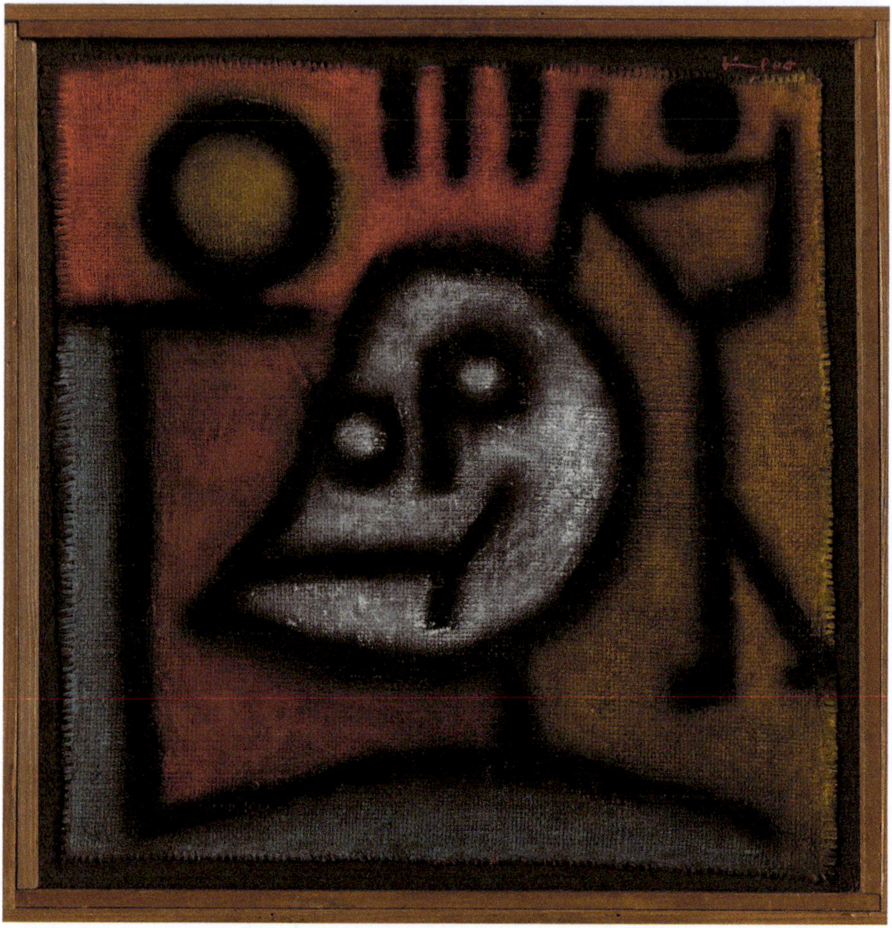

17. *Tod und Feuer / Mort et feu*, 1940, Zentrum Paul Klee, Bern.

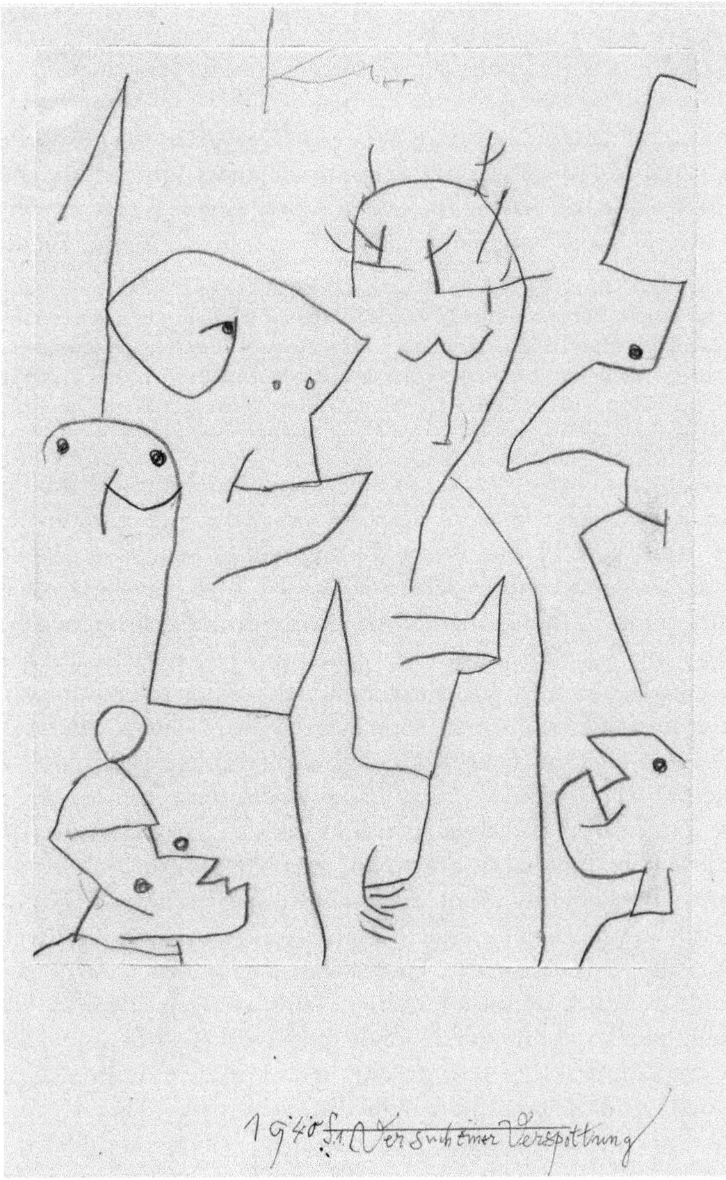

18. *Versuch einer Verspottung / Ils essaient de le railler*, 1940, Zentrum Paul Klee, Bern.

et le prétexte d'une œuvre de Bosch dont la copie se trouvait au musée de Berne. *La Mort et le Feu* nous fait penser aux brasiers des structures infernales de Bosch. Ce feu dévastateur consume et achève le périple de l'*Angelus Novus*. « Cette tempête que nous appelons le progrès » s'achève en une nuit de colère irisée du rougeoiement de nos cauchemars. Que signifie cette boule en équilibre que soutient le bras de la mort ? Klee, en traçant cet étrange soleil, inscrit l'ambivalence des symboles, leur duplicité. Eliade écrit :

> Le soleil immortel se lève chaque matin et descend chaque nuit au royaume des morts. Par suite, il peut amener avec lui les hommes et en se couchant les mettre à mort. Mais en même temps, il peut d'autre part guider les âmes à travers les régions infernales et les ramener le lendemain avec le jour à la lumière. Condition ambivalente de psychopompe meurtrier, et de hiérophante initiatique...[1].

Ce soleil en équilibre est un double principe. Il devient le symbole double par excellence : il est le soleil des *Upanishad* qui engendre et dévore ses enfants, et celui de Platon, image du bien qui se manifeste dans la sphère des choses visibles. Klee nous permet de penser en une seule image la duplicité de chaque image. L'œuvre traduit cependant un choix, sinon une évidence : ce soleil, « intelligence du monde », est étouffé par le même cercle noir qui trace le visage de la mort. Ce cercle semble dévorer le soleil. On pense à une éclipse annulaire dont la structure serait inversée. Malgré la nuit de l'histoire, le soleil vit et effectivement tout ce tableau semble inversé. Le fond vibre de couleurs exceptionnellement violentes, et pourtant l'atmosphère générale est celle d'une nuit. C'est donc le motif inscrit par ces traits noirs dévorants qui dicte le climat global de l'œuvre, et les couleurs qui composent le fond semblent vibrer comme avant de s'éteindre. Les cernes noirs dévorent au sens figuré comme réel l'espace du tableau. Du cercle noir qui définit le soleil, s'échappe de la lumière. Une épaisseur jaune déborde du cerne noir et la boule de feu contenue à l'intérieur, ainsi encerclée de nuit, vibre d'un éclat singulier. Ce glyphe solaire, on le retrouve dans le tableau comme une ultime scansion désolée. Il est devenu la tête ronde et noire, éclipse totale du personnage inquiétant qui marche dans le bord droit du tableau. Étrange passeur d'un fleuve irréel qui pourrait être le Styx, cette forme devient l'archétype de l'homme qui s'éloigne. La scène entière nous apparaît comme l'ultime vitrail d'une mort cathédrale. C'est bien cette impression qu'a voulu

1. M. Eliade, *Traité d'histoire des religions*, Paris, Gallimard, 1948, p. 138.

donner Klee : chaque cerne noir, en même temps qu'il définit les formes inquiétantes du tableau, crâne de la mort, bras de la mort, soleil et silhouette du passeur, ces cernes délimitent exactement les couleurs, les séparent, les enferment. Le bras délimite une couleur bleu-vert que l'on ne retrouve nulle part. Entre le bras et le crâne, une surface rosâtre. À droite du tableau, délimitée par la rame du passeur, une couleur jaunâtre, en haut le ciel rouge habité par un cercle qui délimite une autre couleur jaune ; au centre du tableau, l'inquiétante tache blanche du crâne. La lumière vient de derrière le tableau et les cernes sont les contours d'un étrange vitrail dont le support tragique s'accorde à la lumière du crépuscule qui du dehors l'éclaire. Le soleil en équilibre symbolise une dernière fois la *Stimmung*, équilibre précaire du miracle des jours ; mais cette lumière est dévorée, encerclée d'un cerne de plomb qui l'emprisonne et l'étouffe. La texture de ce tableau renvoie aux vitraux terrifiants d'une étrange église. Le huis clos du créateur, lieu de l'équilibre et de l'émerveillement, se colore des lumières de l'histoire et ces lueurs le terrifient. Michel Leiris écrit :

> M'y voici à la mort cathédrale, à cette troisième singulière personne que tout à l'heure je biffais d'un trait de plume, la Mort fourche grammaticale qui assujettit le monde et moi-même à son inéluctable syntaxe, règle qui fait que tout “discours” n'est qu'un piètre mirage recouvrant le néant des objets, quels que soient les mots que je prononce et quel que soit le JE que je mette en avant[1].

La vie est emprisonnée dans les cernes de plomb de figures inquiétantes que n'ordonne aucun récit ; leur présence seule, juxtaposée dans des surfaces de couleurs arbitrairement différentes, impose l'inéluctable sens de l'œuvre. Le deuil du monde a le visage blanc de la mort serti du plomb noir de l'histoire, et un feu l'éclaire, dont on sait qu'il ne peut plus être purificateur. Cette grimace blanche, malgré les feux qui l'entourent, nous fait froid. À la mort historique, succède la mort individuelle, celle qui dit JE dans *Umgriff*.

Dans *Umgriff*, la mort apparaît hors de toute symbolique ; ce n'est plus la mort historique, mais une conscience de la finitude, qui soudain se dévoile nuement. Dans *La Mort et le feu*, la lumière du tableau était celle du brasier final de l'histoire, ultime rougeoiement. Le feu dans *Umgriff*, que l'on traduit habituellement par *Enlacement*, semble éteint ; ce monde est celui d'après l'histoire, ontologie noire et blanche, image crispée de la fin. Œuvre où l'invisible est en jeu. Rien n'est plus visible dans le monde que l'œuvre. Les

1. M. Leiris, *Aurora*, Paris, Gallimard, 1980, p. 72.

Latins la nommaient *Signum. Enlacement,* ultime signe perçu par le poète mourant, d'un monde dont la mesure est l'horreur. *Enlacement* date de 1939, et cependant, à notre sens, c'est la conclusion de l'œuvre, l'image d'une conscience de la fin que rien, absolument rien ne vient détourner d'elle-même. Enchâssée dans la mort du monde, identifiée à elle, la fin biologique de l'homme semblait moins évidente, moins nue. Le brasier de *La Mort et le Feu* induisait en nous le désir impuissant d'une fuite, *Enlacement* nous livre à une peur plus insidieuse encore. Si *La Mort et le feu* renvoyait à l'imaginaire des peurs médiévales, *Umgriff* renvoie à la mort transhistorique, celle que l'homme porte en lui en naissant. Klee a peint et dessiné des anges et en chaque ange il y avait cette part d'inquiétude qui hante *Enlacement* : mais cette inquiétude y était encore modulée. Les anges étaient, même blessés, des médiateurs, *Ange oublieux, Ange à l'étoile,* ces anges voyaient dans l'invisible un degré supérieur de la réalité. Le fragment de réalité mis à nu déterminait leur expression; l'épithète du titre : « encore féminin », « encore inexpérimenté dans la marche », « militants », définissait une typologie, des attitudes. Ces anges étaient les portraits changeants de l'âme du peintre. Leur sourire désespéré, inquiet ou serein, était l'être de l'œuvre.

Sans que le titre le suggère, nous voulons pourtant lire *Enlacement* comme un ange, mais un ange terrifié : cet ange au fond de nous qui fixe sa mort. Les anges de Klee constituaient une variation sur un thème qui précisément s'impose vers 1938, lorsque le pressentiment de sa mort lui devient un bourdonnement d'oreille. Ils sont ouverture sur l'eschatologie, hypothèse amusée et tragique sur l'au-delà. Cet au-delà semble commencer à vivre dans le présent. *Enlacement* (**19**), en 1939, inaugure cette suite d'hypothèses; cette œuvre est l'image dépouillée de la conscience. Une œuvre de la paralysie, du presque rien. La mort enlace, atrophie, fige le geste; elle fascine jusqu'à rendre aveugle. La créature, qui compose *Enlacement,* réduite à quelques lignes incurvées, n'a ni jambe, ni main, et sa tête, scalpée, reste sans expression. Deux yeux fixent un objet terrifiant. Mais la transparence de cet objet fait que ces yeux se heurtent à notre propre regard. La mort est entre nous et le tableau. Du corps de cette étrange présence, on ne voit que la hampe du cou, la partie droite de l'épaule, le bras droit qui fait le geste d'enlacer. Comme décroché apparaît le bas du corps, et le bras gauche qui scande le mouvement inverse. Entre les deux parties du corps, un vide : le vide saisi est celui de l'angoisse : flèche brisée au cœur de l'ange. En bas, à droite, une forme qui ressemble à un T peut symboliser la terre. En haut, à gauche, deux astres rappellent le souvenir d'un cosmos, d'une transcendance. Ces

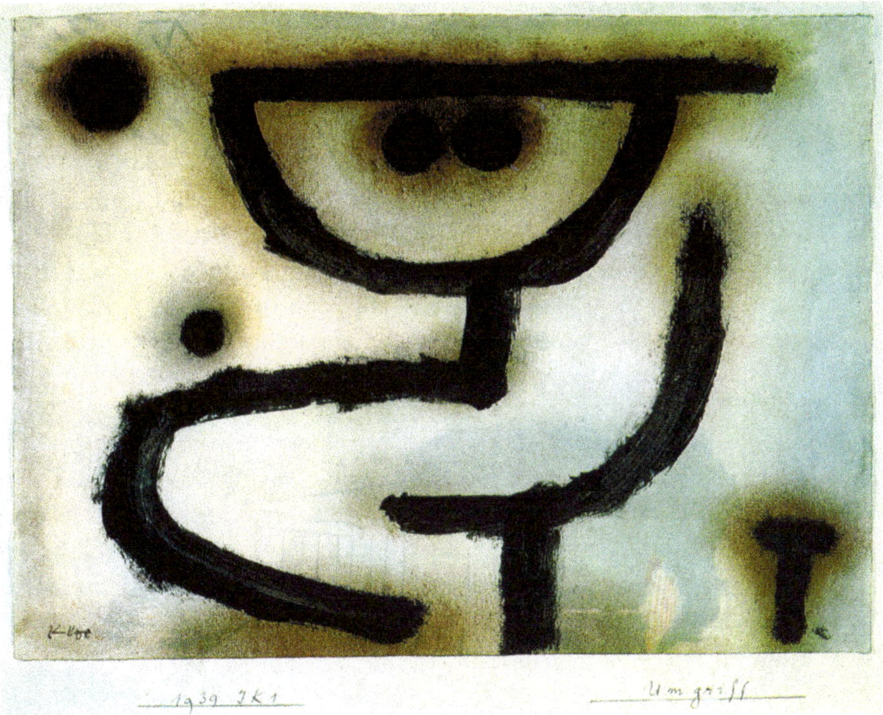

19. *Umgriff / Enlacement*, 1939, Sprengel Museum Hannover, Sammlung Sprengel.

astres noirs vivent une ultime éclipse ; un cerne rougeâtre comme un halo rappelle une ancienne lumière. Squelette des astres, squelette de la terre, squelette d'une âme, les archétypes de ce tableau sont nus, décharnés, et leur fixité semble les réduire encore. Très proches du néant, du vide, du silence absolu, ces formes semblent vouées à disparaître. L'enlacement serait alors le geste final qui agrippe le vide comme pour retenir la vie qui fuit, entre ciel et terre, entre transcendance et immanence ; cette figure semble bien être un ange, et sa posture est celle de la conscience. Cet ange entre deux mondes hante un espace mort, enlace un vide. Notre posture initiale était fœtale, l'ultime geste sera d'enlacer. Ainsi la mort que cet ange d'angoisse étreint s'annonce.

Umgriff signifie plus qu'enlacement : cette forme s'empare d'un invisible en l'agrippant, à moins que ce ne soit l'invisible lui-même qui se rétracte pour être autre que néant. À la saisie du concept, *Begriff*, mot qui rappelle la concrétude de la prise, semble répondre *Umgriff* où ce qui est saisi est infini, alentour vague, mais terrible. *Umgriff* suppose un espace, mais sans le désigner ; cet espace n'est alors ni habitable, ni parcourable ; sans proximité, il devient également sans distance, puisque aucune nécessité, aucun désir ne le régit plus. La fixité du regard qui nous fixe n'est plus offerte par rien ; l'*Umgebung* se réduit à un *es gibt* qui urgemment trouve prise en l'alentour qui l'accueille en une étrange indifférence. En *Umgriff*, l'alentour est ainsi avec tant de force que l'on n'entend plus de l'*Umgebung* que le *geben.* Ce « il y a » qui se substitue à l'*Umgebung* est, comme l'*Umgebung* était encore dans la dernière nature morte une nuit, une nuit sans nuit, une clarté obscure, une nuit privée d'obscurité. Levinas écrit :

> La véritable signification de la fin de la métaphysique, de Kant à Heidegger, ne consiste-t-elle pas à affirmer que penser au-delà du donné ne revient plus à amener à la lumière la présence ou l'éternité d'un univers d'êtres ou de principes secrets ou sacrés, cachés dans le prolongement de ce qui se donne et que la spéculation métaphysique aurait à découvrir[1] ?

Dans *Umgriff* aucun « être ou principe secret ou sacré » qui se révélait à Klee dans la *Stimmung* et que le tableau se devait de rendre visible n'apparaît plus. Mais si l'œuvre comme le monde s'enténèbre, cette nuit, ici définitivement blanche, s'ouvre pourtant sur une insomnie de l'être dont le *es gibt* qui règne en *Umgriff* témoigne. Cette insomnie de l'être, Heidegger l'appelle *détresse* :

1. E. Levinas, *Transcendance et intelligibilité*, Genève, Labor et Fides, 1984, p. 19.

« *Das Dasein ist die Wendung in die Not* »[1]. Mais *Not* ne signifie pas seulement détresse mais aussi urgence. L'être nous oblige à le « porter au langage ». C'est en cet appel de l'être qu'*Umgriff* trouve site. Ici l'ontophanie est crépusculaire, l'être donne à jamais et en un même mouvement se reprend, lumière noire inaugurale et conclusive. Ainsi, après *Chambrette à Venise*, *Umgriff* se lit alors comme la respiration ou plus exactement l'à bout de souffle, l'essoufflement qui accomplit le passage d'une esthétique de la mimésis, donc de la comparaison et du dénombrement des étants, à une esthétique de la comparution où l'être, nuement, par et dans l'œuvre nous est livré. Si *Umgriff* manifeste le passage d'une esthétique à une autre, il est surtout la figure suprême qui permet de penser une ultime figure. C'est un regard à visage humain, mais aussi le regard d'un corps qui alors nous dévisage, avance vers nous, puis se retire : ainsi le visible apparaît puis disparaît comme l'aimée me regarde ou ne me regarde pas. L'ordre du visible est alors inversé[2] : ce n'est plus l'invisible entendu phénoménologiquement qui se dévoue à servir le visible, comme dans l'espace scénographique, mais bien le visible qui porte et offre l'invisible. Comme dans une icône, un échange des regards s'accomplit. Dans l'icône, l'un voit et vise sur le mode de la prière, l'autre sur le mode de la bénédiction; ici l'échange a incomparablement lieu, mais c'est le silence d'une supplication qui se heurte au dévoilement hésitant d'une présence qui nous fixe sans réponse. Le regard, qui est la force de l'icône, est ici paralysé; il est aveuglé comme il nous aveugle. Cette dialectique du visible et de l'invisible joue de la présence d'une absence et appelle le silence, comme l'icône appelait la prière. Encore ici, ce qu'écrit Heidegger, *Umgriff* semble l'illustrer : « *Das Heiligez warerscheint; der Gott aber bleibtfern* », « *Le sacré apparaît; mais le dieu reste loin*[3] ». Les termes pour dire le sacré comme milieu divin, comme possible demeure d'un dieu sont trouvés, c'est le nom qui permettrait alors d'identifier l'habitant de cette demeure qui reste imprononçable et l'œuvre est ici peut-être le site qui nous permet de mesurer la distance du dieu à partir du sacré. Dans *La lettre de Lord Chandos*, Hugo von Hofmannsthal écrit :

1. M. Heidegger, *Wegmarken*, 1re éd., p. 93.
2. Il est inutile de rappeler tout ce que les formules qui suivent doivent à Jean-Luc Marion : en particulier dans *Dieu sans l'être*, Paris, Communio/Fayard, 1982 et dans *Trois Essais sur la perspective*, « La croisée du visible et de l'invisible », Paris, La Différence, 1985.
3. M. Heidegger, *Erlaüterungen*, 27, AH 34.

> J'ai su en cet instant, avec une précision qui n'allait pas sans une sensation de douleur, qu'au cours de toutes les années que j'ai à vivre, celles qui vont venir bientôt et celles qui viendront ensuite, que je n'écrirai aucun livre anglais ni latin : et ce pour une unique raison, d'une bizarrerie si pénible pour moi que je laisse à l'esprit infiniment supérieur qu'est le vôtre le soin de la ranger à sa place dans le domaine des phénomènes physiques et spirituels qui s'étalent harmonieusement devant vous : parce que précisément la langue dans laquelle il me serait donné non seulement d'écrire, mais encore de penser, n'est ni la latine, ni l'anglaise, non plus que l'italienne ou l'espagnole, mais une langue dont pas un seul mot ne m'est connu, une langue dans laquelle les choses muettes me parlent et dans laquelle peut-être je me justifierai un jour dans ma tombe devant un juge inconnu[1].

Dans *Umgriff*, le site de l'œuvre est cette langue qui rejoint son propre silence. Comme l'*Œdipe* de Höderlin, puisque alors l'œuvre nous regarde, nous « avons un œil de trop » ; c'est cet œil qui, fixé par l'œuvre, la fixe à son tour et soupçonne ce qui ne se laisse pas regarder : l'ouvert, le sacré, l'origine : et cette herméneutique de l'œuvre, selon le don de l'Être, nous laisse aveugle, puisque le regard d'*Umgriff*, à demi angélique, même s'il est le regard de l'Être, reste noir, bien plus noir que le soleil de la mélancolie.

Nous savons alors que si l'Être est ici soumis à la question, il n'est question que son secret lui soit arraché. En *Umgriff*, nous comprenons que lorsque la démence montée sur ses chevaux nous donne la chasse, et que la mort s'approche si près que le ciel et la terre vont se confondre, c'est ce secret à jamais indécelable qui en une stridence silencieuse nous appelle.

1. H. von Hofmannsthal, *L'Entretien sur les poèmes*, p. 86-87.

repères biographiques

1879

Naissance le 18 décembre à Münchenbuchsee, près de Berne. Son père est professeur de musique à l'école normale cantonale ; sa mère est originaire de Bâsel et a étudié la musique.

1886

Entre à l'école primaire à Berne.

1890

Entre au lycée. Joue comme violoniste dans l'orchestre de musique de chambre de Berne.

1898

Passe le baccalauréat au Lycée de Berne.

1898-1901

Étudie à Munich chez Knirr et à l'académie des Beaux-Arts chez Franz Stuck. Suit des cours d'histoire de l'art et d'anatomie. Assiste régulièrement à des concerts et fréquente l'opéra.

1901-1902

Voyage en Italie avec le sculpteur Hermann Haller. Séjourne à Milan, Gênes, Rome, Naples. Le 7 mai 1902, il est de retour en Suisse.

1902

Fiançailles avec la pianiste Lily Stumpf à Munich.

1903-1906
Pratique la musique. Lectures de Hoffmann, Poe, Gogol, Baudelaire, Cervantès, Rabelais, Goethe et des écrivains de l'Antiquité. A Munich, il voit les œuvres de William Blake et Goya au cabinet des estampes.

1905
Bref voyage à Paris avec ses amis d'école Louis Moilliet et Hans Bloesch. Au Louvre, admire Léonar de Vinci, Goya et Rembrandt.

1906
Expose en 1906 à Munich (peinture, dessins et eaux-fortes). Bref voyage à Berlin avec Lily, visite l'exposition « Jahrhundert-Ausstellung » et le Kaiser Friedrich Museum. Après son mariage avec Lily, en octobre, s'installe à Munich.

1907
Naissance de son fils Félix, le 30 novembre.

1908
Visite l'exposition Van Gogh à Munich.

1909
Visite des expositions Cézanne, à la « Münchner Sezession » et Matisse chez Thannhauser.

1910
56 œuvres de Klee sont exposées au musée de Berne puis à Bâle, à Zurich et à Winterthur.

1911
Première exposition collective chez Thannhauser. Rencontre avec le « Cavalier bleu ». Klee fait connaissance avec Kubin, Kandinsky, Jawlensky, Macke, Campendonc, Marianne von Werefkin et Gabriele Münter.

1912
Rencontre Carossa, Rilke, Meier-Graefe, Walden. Participe à la deuxième exposition du « Cavalier bleu ». En avril, second voyage à Paris ; rend visite à Delaunay dont il traduit un article, à Kahnweiler et à Uhde.

1913
Il expose à la galerie « Der Sturm » à Berlin. Participe au « Premier salon d'automne allemand » à Berlin.

1914
En avril, voyage en Tunisie avec Moilliet et Macke.

1916-1918
Service militaire.

1918
Le *Sturm* publie quinze dessins de Klee.

1919
Long séjour en Suisse. Contrat avec la galerie Goltz de Munich.

1920
Exposition de 362 œuvres à la galerie « Neue Kunst » de Hans Goltz à Munich. Un catalogue avec des reproductions constitue un numéro spécial de la revue *Ararat*. Parution, chez Erich Reiss à Berlin, de L*a Confession du créateur* (*Schöpferische Konfession*) avec un article de Klee. Les éditions Kurt Wolff de Munich font paraître le *Candide* de Voltaire avec 26 dessins de Klee. Le 25 novembre Klee est appelé au Bauhaus à Weimar par Walter Gropius.

1921
En janvier, s'installe à Weimar. Sa famille le suit en automne. Le 13 mai il entre en fonction au Bauhaus.

1922
Klee remplace Johannes Itten à la tête de l'atelier du travail des métaux. En automne, il échange ce cours avec Oskar Schlemmer contre l'atelier de peinture sur verre.

1923
Exposition au « Palais du prince impérial » à Berlin.

1924
Première exposition Klee en Amérique. Avec Kandinsky, Feininger, Jawlensky, il fonde, le 31 mars, les « Quatre bleus » (*Die Blaue Vier*) à Weimar. Léon-Paul Fargue rend visite à Klee à Weimar. Klee passe les grandes vacances en Sicile. Il donne une conférence à l'« Association artistique » d'Iéna : *De l'art moderne* (*Uber die moderne Kunst*). En décembre, suite à des pressions politiques, la direction du Bauhaus de Weimar annonce la fermeture de l'école pour avril 1925.

1925
En avril, le Bauhaus est transféré à Dessau. Parution du *Livre d'esquisses pédagogiques* (*Das pädagogische Skizzenbuch*). L'artiste résilie son contrat avec Hans Glotz et se rapproche d'Alfred Flechtheim qui possède deux galeries, à Berlin et à Düsseldorf. Klee participe à l'exposition des surréalistes de Paris (galerie Pierre). Une première exposition entièrement consacrée à Klee a lieu à la galerie Vavin-Raspail.

1926
Klee s'installe en juillet avec sa famille à Dessau, dans une des trois maisons construites par Gropius pour les professeurs du Bauhaus. Passe l'été en Italie : île d'Elbe, Florence, Pise, Ravenne.

1927

Au Bauhaus, à partir d'avril, Klee est chargé de la « Classe de peinture libre » ; à partir d'octobre, il assure la formation artistique des tisseuses. Passe l'été en Corse et à l'île de Porquerolles.

1928

Passe l'été en Bretagne. Voyage en Égypte du 17 décembrte au 17 janvier 1929.

1929

Exposition chez Flechtheim à Berlin pour son cinquantième anniversaire.

1930

Exposition Klee au Museum of Modern Art de New York. Expositions à Dresde, Dusseldorf, Sarrebruck. Passe l'été dans l'Engadine et à Viareggio.

1931

Devient professeur à l'Académie de Dusseldorf. Exposition à l'« Association artistque » de Dusseldorf. Pass l'été sur les bords du golfe de Biscaye.

1932

Passe l'été en Italie du Nord.

1933

En janvier, Hitler accède au poste de chancelier. Klee doit solliciter malgré lui les documents prouvant son origine aryenne. Le 21 avril, il est suspendu de ses fonctions de professeur. Il pense un temps s'exiler à la campagne pour continuer à travailler mais son contrat aevc Flechtheim – obligé de cesser ses activités – à Berlin ne peut pas être renouvelé. Le 21 octobre, il part pour Paris et signe, avec l'accord de Fleichtheim un contrat avec Kahnweiler. Peu après son retour, il décide de partir. Paul et Lily Klee quittent l'Allemagne le 23 décembre. Ils s'installent à Berne. Ils soumettent aux autorités suisses une demande d'autorisation d'établissement définitive qui ne leur sera accordée qu'en 1936.

1934

Première exposition en Angleterre (Mayor-Gallery, Londres).

1935

Grande exposition à la « Kunsthalle » de Berne puis à Bâle. Premiers signes de la sclérodermie.

1936

Son état de santé le force à interrompre son travail pendant près de six mois. Il ne produira cette année-là que 25 œuvres. Passe l'été à Tarasp et Montana. Exposition à Lucerne.

1937

Picasso, Braque et E. L. Kirchner lui rendent visite à Berne. Passe l'été à Ascona. Il est représenté par 17 œuvres à l'exposition d'« Art dégénéré » de Munich. Les nazis confisquent, par ailleurs, 102 de ses œuvres provenant de collections publiques, ils les revendront à l'étranger. Klee retrouve son rythme de production.

1938

Exposition du Bauhaus à New York. Expositions de Klee aux galeries Buchholz et Nierendorf, de New York, aux galeries Simon (Kahnweiler) et Carré à Paris.

1939

Visite l'exposition de la collection du Prado à Genève. Passe l'automne au Murtensee. Dessine la série des anges. Le 24 avril, Klee dépose une demande pour obtenir la naturalisation suisse.

1940

En février, grand exposition au « Kunsthaus » de Zurich. Le 10 mai, il part pour la maison de cure à Orselina-Locarno, puis à la clinique Muralto-Locarno, où il meurt le 29 juin, quelques jours avant que la nationalité suisse lui ait été accordée. La cérémonie funèbre a lieu le 4 juillet à l'hôpital de Berne. En 1946, l'urne est déposée au Cimetière de Schlosshalden à Berne.

liste des œuvres reproduites

1. *Der Held mit dem Flügen / Le héros à l'aile*, 1905, 38. Gravure à l'eau forte, 25, 7 × 16 cm, Zentrum Paul Klee, Bern.

2. *Drohendes Haupt / Tête menaçante*, 1905, 37. Gravure à l'eau forte, 19, 5 × 14, 3 cm, Zentrum Paul Klee, Bern.

3. *Auserwählte Stätte / Lieu choisi* (cité *Lieu d'élection*), 1927, 238. Plume, gouache et aquarelle sur papier sur carton, 46,8 × 31 cm. Bayerische Staatsgemäldesammlungen, München – Pinakothek der Moderne, Vermächtnis Theodor und Woty Werner.

4. *Attrappen / Attrapes*, 1927, 295. Huile et aquarelle sur carton, 56,5 × 42,5 cm. Museo Thyssen-Bornemisza, Madrid.

5. *Offenes Buch / Livre ouvert*, 1930, 206. Aquarelle sur toile préparée, 45,7 × 42,5 cm. Solomon R. Guggenheim Museum, New York.

6. *Gedenkblatt / Feuille commémorative*, 1918, 196. Plume, crayon et aquarelle sur papier sur carton, 28,5 × 21cm. Privatbesitz Schweiz, Depositum im Zentrum Paul Klee, Bern.

7. *Zimmerperspektive mit Einwohnern / Vue perspective d'une chambre avec habitants* (cité *Chambre avec habitants*), 1921, 24. Décalque à l'huile et aquarelle sur papier sur carton, 48,5 × 31,7 cm. Zentrum Paul Klee, Bern.

8. *Ad Parnassum*, 1932, 274. Huile et caséine sur toile, 100 × 126 cm. Kunstmuseum, Bern, Dauerleihgabe des Vereins der Freunde des Kunstmuseums Bern.

9. *ARA (Kühlung in einem Garten der heissen Zone) / ARA (Rafraîchissement dans un jardin de la zone torride)*, 1924, 186. Plume et aquarelle sur papier sur carton, 29,6 × 20,7cm. Kunstmuseum Basel, Kupferstichkabinett, Legat Richard Doetsche-Benziger.

10. *Polyphon gefasstes Weiss / Blanc polyphoniquement serti* (cité *Blanc serti en polyphonie*), 1930, 140. Plume et aquarelle sur carton, 33 × 24, 5 cm. Zentrum Paul Klee, Bern.

11. *Der Künftige / L'homme du futur* (cité *L'homme à venir*), 1933, 265. Couleur à la colle et fusain sur papier sur carton, 62 × 46cm. Zentrum Paul Klee, Bern.

12. *Ohne Titel (Komposition mit den Früchten) / Sans titre (Composition aux fruits)*, vers 1940. Couleur à la colle et crayon sur papier, 103 x 148cm. Zentrum Paul Klee, Bern, Donation Livia Klee.

13. *Ohne Titel (Letzes Stilleben) / Sans titre (Dernière nature morte)*, 1940. Huile sur toile, 100 × 80,5cm. Zentrum Paul Klee, Bern, Donation Livia Klee.

14. *EIDOLA : weiland Harfner/ EIDOLA : ex-harpiste*, 1940, 100. Crayon noir sur papier sur carton, 29,7 × 21 cm. Zentrum Paul Klee, Bern.

15. *EIDOLA : Knayeros, Weiland Pauker / EIDOLA : Knayeros, ex-timbalier*, 1940, 102. Crayon noir sur papier sur carton, 29,7 × 21 cm. Zentrum Paul Klee, Bern.

16. *Paukenspieler/ Timbalier*, 1940, 270. Couleur à la colle sur papier sur carton, 34,6 × 21,2 cm. Zentrum Paul Klee, Bern.

17. *Tod und Feuer / Mort et feu*, 1940, 332. Huile et couleur à la colle sur toile de jute, cadre original 46,7 × 44,6 cm. Zentrum Paul Klee, Bern.

18. *Versuch einer Verspottung / Tentative de raillerie* (cité *Ils essaient de le railler*), 1940, 141. Crayon noir sur papier sur carton, 29,7 × 21 cm. Zentrum Paul Klee, Bern.

19. *Umgriff / Enlacement*, 1939, 1121. Couleur à la colle, huile et aquarelle sur papier sur carton, 23,5 × 31 cm. Sprengel Museum Hannover, Sammlung Sprengel.

Couverture : *Engel, noch hässlich/ Ange encore laid*, 1940, 26. Crayon noir sur papier, 29,6 × 20,9 cm. Zentrum Paul Klee, Bern

index nominum

index rerum

table des matières

Achevé d'imprimer en octobre 2019 par

ISIPRINT

15 rue Francis de Pressensé

93210 La Plaine Saint-Denis

Numéro d'impression : 148379

Imprimé en France